"十二五"国家重点图书出版规划项目

长江上游地区经济丛书

长江上游商贸物流中心研究

——基于重庆的视角

曾庆均 孙 畅 张 驰 曾 蓼/著

科学出版社

北京

图书在版编目（CIP）数据

长江上游商贸物流中心研究：基于重庆的视角/曾庆均等著. —北京：科学出版社，2016.4

（长江上游地区经济丛书）

ISBN 978-7-03-047746-0

Ⅰ.①长… Ⅱ.①曾… Ⅲ.①长江流域-上游-商品流通-产业发展-研究-重庆市 ②长江流域-上游-物流-产业发展-研究-重庆市 Ⅳ.①F727.719

中国版本图书馆 CIP 数据核字（2016）第 052043 号

丛书策划：胡升华　侯俊琳
责任编辑：杨婵娟/责任校对：李　影
责任印制：李　彤/封面设计：铭轩堂

联系电话：010-6403 5853

电子邮箱：houjunlin@mail.sciencep.com

斜 学 出 版 社 出版
北京东黄城根北街 16 号
邮政编码：100717
http://www.sciencep.com
北京厚诚则铭印刷科技有限公司 印刷
科学出版社发行　各地新华书店经销
*
2016 年 4 月第 一 版　　开本：B5(720×1000)
2022 年 3 月第二次印刷　　印张：15 1/4
字数：290 000

定价：78.00 元

（如有印装质量问题，我社负责调换）

"长江上游地区经济丛书"编委会

(以姓氏笔画为序)

主　编　王崇举　汪同三　杨继瑞

副主编　文传浩　白志礼

委　员　左学金　史晋川　刘　灿　齐建国

　　　　孙芳城　杨云彦　杨文举　余兴厚

　　　　宋小川　张宗益　陈泽明　陈新力

　　　　郝寿义　荆林波　段　钢　黄志亮

　　　　曾庆均　廖元和　魏后凯

"长江上游地区经济丛书"指导专家

30 余年的改革开放，从东到西、由浅入深地改变着全国
人民的观念和生活方式，不断提升着我国的发展水平
和质量，转变着我们的社会经济结构。中国正在深刻地影响和
改变着世界。与此同时，世界对中国的需求和影响，也从来没
有像今天这样突出和巨大。经过 30 余年的改革开放和 10 余年
的西部大开发，我们同样可以说，西部正在深刻地影响和改变
着中国。与此同时，中国对西部的需求和期盼，也从来没有像
今天这样突出和巨大。我们在这样的背景下，开始国家经济、
社会建设的"十二五"规划，进入全面建成小康社会的关键时
期，迎来中国共产党第十八次全国代表大会的召开。

包括成都、重庆两个西部最大的经济中心城市和几乎四
川、重庆两省(直辖市)全部土地，涉及昆明、贵阳两个重要城
市和云南、贵州两省重要经济发展区域的长江上游地区，区域
面积为 100.5 万 km²，占西部地区 12 省(自治区、直辖市)总面
积的 14.6%，占全国总面积的 10.5%，集中了西部 1/3 以上的
人口，1/4 的国内生产总值。它北连甘、陕，南接云、贵，东
临湘、鄂，西望青、藏，是西部三大重点开发区中社会发展最
好、经济实力最强、开发条件最佳的区域。建设长江上游经济
带以重庆、成都为发展中心，以国家制定的多个战略为指导，
将四川、重庆、云南、贵州的利益紧密结合起来，通过他们的
合作使长江上游经济带建设上升到国家大战略的更高层次，有
着重要的现实意义。

　　经过改革开放的积累和第一轮西部大开发的推动，西部地区起飞的基础已经具备，起飞的态势已见端倪，长江上游经济带在其中发挥着举足轻重的作用。新一轮西部大开发战略从基础设施建设、经济社会发展、人民生活保障、生态环境保护等多个方面确立了更加明确的目标，为推动西部地区进一步科学良性发展提供了纲领性指导。新一轮西部大开发的实施也将从产业结构升级、城乡统筹协调、生态环境保护等多个方面为长江上游经济带提供更多发展机遇，更有利于促进长江上游经济带在西部地区经济主导作用的发挥，使之通过自身的发展引领、辐射和服务西部，通过新一轮西部大开发从根本上转变西部落后的局面，推动西部地区进入工业化、信息化、城镇化和农业现代化全面推进的新阶段，促进西部地区经济社会的和谐稳定发展。

　　本丛书是"十二五"国家重点图书出版规划项目，由教育部人文社会科学重点研究基地重庆工商大学长江上游经济研究中心精心打造，是长江上游经济研究中心的多名教授、专家经过多年悉心研究的成果，涉及长江上游地区区域经济、区域创新、产业发展、生态文明建设、城镇化建设等多个领域。长江上游经济研究中心(以下简称中心)作为教育部在长江上游地区布局的重要人文社会科学重点研究基地，在"十一五"期间围绕着国家，特别是西部和重庆的重大发展战略、应用经济学前沿及重大理论与实践问题，产出了一批较高水平的科研成果。"十二五"期间，中心将在现有基础上，加大科研体制、机制改革创新力度，探索形成解决"标志性成果短板"的长效机制，紧密联系新的改革开放形势，努力争取继续产出一批能得到政府、社会和学术界认可的好成果，进一步提升中心在国内外尤其是长江上游地区应用经济学领域的影响力，力争把中心打造成为西部领先、全国一流的人文社会科学重点研究基地。

　　本丛书是我国改革开放 30 余年来第一部比较系统地揭示长江上游地区经济社会发展理论与实践的图书，是一套具有重要现实意义的著作。我们期盼本丛书的问世，能对流域经济理论和区域经济理论有所丰富和发展，也希望能为从事流域经济和区域经济研究的学者和实际工作者们提供翔实系统的基础性资料，以便让更多的人了解熟悉长江上游经济带，为长江上游经济带的发展和西部大开发建言献策。

王崇举

2013 年 2 月 21 日

目
^Contents 录

第一章

绪　论

第一节　长江上游商贸物流中心研究的背景与意义

一、建设长江上游商贸物流中心是重庆发展的现实选择————

重庆是一个因商而兴的城市，借舟楫和陆路交通之利，自古以来就是西南地区的物资集散地和繁荣的商业都市，近代成为长江上游的商贸中心。20世纪50年代以来至改革开放前，受计划经济影响，重庆商贸中心的地位受到冲击，市场幅射空间范围受到挤压。

1997年，重庆直辖，建成长江上游地区的经济中心是其发展战略目标。长江上游地区的经济中心，从其内涵来看，无论直辖之初的"三中心两枢纽一基地"（"三中心"是指长江上游商贸中心、长江上游金融中心和长江上游科教文化信息中心，"两枢纽"是指长江上游综合交通大枢纽、长江上游通信枢纽，"一基地"是指长江上游现代产业基地），还是2012年的"三中心两集群一高地"（"三中心"指长江上游金融中心、商贸物流中心和科技教育中心，"两集群"指重要产业集群和城镇集群，"一高地"指内陆开放高地），商贸中心的建设都成为其重要组成部分。从某种意义上讲，没有商贸中心，就不可能形成长江上游经济中心！

1997年11月，《重庆市商贸流通改革与发展纲要》（渝府发〔1997〕47号）提出重庆商贸发展目标是建成长江上游地区商贸中心，包括由中央商务区、区县中心商圈、商业特色街（专业市场）、社区（镇乡）商业构成的四个层面和由商务中心、购物中心、会展中心、物流中心、信息中心构成的五大中心；2005 年，《重庆市人民政府关于加快商贸流通产业发展和改革的意见》（渝府发〔2005〕62 号）以建设长江上游商贸中心为目标；2009 年，《国务院关于推进重庆市统筹城乡改革和发展的若干意见》（国发〔2009〕3 号）提出重庆要建成区域商贸会展中心，该中心由长江上游地区的会展之都、购物之都、美食之都"构成；2013 年，《重庆市人民政府关于加快建设长江上游地区商贸物流中心的意见》（渝府发〔2013〕13 号）进一步优化为长江地区上游商贸物流中心，由会展之都、购物之都、美食之都和西部国际物流中心构成，内含之义为万商云集、四通八达；2015 年，"一带一路"和长江经济带、五大功能区背景下，《重庆市人民政府关于加快推进商贸流通产业发展的意见》（渝府发〔2015〕29 号）提出建成长江上游地区商贸物流中心和国家级流通节点城市发展目标。这些文件精神一脉相承，体现了重庆市对商贸流通地位和作用认识的高度统一。

综上所述，建设长江上游商贸物流中心，是重庆建成长江上游经济中心的必然的现实选择。

二、建设长江上游商贸物流中心是国家发展战略的客观需要——

2013 年，国家提出"一带一路"和长江经济带发展战略。在国家重大战略的实施中，重庆处于丝绸之路经济带、21 世纪海上丝绸之路与长江经济带 Y 形大通道的联结点上，具有承东启西、连接南北的独特区位优势，是丝绸之路经济带的重要战略支点、长江经济带的西部地区重要经济区和中心枢纽、海上丝绸之路的产业腹地，也是长江经济带的"龙尾"、长江上游航运中心、西南地区综合交通枢纽。优越的地理位置促进了重庆与东盟、亚洲、欧洲的贸易往来，据统计，2014 年重庆进出口贸易总额达到了 5863.22 亿元，同比增长37.6%，而同期全国进出口增长率不到 3%。"一带一路"和长江经济带战略增强了重庆的凝聚辐射能力，拓展了重庆向海上发展的新的无限空间。重庆作为长江上游地区经济中心，在"一带一路"、长江经济带发展战略中举足轻重。商贸物流中心是重庆长江上游地区经济中心的重要组成部分。加快长江上游商贸物流中心建设，是主动融入和服务"一带一路"、长江经济带国家重大战略的客观需要。

三、建设长江上游商贸物流中心是重庆五大功能区战略的内在要求

2013 年 9 月，中共重庆市委四届三次全会，综合考虑人口、资源、环境、经济、社会、文化等因素，将重庆划分为都市功能核心区、都市功能拓展区、城市发展新区、渝东北生态涵养发展区、渝东南生态保护发展区五个功能区域。前三个功能区域构成重庆的大都市区，后两个功能区域是重庆的大生态区。五大功能区及相关区县，有清晰的定位、清楚的任务、分明的路径。该战略要求各功能区商贸物流要特色发展、差异发展、科学发展。因此，建设长江上游商贸物流中心是重庆五大功能区战略发展的内在要求，也是重庆商贸流通现代化的内在需求。同时，中新第三个政府间合作项目——"中新（重庆）战略性互联互通示范项目"落户重庆，既能促进长江上游商贸物流中心的建设，又是其内在要求。

四、建设长江上游商贸物流中心具有重要现实意义

建设长江上游地区商贸物流中心，对于支撑长江上游地区经济中心建设和重庆经济社会持续、快速、健康发展具有极其重要的作用，对于"一带一路"、长江经济带国家重大战略的实现及中新第三个政府间合作项目的顺利实施，有着十分重要的战略意义。

建设长江上游地区商贸物流中心，通过构建大商贸、大物流、大市场、大开放的格局，形成长江上游地区人流、商流、物流、资金流、信息流的聚集辐射中心，逐步增强重庆作为国家中心城市的区域影响力，增强重庆在长江上游地区的聚集和辐射带动功能。通过中心城市的功能带动长江上游地区经济社会发展。

建设万商云集、四通八达的长江上游商贸物流中心，有利于发挥商贸物流基础和先导产业的作用，整合重庆、四川、贵州、云南相关资源，带动商贸物流及相关产业联动发展，刺激生活消费，拉动区域经济发展，加快区域产业结构调整。

建设长江上游地区商贸物流中心，加强区域协调，有利于打破行政垄断壁垒、市场分割和行业界限，加强经济合作交流；有利于统筹城乡发展，缩小城乡差距；有利于实现长江上游经济发达地区带动经济落后地区发展，缩小地区差距；有利于充分发挥长江上游地区产业优势，推进区域经济要素流动，促进区域协调发展。

建设长江上游地区商贸物流中心，充分利用长江黄金水道，主动融入和服务"一带一路"、长江经济带国家战略，有利于打造内陆高地，承接全国产业向西部地区转移；有利于发挥区位优势，打造我国向西开发开放的桥头堡；有利于加强长江上游地区之间跨区域战略协同，打造公平、公开、公正的直接贸易沟通机制，促进相互之间贸易和投资便利化，增强区域协作和开放水平。

建设长江上游地区商贸物流中心，有利于拉动消费，服务民生。在经济进入新常态下，通过建设长江上游地区商贸物流中心，推动长江上游地区商贸物流产业发展，有利于扩大内需，促进消费，转变经济发展方式，形成新的经济发展功能；有利于服务和改善民生，保障市场供应，促进和扩大就业，推动新型城市化发展。

第二节　长江上游商贸物流中心的内涵与主要功能

一般而言，现代商贸物流中心可以分为单一商贸物流中心、综合商贸物流中心两种类型。单一商贸物流中心，包括单一职能的商贸物流中心（如物流中心、贸易中心、交易中心、商务信息中心等）、单一对象的商贸中心（如纺织品交易中心、汽车交易中心、技术交易中心等）；综合商贸物流中心，是包含多种商贸职能和多类商品交易的商贸物流中心，通常都出现在一些具有较强综合经济实力的大型城市。本书基于重庆国内商贸流通视角，立足重庆，探讨长江上游商贸物流中心发展。

一、长江上游商贸物流中心的内涵————————

长江上游商贸物流中心的内涵：在采用现代技术的基础上，立足重庆、覆盖长江上游地区、辐射长江流域、面向全国与世界，以专业化协作的组织方式和不断更新的经营形态，大规模、低成本、高效密集地实现商贸物流的流通功能，把重庆培育成商贸物流布局合理，结构优化，设施先进，文化特色突出，具有强大的消费服务创新能力、面向第一和第二产业的服务能力和流通辐射能力，服务品牌和商贸城市形象鲜明的区域性综合商贸物流中心，成为长江上游地区商贸物流业的集聚地、领先者和组织者。

长江上游商贸物流中心的辐射范围：长江上游商贸中心是对长江上游地区的大范围的经济活动产生重大影响的集中区域。长江上游商贸物流中心的市场覆盖区域主要是从长江源头到湖北宜昌的上游段，长 4511km，占长江全长的70%；流经青海、西藏、云南、四川、重庆、湖北 6 省（自治区、直辖市），还涉及甘肃、陕西、贵州 3 省支流，共 9 省（自治区、直辖市）348 个县，流域面积 105 万 km^2，占全流域总面积的 59% 和全国陆地面积的 11%；人口 1.6 亿，占全流域人口的 35% 和全国人口的 14%。概括来说，长江上游商贸物流中心沿长江辐射长江流域、面向全国与世界市场。

长江上游商贸物流中心，总体上由长江上游地区会展之都、购物之都、美食之都和西部国际物流中心四个部分构成。本书主要围绕长江上游地区会展之都、购物之都、美食之都和西部国际物流中心建设展开研究。

1. 购物之都

《重庆市建设长江上游地区购物之都规划》对"购物之都"内涵的界定是市场体系完备、商品品种丰富、购物环境优越、集聚辐射能力强大、具有鲜明特色、引领购物时尚与倾向的现代化大都市。购物之都应具备庞大的市场规模、丰富的商品种类、优美的消费环境、较强的集聚辐射能力和独具魅力的都市特色和家喻户晓的都市誉称。作为生产与消费兼备的大都市，重庆购物之都不但具有良好的消费购物功能，还兼具强大的生产采购功能。

购物之都重在基础平台布局与建设、主体培育与业态优化、产业支撑与联动、商业环境建设。基础平台布局与建设方面，重点是城市核心商圈、商品交易市场、商业特色街、社区商业、农村商贸设施五个方面的布局与建设。主体培育与业态优化方面，主要围绕经营主体的企业、消费主体的本地消费者和外来消费者，以及引进培育品牌企业、品牌商品，发展连锁经营、现代物流、电子商务等现代流通方式和便利店、网购、拍卖等新型流通业态等进行发展，重点是培育大企业、推动商贸企业上市，吸引外来消费、发展现代流通。产业支撑与联动方面，重点是购物消费与旅游业、会展业、餐饮住宿业、休闲娱乐业、文化创意产业等产业的联动发展。商业环境建设方面，重在商业信用、商业文化、人才队伍、城市形象建设。

2. 会展之都

在《重庆市建设长江上游地区会展之都规划》中，"会展之都"有两个核心内涵：一是会展业的专业化、规模化、国际化、品牌化；二是会展设施先进、品牌汇集、服务优质、管理规范、氛围浓厚、功能彰显。从发展方向而言，应坚持专业化、规模化、国际化、品牌化的发展方向，分层次分类别培育和举办国际性会展、全国性会展、跨省区会展、全市性会展和区县级会展；从产业空间布局而言，要突出重点、率先突破、特色发展，构建"一核心三中心六特色"的会展产业空间布局，形成以重庆国际博览中心为主的会展经济核心区、南岸重庆国际会议展览中心为依托的会展经济中心区及区县会展经济特色区。

3. 美食之都

美食之都，重在打造中华美食街和市级美食街，形成美食集聚发展。各区县发挥当地物产优势和区位优势，传承当地历史文化、风土人情，发展具有地方特色、民俗特色、民间特色及时代特点的特色美食街（城）和农家乐（乡村酒店）休闲片区，推动餐饮集聚化发展。形成主城区、区域中心城市有中华美食街、区（县）有市级美食街、社区有餐饮集聚点、乡镇有星级"农家乐"的局面。

4. 西部国际物流中心

西部国际物流中心重点：一是建立国际物流通道网络体系。落实国家战略，实施"一江两翼"国际物流大通道战略，提高"渝新欧"国际货运线路综合竞争力，增强铁路物流基地作为通道起点的商贸物流集聚功能；积极推动渝昆、渝黔复线铁路建设，完善重庆南向对外公路网络，打通印度洋出海通道，增强重庆公路物流基地作为通道起点的物流开放功能；加快建设航空物流基地，完善国际航空货运基础设施建设和网络体系；加快重庆港区水运设施建设，提高长江水道运输能力。二是建设多级物流平台。着力打造"航空、铁路、公路三基地，寸滩、果园、东港三港区"国家级物流枢纽，推进"二环物流带"建设。以铁路物流基地和航空物流基地为支点，建设主城北部物流带；以铁路物流基地和西部国际涉农物流加工区为支点，加快珞璜铁路综合物流枢纽、珞璜千万吨级长江枢纽港建设，增强铁路物流基地的集货能力和多式联运能力，建设主城西部物流带；以航空物流基地、果园港区为支点，以寸滩港区和洛碛化工物流园为支撑，建设主城东部物流带；以公路物流基地为支点，东港港区和迎龙重庆朝天门国际商贸城为支撑，建设主城南部物流带。

二、长江上游商贸物流中心的功能

1. 集聚与辐射功能

由于采用现代技术，流通业务能够在商贸物流中心内高效密集地进行，从而使商贸物流中心对长江上游地区的广大区域的有形和无形商品产生强大的集聚与辐射作用。

2. 服务和创新功能

商贸物流中心必须为区域提供各类商品、要素的自由流动和优化配置，提供优良的交通运输、仓储配送、金融服务、通信信息、中介咨询、会务展示及休闲娱乐等服务，必须建立新型高效的管理制度，减少中间环节，保证商流和物流的畅通。

3. 示范功能

区域商贸物流中心不仅是区域商贸物流组织的创新示范基地，还是区域消费潮流的推动源。

4. 对重庆城市经济现代化作出贡献

现代商贸物流中心通过大规模地采用现代技术，高效密集地履行其商贸职能，发挥流通产业在经济发展中的先导性和基础性作用，带动当地配套服务产业的发展，给重庆带来大量的就业和收入，推动重庆城市的现代化，带动重庆国民经济和社会的全面协调发展。

5. 推动重庆以外广大区域的经济快速发展

现代商贸物流中心通过大规模低成本地履行其商贸职能，大大节约了广大区域的流通物流成本，为其经济的发展直接积累了大量资金；更重要的是，通过商贸的先导性大发展，使受商贸中心辐射影响的广大区域能够面对巨大的现实市场，能够更快更多地接受先进技术的强大推动，分享全社会经济技术发展积累起来的巨大成果，推动其经济的市场化、产业化进程，加快产业结构的调整与升级，提高其长期经济发展的速度。

第二章
长江上游商贸物流中心的历史演变

第一节　古代西南地区物资集散地和繁荣的商业都市

重庆地处长江、嘉陵江的交汇处，"左挟右带，控驭便捷"，西连三蜀，北通陕甘，南达滇黔，东接荆襄，有舟楫和陆路交通之利，自古以来就是西南地区的物资集散地和繁荣的商业都市。

春秋时期，重庆作为巴国都城，开始商品交换，最初的市场逐步形成。据《华阳国志·巴志》载：巴人"立市于龟亭北岸，今新市里也"。最早的市场就设在巴县冬笋坝。《水经注》中说：在巴郡的小城邑里有市，几天一集，如"平都县，为巴郡之隶邑"，"县有市肆，四日一会"。战国时期，巴蜀一带的商民早就和西南各族有了经济上的往来，巴蜀的漆器、铁器、农具、丝绸和其他商品已运入西南各地。

秦时，以重庆为首府的巴和以成都为中心的蜀国土地肥沃，出产丰富，被誉为"天府"。史书《战国策·秦策》中苏秦对秦惠王说："大王之国，西有巴、蜀、汉中之利"，"田肥美，民殷富"，"沃野千里，蓄积饶多，地势形便，此所谓天府，天下之雄国也。当秦之世，巴国一寡妇名清，擅丹穴之利，富至不訾，能守其业，用财自卫，不见侵犯，为秦始皇所礼重"。始皇嬴政为清筑怀清台。巴国寡妇清，成为重庆历史上第一个女商人。

西汉时期，巴蜀经济日益繁盛。《盐铁论》记载：巴蜀已成为当时全国十大经济区域之一，商人们就是以这些地区为其活动的广阔场所。汉时，巴蜀人到京师，往往以铁器、蜀布为货。《隋书·地理志》中说：重庆是"水陆所凑，货殖所萃"，川马、蜀锦是主要输出品。

唐宋以后，中国的经济中心由黄河流域逐渐南移到长江下游地区。长江水道交通为商品生产和商品交换的发展创造了必要的条件。《旧唐书·崔融传》描述当时长江水道的情境："天下诸津，舟航所聚，旁通巴汉，前指闽越……控引河洛，兼包淮海，弘舸巨舰千轴万艘，交货往来，昧旦永日。"交通的发达，促进了商业的发展。重庆扼两江的汇口，与长江中下游及四川东部、北部的经济联系日益密切。唐代诗人王维舟过重庆时留下了"水国舟中市，山桥树杪行"的诗句，就是唐代重庆沿江市场兴盛的写照。

宋代，重庆商业进一步发展。据《文献通考》记载，从商税额而言，重庆已成为年征商税 20 万贯以上的八城市之一，仅次于当时的东京（开封）、兴元（汉中）、成都，名列第四。清代王尔鉴《觉林晓钟》一诗中写道："木鱼敲罢起钟声，透出丛林万户惊。一百八声方始尽，六街三市有人行。"此诗反映了宋代重庆早市的繁荣和市场的基本格局。元代《咏重庆》一诗中有"隔市江光入座间"的描绘，从一个侧面反映了重庆沿江市场的兴盛。

明清时，当时四川盛产的许多农副产品，如井盐、茶叶、生丝、药材等商品，都由内河或陆路转运到重庆集中，再输运到华东、华中和出口国外。重庆成为西南地区的物资集散中心。《巴县志》载："故蜀西南北旁及康藏，以至滇黔之一隅，商货出入输会必于重庆，重庆者，蜀物所萃，亦四方商贾辐辏地也。"清康熙年间的举人刘慈在《渝中杂感》中写道，"大州名胜蜀江边，楚客吴商满市尘"，就反映了重庆与长江中下游地区的商业联系日益频繁。

乾隆初年，重庆已是"商贾云集，百物萃聚"，"或贩至剑南、川西、藏卫之地，或运自滇、黔、秦、楚、吴、越、闽、豫、两粤之间，水牵运转，万里贸迁"。重庆凭借其优越的地理条件，集四方之物于一地，贩进卖出，重庆城"九门舟集如蚁，陆则受廛，水则结舫"。重庆商业的兴旺，吸引了大量的商业性移民，省外之民仅"大江拉把者"，"每年逗留川中者不下十余万人"。这时重庆城内的商业行帮已达 25 个，各业牙行有 150 多家，经营棉花、棉纱、丝货、苏广货、食盐、纸张、书籍、药材、山货等各类物资。嘉庆年间，重庆的运货木船已形成大河、小河、下河共 20 多帮。大河即航行于重庆以上长江、岷江、沱江的船帮，小河即专航于嘉陵江、涪江、渠江的船帮，下河则为运货于重庆以下直至两湖的船帮。常年的货运进出量为 20～30 万 t。

因此，开埠前的重庆，以其发达的交通运输体系，吸引着四川各地乃至黔北、滇北、藏卫、陕南、甘南及长江中下游各地的物资，贩进贩出，成为一个水运繁盛、市场幅射辽阔的商业都市。

第二节　近代传统农副土特产品集散市场 和洋货分销中心

1869 年，英国驻汉口领事考察研究了长江上游的市场，认为"重庆贸易相当著名"，重庆"地处长江上游的分叉口，位置十分有利"，提出了应该直接"开放四川重庆"。1890 年 3 月 31 日，中英签订了《烟台条约续增专条》，正式规定"重庆即准作为通商口岸无异"。1891 年 3 月 1 日，重庆正式开埠。古老的传统商业市场发生变化，农副土特产品出口增加，洋货大量涌入，物资吞吐集散规模扩大，客观上促成了重庆近代商贸中心的形成。重庆成为与上海、汉口、天津、烟台、广州、厦门齐名的七大商业中心城市之一。因此，1904 年清朝中央政府成立商部后，第一次颁布在全国各地建立商会的章程中，就明确规定，重庆因"属商务繁富之区"，设立商务总会。

一、传统的农副土特产品集散市场

重庆开埠后，轮船航行川江，扩大了重庆物资的转输出口能力，川、滇、黔、陕、藏等地的土特产品，借长江及其支流岷江、沱江、嘉陵江等水系和陆路交通，源源输入重庆，辐辏往返，络绎不绝。其集散规模，在长江沿岸仅次于上海、武汉，为第三大埠。清光绪年间的川东道黎庶昌在《改建重庆五福宫北楼记》中说："重庆蜀东一大都会也，其地当岷、涪二江之汇，水陆四冲。舟舆之所络绎，商贾之所骈集。丝麻布帛、丹漆盐铁之利，都积而委输。"开埠后到抗日战争以前，货物集散的自然流向范围北至松藩、汉中、甘肃；西至乐山、宜宾、西藏；南至云南、贵州；东部则有长江水道，荟萃于重庆的农副土特产品，大部分由此航道输往华中、华北及国外。

农副产品的集散数量逐年增加，据《重庆海关 1892—1901 年十年调查报告》，重庆开埠后，农副土特产品转口销售总值每年有较大幅度增加。1902 年出口总值为 850 万两白银，比 1891 年增加了 1.5 倍。又据《重庆海关 1902—1911 年十年调查报告》，1911 年出口 1000 万两白银，比 1902 年增长 18%。蚕丝、猪鬃、羊毛、药材、山货等主要产品的输出量每年都有较大增长。

重庆以长江、嘉陵江沿岸的主要码头形成了沿江市场，成为农副土特产品的集散地。在清人笔下，当时沿江市场的情况是："江中风帆飘动，船运往来如梭，江边艇舫肆列，桅杆林立，人烟辐辏。"太平门城外，是木竹商人会聚及木料集散的地方，后来木材市场转移到黄沙溪。储奇门一带，是山货、药材业集中的地方，并是山货、药材业字号的集中地。金紫门江边，是柑橘船集中之地。南纪门，是一道水陆两通的门，门外也是木材集中之地，同时也是屠宰业集中地。千厮门，滨临嘉陵江，是棉花、牛羊皮市场。沿江农副产品市场的兴盛促进了滨临长江的下半城商业的繁荣。中大街、西大街、西二街、西三街、西四街都是商业场所，周围有各类店铺 203 家，成为当时重庆最繁荣的商业中心。抗战前，重庆商贸主要集中在沿江靠近码头的街道，主要是经销长江上游各地来渝的土特产品。其中一部分运至汉口、上海等地转口国内其他地区或出口国外，再将进口洋货或长江中下游的商品运回重庆再转销到西南各地，并逐步形成了很有势力的诸如匹头帮、盐帮、山货帮等民间商业集团。

总之，重庆沿江商业兴盛，是特殊的地理环境所决定的。在以重庆为中心的区域内，除长江、嘉陵江外，还有涪江、渠江、沱江三大水系，积水面积大于 500km^2 的河流有 14 条，可行舟航转运之利的里程在 2000km 以上。沿江及主要支流的主要河段，分布着小区范围内货物集散中心的大小集镇 228 个，成为货物集散的网结，与重庆中心紧紧相连。

二、洋货的分销中心

重庆开埠，棉织品、毛织品、煤油、颜料、化妆品等洋货，从重庆口岸大量涌进，再由重庆分销到西南各地。

1899 年 6 月 20 日，英商立德乐、普南田带领英国商轮"先行号"到达重庆，这是到达重庆的第一艘商轮。从此，洋货运销日益增加。1930 年，重庆洋货进口总值达 5106 万两白银，成为仅次于上海、天津、汉口的第四位洋货销售中心。

洋货进口中的大宗品种主要是洋布和洋纱，也是重庆商人洋货经营的主要商品。这些货物主要通过洋行、买办商、本地商号向重庆及西南的城镇和广大乡村倾销。《中国近代对外贸易史资料》（第三册）对重庆洋货分销中心的地位作了比较详细的描写。该书说：洋货的购进，除成都有 3 家商号，嘉定有 1 家商号，直接在上海采购外，四川各地全部都是由重庆采购。重庆是当时四川省贸易的主要市场及分销中心。每年在一定的季节里，商人从偏僻和遥远的成都、保宁府、潼川府、遂宁县、嘉定府、绵州、合州及其他地方，有的由陆路，有的由水路来到重庆，运来他们的土产、药材、生丝等，并运回洋货。

重庆杂货业的销售业务日益发展，小杂货店也逐步增多，主要经营铁丝、纽扣、手表、洋伞、化工原料、洋灯、金银器等商品。1936 年，重庆苏货铺有 130 家，五杂货店 68 家，服装鞋帽店 180 家。

三、近代商业日益繁盛

随着物资集散规模的扩大，重庆商业日益繁盛。清代诗人宋家蒸，在《舟次重庆》这首诗中写道："郭中万户屯，郊外千舟舣，商贾集远方，货贿集都市"。可作为当时重庆商业的写照。巴县木洞镇，在诗人的笔下也是"小市人烟簇"，"估舶争来去"。重庆商业之繁盛，非西南其他城市可比拟。

1. 新的商业组织不断出现，商业交易日益繁盛

随着各省商人来渝经商增多，为了保障本省商人利益，1900 年，广东、浙江、福建、湖广、江西、江南、山西、陕西八省的商人成立会馆，称为"八省会馆"。1905 年 10 月，重庆成立总商会。1908 年，清政府在重庆菜园坝举办了川东地区第一次商业展览会，显示了重庆商业的繁荣和商业中心的作用。1914 年，总商会买下原重庆府署，改建为商业场，翌年正式落成。商业场包括中大街、西大街、西二街、西三街、西四街 5 个街区，集中了匹头、苏货、药材、山货等字号店铺 203 家，房屋壮观，街道宽阔。商业场成为重庆最繁华的商业中心。1927 年 2 月 9 日，重庆商业场又仿效北京、天津、上海、武汉的办法，创办了夜市。每日从午后 6 时到夜 10 时，准许场内店铺和外来摊贩设点营业，

摊点栉比，人流如潮，摩肩接踵，商业场更加繁盛。

重庆素有"上下两条江，左右十三帮"之称。其实重庆商帮远非 13 帮之数。20 世纪 30 年代，重庆有行业公会 57 个，其中属于匹头绸缎业、盐业、棉纱业、米粮业、干菜业、五金业等商业性行业公会有三四十个。随着洋货的大量倾销，行业分工越来越细，形成了交电、五金、化工、煤油、百货、纺织、文化用品等新的商业行业。

2. 商业店铺增多，市场更趋繁荣

重庆逐步形成了油市街、草药街、磁器街、木货街、棉花街、麦子街、米亭子街、炒房街等四五十条商业街。这些商业街以经营专项为主，店铺一家接一家，有的街道的临街房屋几乎都是商铺，很有经营特色。米亭子曾是城内最大的大米市场，既有大宗交易，也有零售。20 世纪 40 年代以前，重庆繁华的商业区是在下半城，主要由于下半城滨临长江，周围散布着药材、山货、柑桔等集散市场。下半城的陕西街，是金融业的集中地，银行、票号、钱庄多设于此，40 年代被称为重庆的"华尔街"。白象街是字号、洋行及轮船公司的所在地。东水门到太平门一段是主要官署的所在地，是早期的政治中心。1915 年辟作商业场后，成为重庆的商业中心，重庆总商会及不少行业公会也设于此。

据《巴县志》载，1936 年，重庆主要商业行业及店铺数的情况是（仅指现在的渝中区）：盐业 120 家，棉纱业 72 家，匹头绸缎业 200 家，颜料业 23 家，苏货业 130 家，干菜业 88 家，川丝织品业 23 家，五金杂货业 68 家，药材业 42 家，山货业 120 家，糖业 30 家，夏布业 40 家，熟药业 320 家，煤业 48 家，布业 290 家，油业 94 家，服装业 117 家，旅栈业 800 家，油漆业 94 家，杂粮业 18 家，屠宰业 25 家，制革业 36 家，瓷器业 44 家，中西餐业 112 家，皮货业 14 家，鞋帽业 68 家，煤油业 22 家。流动的摊贩挑担、提篮不计其数，遍布大街小巷，入夜叫卖声不断，商业很是繁荣。也就是说，到 1936 年，重庆城内已有商业行业 27 个，店铺字号 3058 家。其中 100 家以上的行业有匹头绸缎业、布业、苏货业、山货业等 8 个行业，共 2209 家，占 72%。

3. 涌现了一大批名店大店，成为重庆商业的骨干

洋货、山货、盐业等行业中，开办最早的算"全信裕"，是咸丰年间由金秀峰开办的，经营的上货以匹头为大宗，兼办棉花、百货；下货贩运白蜡、桐油、成都蜀锦等。光绪年间，刘继陶创办的"德生义"商号，以经营药材为主，兼营匹头、棉花，经常派人到滇、黔产地大量收购山货、药材。1894 年刘继陶成为重庆最早的"百万富翁"。1911 年，黄锡滋开设"天锡生"商号，并以"天锡生"为号，在几年间，陆续开设了"天锡永""天锡公""天锡福""福兴玉"等字号，这些字号经营范围广泛。汤子敬（后人称之为汤百万），兴办了一些有较大影响的字号，如"聚福长"山货号、"德大昌""大昌祥""裕生厚"等字号。

在药材业中也有不少大字号。清朝末年，重庆药材业已是重庆商业中的"八大行"之一。"八大行"是指糖、麻、花、酒、油、药、烟、干菜。当时较有名气的药材字号有"永泰""茂昌""万道长"等。

服务业中的"留真相馆"，创办于 1919 年，是西南地区最早的相馆。

重庆饮食业素来发达，大小餐馆遍布全城，有影响的大店很多。创办于 20 世纪 20 年代的有特色的餐馆，有"留春幄""陶乐春""小洞天"等。从 20 世纪 30 年代到抗日战争前，陆续兴办了"白玫瑰""醉东风""国泰""大都会""金山饭店""九园"等。"白玫瑰"创办于 1933 年，除经营中、西餐食外，同时经营舞厅，著名菜点有干烧白、干烧岩鲤、烤全猪等。

总之，在明清时期重庆城市商业初步繁荣的基础上，经过开埠时期西方资本入侵的刺激，重庆城市商业特征更加突出。1896 年，英国布拉克博恩考察团访问四川，在深入研究四川的经济状况以后，认为重庆已成为"四川省贸易的主要市场和分销中心"，重庆这种地位"是永远不会受到严重威胁的"。又经过 40 年的发展，到 20 世纪 30 年代中期，重庆市场上的商品交易量比 19 世纪末又有数倍的增长，新的商品结构已经代替旧的商品结构，新的流通渠道已建立起来，新的市场体系已经形成，市场不断扩大，新的管理体制也已出现，重庆近代商贸中心形成。

第三节　抗日战争时期大后方商贸中心

1937 年 11 月，南京国民政府移驻重庆。作为战时陪都的重庆，迅速发展成为全国的政治、经济、文化中心，人口骤然增加，内迁工厂剧增（奉命内迁的400多家厂矿，有一半以上都迁往重庆城郊及附近地区），对生产资料与生活资料的需求迅速膨胀。这一特定的历史时期，为重庆商贸提供了极大的发展机会，极大地刺激了重庆商贸的繁荣，从而巩固和扩展了重庆商贸中心的地位和范围。重庆成为战时大后方甚至全国的商贸中心。

一、商业规模扩大

1. 商业行业的增加

商业行业的多少标志着商业活动领域的大小，是评价商业发展程度的重要标准。战时重庆商业行业的增加，特别是能够依法成立的同业公会行业的猛增，是重庆商贸繁荣的标志之一。1937年，重庆经政府批准成立的工商业同业公会有14个，1945年增加到123个，而这一年还有未成立同业公会的行业37个，二者一共为160个。在这些行业中，工业公会大约有40个，而商业行业达120个之多。

2. 商业企业数量的增加

1937年向政府登记的商业企业有1007家，资本在2000元以上的有700多家。这一年，重庆百货业不过70多家。抗日战争期间，百货业成为发展最快的商业行业。到1942年，百货业已增加至2403家，较抗日战争前增加了30多倍。到1945年4月，加入商会各同业公会的商号已达27 481家，商业字号数达到顶峰。

3. 商业从业人口的增加

据重庆市人口职业统计，1941年12月，重庆从事商业的人口达106 083人，分别占重庆总人口和有职业人口的15.1%和19.8%。到1946年1月，重庆市商业人员已达到262 074人，分别占全部总人口和有职业人口的21.04%和36.84%。特别需要指出的是，尽管商业数量和从业职工大幅度增加、行业经营规模扩大，但从单个企业的平均规模而言，仍然较小。1941年重庆市商号14 262家，资本12 583万元，每家平均仅为8822元。其中资本额10万元以上的仅占15%。可见战时重庆商业经营规模的扩大，主要表现为行业规模而不是企业规模。

二、商业资本的扩大

抗日战争期间重庆商业资本规模的迅速扩大，是重庆商业繁荣和重庆商贸中心巩固与发展的又一重要标志。1942 年比 1941 年商业企业增加了 81.74%，资本增加了 293.67%。虽然资本包含了通货膨胀的因素，但企业的大幅度增加必然带来资本的大幅度增加。1942 年是抗日战争期间重庆经济发展的高峰，也是商业发展的高峰。这一年，重庆商业资本在社会总资本中的比例，也达到了前所未有的高度。1942 年，重庆市各业资本 27 712 家，商业资本 25 920 家；各业资本 68 161.15，其中商业资本 49 535.127 万元，占 72.67%。

商业资本是商业活动的基本条件。战时重庆商业的资金来源主要有四个渠道：国家银行贷款、地方银钱业贷款、各工商行号借入、地方银钱业投资。其中国家银行贷款主要用于工矿交通事业，而地方银钱业贷款大约 80%用于商业贷款，各工商行号借入中商业借款约占 87%，地方银钱业投资于商业的约占 65%。社会资金的绝大多数投入商业，重庆商贸的繁荣、商贸中心的巩固与发展，就顺理成章了。

当然，社会资金大量流向商业，商业资本在社会总资本中的比例，已大大超过社会实际需要，大大超过了工业和市场的需要，这从另一方面反映了重庆商业的战时繁荣，是一种畸形繁荣。

这一时期，出现了诸如庆汇纱号、恒义升、华华绸缎公司、中国棉业公司、重庆中国国货公司、宝元通、川畜、川丝公司等具有一定垄断性质的大型官办和民办商业企业。

三、外贸中心地位的上升

抗日战争以前，从上海到重庆的长江流域地区，是中国的主要外贸地区。其中，上海第一，重庆游移于第三和第四位。抗战爆发以后，长江中下游地区和对外口岸城市相继沦陷，国民政府控制的 47 个海关只剩下 12 个，其中大部分处在西南内地。随着国民政府政治中心迁往重庆，对外贸易的重要渠道也由上海转向了西南。在西南七关中（重庆、梧州、南宁、龙州、蒙自、思茅、腾越），重庆居于后方中心地位。1941 年 12 月，新的海关总税务司署在重庆正式成立，是重庆成为大后方对外贸易中心的标志。

第四节　重庆近代商贸中心的地位

　　古代的重庆是个商业城市，因水运而商盛，商盛而城市兴。在近代重庆经济中，商业得到最先发展。实际上，重庆走上近代城市化道路的也是商业，因此，商贸中心最先形成。稍后，为商业服务的金融业、交通运输业得到发展，形成了重庆金融中心、重庆交通中心。20 世纪 30 年代以前，重庆经济发展最早、程度最高、规模最大、作用最大的是商业。重庆商贸中心的形成就是重庆近代经济中心形成的初步标志。商贸中心作为重庆城市经济功能中的主导功能，决定了重庆作为商业城市的性质。重庆以商业城市的新面貌出现在近代中国的舞台上。因此，重庆是个因商而兴的城市。"商业依赖于城市的发展，而城市的发展也要以商业为条件"①。

　　重庆近代商贸中心的形成，进而促进近代重庆经济中心形成，是符合中国近代城市化道路的一般规律的。依靠优越的水运条件，由商业和金融起步发展成为经济中心的城市，如近代之上海、武汉、天津。

　　重庆近代商贸中心形成于重庆开埠之后，近代重庆商贸中心带有半殖民地半封建经济之特征。近代重庆商贸的发展，是近代中国长江流域经济发展的产物，而近代商贸中心的形成使重庆成为长江流域经济带链条上的重要一环，初步确定了重庆在中国经济发展战略格局中，东西部结合的战略枢纽地位。

　　近代以来，上海成为长江流域的经济中心。上海居长江之头，重庆居长江之尾，东西呼应。重庆地处长江、嘉陵江之交汇处，通过川江连接乌江、綦江、沱江、岷江、嘉陵江大约 1 万 km 水路，同时又处于中国西部最富庶的川西平原及云贵高原同长江中下游交往的必由通道上。具有与上海相似的得天独厚的地理条件。重庆以此成为经济链条中的极为重要一环——连接西部的广大地区。重庆以其自身在商业和贸易上的独特地位跟着上海加入了长江流域经济带开发的行列，承担起长江流域经济带链条上东西结合的重要一环

---

　　① 见《资本论》第三卷第 371 页。

的历史责任。

重庆近代商贸中心的地位还通过强大的凝聚与幅射力表现出来。重庆优越的地理位置使其具有广阔的潜在腹地。开埠以前，重庆城市的腹地主要是嘉陵江流域一带和綦江流域及长江重庆以上段的沿江部分地区。开埠以后，尤其是20世纪以来，川西、滇北、黔北、康藏、陕南、甘南等区域逐渐成为重庆商贸的吸引地区和幅射范围。抗日战争时期达到顶点。

重庆近代商贸中心对腹地的强大凝聚力，源于重庆进出口贸易的发展，尤其是出口土货，充分反映了重庆与腹地乡村经济关系。大宗出口商品有21种，全部来自腹地农村，包括生丝、猪鬃、牛皮、羊皮、夏布、桐油、糖、生漆、白蜡、药材等。这些土货不仅供应重庆市场，而且通过重庆市场销往长江中下游地区。

重庆近代商贸中心对腹地的强大幅射力，主要是通过工业品对乡村的扩散而实现的。

第五节　长江上流商贸物流中心地位日渐显现

1949年11月30日重庆解放，重庆被列为直辖市，是西南大行政区党政机关的所在地。20世纪50年代，重庆是西南地区的主要物资集散中心，云、贵、川1亿人口所需生产、生活物资，大部分是由重庆组织供应的。20世纪50年代末期以后，由于实行按行政区划和行政系统管理经济的政策，重庆与西南各省的经济联系逐渐被割断，加上"三固定"的体制，人为地造成地区封锁和条块分割，把重庆的对外经济联系、贸易范围约束在四川东部地区这一很小的范围之内，重庆商业贸易失去了既有的发展空间，严重束缚了中心城市作用的发挥。因此，1978年以前，在高度集中统一的商业计划体制下，重庆商业主体单一，产品按照"一、二、三、零"的模式分配和运行，重庆商业发展缓慢。

1979～1995年，在市场经济的价值取向下，重庆的商业又重现了活力。在全国有极大影响的"商业四放开"，始于重庆。1996年重庆代管"两地一市"，尤其是1997年重庆直辖，中央和国务院赋予了重庆伟大而光荣的任务，即努力把重庆建设成为长江上游的经济中心,长江上流商贸物流中心建设成为长江上游的经济中心的重要内容之一。重庆商贸流通不辱使命,发展大流通、建设大市场、构建大物流、建设大商圈、提升大餐饮、创新大会展、培育大企业,以长江上游地区购物之都、会展之都、美食之都和西部国际物流中心为内容的长江上流商贸物流中心地位日渐显现。

第三章
长江上游地区商贸物流发展基础

本章选取的样本主要包括长江上游地区经济腹地的重庆、四川、贵州、云南、西藏、青海 6 个省（自治区、直辖市）。商贸物流业主要包括批发零售贸易业、住宿餐饮业和交通运输、仓储及邮电业。基于资料的准确性和可靠性，选取的 15 个统计指标的原始数据均来源于 2006～2014 年《中国统计年鉴》、各地区统计年鉴、国民经济和社会发展统计公报。

第一节　长江上游地区商贸物流规模分析

一、长江上游地区商贸物流产出规模分析

产出规模直接反映商贸物流业的经营成果，此处选取商贸物流业增加值、社会消费品零售总额、货运总量、货物周转量 4 个指标对长江上游地区商贸物流产出情况进行分析。

（一）商贸物流业增加值

由表 3-1 可以看出，长江上游地区商贸物流业增加值由 2005 年的 2554.01 亿元，增加到 2013 年的 8495.74 亿元，增长了 2.33 倍，年均增长 16.21%。地区平均商贸物流业增加值由 2005 年的 425.67 亿元增加到 2013 年的 1415.96 亿元。总体而言，四川、云南、重庆、贵州商贸物流业增加值高于地区平均水平，青海、西藏则低于地区平均水平。从年均商贸物流业增加值来看，四川商贸物流业年均增加值最大，为 1914.27 亿元，重庆次之，为 1076.44 亿元，西藏

排名最后，仅为 71.35 亿元。

表 3-1　长江上游地区商贸物流业增加值情况　　　（单位：亿元）

年份	重庆	四川	贵州	云南	西藏	青海	长江上游地区	地区平均值
2005	563.21	1076.86	286.48	508.66	41.91	76.89	2554.01	425.67
2006	651.16	1244.06	328.26	563.05	53.04	85.13	2924.70	487.45
2007	723.78	1435.99	402.83	647.85	69.07	98.59	3378.11	563.02
2008	870.54	1639.06	749.89	779.00	71.38	112.52	4222.39	703.73
2009	1005.22	1795.14	846.71	912.58	62.95	129.99	4752.59	792.10
2010	1155.99	2068.20	1028.57	1068.98	69.3	159.00	5550.04	925.01
2011	1369.86	2387.97	1264.08	1427.63	75.95	180.16	6705.65	1117.61
2012	1553.12	2671.16	1468.52	1617.84	92.76	202.70	7606.10	1267.68
2013	1795.12	2909.98	1652.00	1808.92	105.75	223.97	8495.74	1415.96
年均值	1076.44	1914.27	891.93	1037.17	71.35	140.99	5132.15	—

　　分行业看，如表 3-2 所示，批发、零售贸易业增加值由 2005 年的 1044.17 亿元增长到 2013 年的 3670.4 亿元，年均增长 17.02%；住宿餐饮业增加值由 2005 年的 373.04 亿元增长到 2013 年的 1314.58 亿元，年均增长 17.05%；交通运输、仓储及邮电业增加值由 2005 年的 1136.80 亿元增长到 2013 年的 3510.76 亿元，年均增长 15.14%。住宿餐饮业、批发零售贸易业的年均增长速度均超过了商贸物流业年均增长速度，表明住宿餐饮业、批发零售贸易业对带动长江上游地区整体商贸物流发展具有重要作用。

表 3-2　长江上游地区商贸物流业增加值行业发展情况

年份	商贸物流业增加值		其中：					
			批发零售贸易业		住宿餐饮业		交通运输、仓储及邮电业	
	绝对值/亿元	增速/%	绝对值/亿元	增速/%	绝对值/亿元	增速/%	绝对值/亿元	增速/%
2005	2554.01	—	1044.17	—	373.04	—	1136.80	—
2006	2924.70	14.51	1182.29	13.23	428.64	14.90	1313.77	15.57
2007	3378.11	15.50	1374.29	16.24	508.62	18.66	1495.20	13.81
2008	4222.39	24.99	1657.41	20.60	583.51	14.72	1981.47	32.52
2009	4752.59	12.56	1991.43	20.15	715.13	22.56	2046.03	3.26
2010	5550.04	16.78	2357.17	18.37	826.62	15.59	2366.25	15.65
2011	6705.65	20.82	2900.34	23.04	1024.89	23.99	2780.42	17.50
2012	7606.10	13.43	3272.63	12.84	1166.15	13.78	3167.32	13.92
2013	8495.74	11.70	3670.40	12.15	1314.58	12.73	3510.76	10.84
年均增速/%	16.21		17.02		17.05		15.14	

（二）社会消费品零售总额

由表 3-3 可以看出长江上游地区社会消费品零售总额呈现逐年递增趋势，由 2005 年的 6080.16 亿元，增加到 2013 年的 22 400.77 亿元，增长了 2.68 倍，年均增长 17.70%。地区平均社会消费品零售总额由 2005 年的 1013.36 亿元增加到 2013 年的 3733.46 亿元。总体而言，四川、重庆、云南社会消费品零售总额一直高于地区平均水平，而贵州、青海、西藏则一直低于地区平均水平。从年均社会消费品零售总额来看，四川社会消费品零售总额最大，为 6180.53 亿元，重庆次之，为 2662.95 亿元，西藏排名最后，仅为 168.29 亿元。

表 3-3　长江上游地区社会消费品零售总额情况　　　（单位：亿元）

年份	重庆	四川	贵州	云南	西藏	青海	长江上游地区	地区平均值
2005	1 215.76	2 981.37	606.92	1 041.29	73.23	161.59	6 080.16	1 013.36
2006	1 403.58	3 421.65	689.77	1 204.75	90.02	182.60	6 992.37	1 165.39
2007	1 661.23	4 015.57	821.75	1 422.57	112.60	212.54	8 246.26	1 374.38
2008	2 147.12	4 800.76	1 075.24	1 764.74	129.99	259.73	10 177.58	1 696.26
2009	2 479.01	5 758.69	1 247.25	2 051.06	156.58	300.47	11 993.06	1 998.84
2010	2 938.60	6 810.12	1 482.68	2 542.44	185.30	350.80	14 309.94	2 384.99
2011	3 487.81	8 006.58	1 751.62	3 000.14	219.00	410.51	16 875.66	2 812.61
2012	4 033.70	9 268.61	2 075.85	3 541.60	254.64	476.00	19 650.40	3 275.07
2013	4 599.77	10 561.45	2 366.24	4 036.01	293.22	544.08	22 400.77	3 733.46
年均值	2 662.95	6 180.53	1 346.37	2 289.40	168.29	322.04	12 969.58	—

分行业看，如表 3-4 所示，批发和零售业零售额由 2005 年的 4929.50 亿元增长到 2013 年的 18 716.28 亿元，年均增长 18.15%；住宿餐饮业零售额由 2005 年的 965.74 亿元增长到 2013 年的 3085.64 亿元，年均增长 15.63%；其他行业零售额则由 2005 年的 184.92 亿元增加到 2013 年的 598.85 亿元，年均增长 15.82%。批发零售贸易业的年均增长速度超过了社会消费品零售总额总体年均增长速度，表明长江上游地区社会消费品零售主要由批发零售贸易业带动。

表 3-4　长江上游地区社会消费品零售总额行业发展情况

年份	社会消费品零售总额		其中：					
			批发零售贸易业		住宿餐饮业		其他行业	
	绝对值/亿元	增速/%	绝对值/亿元	增速/%	绝对值/亿元	增速/%	绝对值/亿元	增速/%
2005	6 080.16	—	4 929.50	—	965.74	—	184.92	—

续表

年份	社会消费品零售总额		其中:					
			批发零售贸易业		住宿餐饮业		其他行业	
	绝对值/亿元	增速/%	绝对值/亿元	增速/%	绝对值/亿元	增速/%	绝对值/亿元	增速/%
2006	6 992.37	15.00	5 653.70	14.69	1 126.84	16.68	211.83	14.55
2007	8 246.26	17.93	6 560.16	16.03	1 404.18	24.61	281.92	33.09
2008	10 177.58	23.42	8 147.36	24.19	1 707.53	21.60	322.69	14.46
2009	11 993.06	17.84	9 959.07	22.24	1 690.21	−1.01	343.78	6.54
2010	14 309.94	19.32	11 879.68	19.29	2 033.84	20.33	396.42	15.31
2011	16 875.66	17.93	14 049.37	18.26	2 407.77	18.39	418.52	5.57
2012	19 650.40	16.44	16 321.40	16.17	2 805.82	16.53	523.18	25.01
2013	22 400.77	14.00	18 716.28	14.67	3 085.64	9.97	598.85	14.46
年均增速/%	17.7		18.15		15.63		15.82	

（三）货运总量

表 3-5 反映了长江上游地区货运总量情况，可以看出长江上游地区货运总量呈现逐年递增趋势，由 2005 年的 20.12 亿 t 增加到 2013 年的 45.88 亿 t，增长了 1.28 倍，年均增长 10.85%。地区平均货运量由 2005 年的 3.35 亿 t 增加到 2013 年的 7.65 亿 t。总体而言，四川、重庆、云南货运总量一直高于地区平均水平，而贵州、青海、西藏则一直低于地区平均水平。从年均货运量来看，四川货物量最大，为 12.32 亿 t，重庆次之，为 6.96 亿 t，西藏排名最后，仅为 0.08 亿 t。

表 3-5　长江上游地区货运量情况　　　　　　（单位：亿 t）

年份	重庆	四川	贵州	云南	西藏	青海	长江上游地区	地区平均货运量
2005	3.92	7.04	2.18	6.22	0.04	0.72	20.12	3.35
2006	4.28	7.42	2.47	6.64	0.04	0.76	21.61	3.60
2007	5.00	7.99	2.68	7.18	0.04	0.83	23.72	3.95
2008	6.37	11.45	3.36	4.56	0.03	0.93	26.7	4.45
2009	6.85	11.81	3.48	4.75	0.10	1.01	28.00	4.67
2010	8.14	13.34	4.03	5.28	0.10	1.14	32.03	5.34
2011	9.68	15.38	4.49	6.68	0.10	1.28	37.61	6.27
2012	8.64	17.45	5.28	7.59	0.11	1.37	40.44	6.74
2013	9.74	18.96	7.27	8.42	0.13	1.36	45.88	7.65
年均货运量	6.96	12.32	3.92	6.37	0.08	1.04	30.69	—

（四）货物周转量

由表 3-6 可以看出，长江上游地区货物周转量逐年增加，由 2005 年的 3024.11 亿吨公里，增加到 2013 年的 8516.72 亿吨公里，增长了 1.82 倍，年均增长 13.82%。地区平均货物周转量由 2005 年的 504.02 亿吨公里增加到 2013 年的 1419.45 亿吨公里。总体而言，重庆、四川货物周转量一直高于地区平均水平，贵州、西藏和青海则低于地区平均水平，云南自 2008 年开始一直则低于地区平均水平。从年均货物周转量来看，重庆市货物周转量最大，为 1757.25 亿吨公里，四川次之，为 1568.56 亿吨公里，西藏排名最后，仅为 44.09 亿吨公里。

表 3-6 长江上游地区货物周转量情况 （单位：亿吨公里）

年份	重庆	四川	贵州	云南	西藏	青海	长江上游地区	地区平均货物周转量
2005	624.90	898	646.55	656.49	41.93	156.24	3024.11	504.02
2006	821.39	891	680.96	692.21	39.57	154.92	3280.05	546.68
2007	1049.80	979	721.26	770.96	42.90	185.18	3749.10	624.85
2008	1486.43	1513	809.93	811.15	43.25	343.34	5007.10	834.52
2009	1644.30	1526	897.38	910.43	37.03	372.25	5387.39	897.90
2010	2010.40	1710	1012.20	990.50	41.76	427.57	6192.43	1032.07
2011	2530.28	1909	1060.69	1070.11	43.79	494.57	7108.44	1184.74
2012	2648.06	2254	1177.78	1164.80	49.65	536.27	7830.56	1305.09
2013	2999.66	2437	1292.11	1271.49	56.97	459.49	8516.72	1419.45
年均货物周转量	1757.25	1568.56	922.10	926.46	44.09	347.76	5566.22	—

二、长江上游地区商贸物流业投入规模分析

选取商贸物流业固定资产投资额和从业人员数指标，从投入角度对长江上游地区商贸物流业发展现状进行分析。

（一）商贸物流业固定资产投资额

由表 3-7 可以看出，长江上游地区商贸物流业固定资产投资由 2005 年的 1309.1 亿元，增加到 2013 年的 7525.7 亿元，增长了 4.75 倍，年均增长 24.44%。地区平均固定资产投资额由 2005 年的 218.18 亿元增加到 2013 年的 1254.28 亿元。总体而言，四川、重庆、云南商贸物流业固定资产投资额高于地区平均水平，而贵州、青海、西藏则低于地区平均水平。从年均商贸物流业固定资产投资额来

看，四川年均商贸物流业固定资产投资额最大，为 1460.90 亿元，云南次之，为 864.29 亿元。

表 3-7　长江上游地区商贸物流业固定资产投资情况　　（单位：亿元）

年份	重庆	四川	贵州	云南	西藏	青海	长江上游地区	地区平均投资额
2005	264.7	346.1	169.6	393.1	70.0	65.6	1309.1	218.18
2006	295.2	463.7	200.1	469.7	80.0	80.2	1588.9	264.82
2007	389.4	528.4	226.5	498.1	82.3	96.8	1821.5	303.58
2008	489.8	763.8	290.7	483.9	87.7	115.0	2230.9	371.82
2009	699.5	1461.7	434.4	721.2	97.3	134.1	3548.2	591.37
2010	772.9	1860.3	557.6	1182.8	136.6	161.1	4671.3	778.55
2011	841.1	2121.8	666	1275.1	162.9	155.0	5221.9	870.32
2012	1006.8	2665.1	879.5	1183.6	176.1	261.5	6172.6	1028.77
2013	1296.8	2937.2	1183.9	1571.1	208.8	327.9	7525.7	1254.28
年均投资额	672.91	1460.90	512.03	864.29	122.41	155.24	3787.79	—

分行业看，如表 3-8 所示，批发零售贸易业固定资产投资额由 2005 年的 121.60 亿元增长到 2013 年的 1006.90 亿元，年均增长 30.24%；住宿餐饮业固定资产投资额由 2005 年的 77.50 亿元增长到 2013 年的 763.80 亿元，年均增长 33.11%；交通运输、仓储及邮电业固定资产投资额由 2005 年的 1110.00 亿元增长到 2013 年的 5755.00 亿元，年均增长 22.84%。由于交通运输、仓储及邮电业对设施装备要求高，固定资产投资额所占比重最大，但占比逐年减少，批发零售贸易和住宿餐饮业固定资产投资额占比呈逐年增加趋势。

表 3-8　长江上游地区商贸物流业固定资产投资分行业情况

年份	商贸物流业固定资产投资		其中：					
			批发零售贸易业		住宿餐饮业		交通运输、仓储及邮电业	
	绝对值/亿元	增速/%	绝对值/亿元	占比/%	绝对值/亿元	占比/%	绝对值/亿元	占比/%
2005	1309.10	—	121.60	9.29	77.5	5.92	1110.00	84.79
2006	1588.90	21.37	129.94	8.18	104.99	6.61	1353.91	85.21
2007	1821.50	14.64	134.30	7.37	131.50	7.22	1555.70	85.41
2008	2230.90	22.48	195.17	8.75	146.70	6.58	1888.95	84.67
2009	3548.20	59.05	303.63	8.56	176.60	4.98	3067.95	86.46
2010	4671.30	31.65	408.88	8.75	283.05	6.06	3979.32	85.19
2011	5221.90	11.79	611.50	11.71	380.00	7.28	4230.40	81.01
2012	6172.60	18.21	781.30	12.66	564.40	9.14	4826.90	78.20
2013	7525.70	21.92	1006.90	13.38	763.80	10.15	5755.00	76.47

（二）商贸物流业从业人员

由表 3-9 可以看出，长江上游地区商贸物流业从业人员由 2005 年的 731 万人增长到 2013 年的 1685.8 万人，增长了 1.31 倍，年均增长 11.01%。从商贸物流业从业人员数来看，四川最多，2013 年为 629.1 万人，重庆次之，2013 年为 376.8 万人；从商贸物流业从业人员年均增速看，重庆增长速度最快，为 14.73%，西藏次之，为 14.51%，四川、云南、青海商贸物流业从业人员年均增速则低于长江上游地区年均增速。

表 3-9 长江上游地区商贸物流业从业人员情况

年份	重庆/万人	四川/万人	贵州/万人	云南/万人	西藏/万人	青海/万人	长江上游地区/万人	增速/%
2005	125.5	310.8	81.2	166.1	11.2	36.2	731	—
2006	126.9	369.2	89.2	163.3	13.1	34.6	796.3	8.93
2007	145.6	373	97.9	211	17.7	32.8	878	10.26
2008	168.8	384.8	101.8	228.1	19.5	30.6	933.6	6.33
2009	189.3	425.6	110.2	236.7	21.7	34.3	1017.8	9.02
2010	194.8	446.2	118	266	23.4	35.9	1084.3	6.53
2011	262.6	514.4	148.1	309.8	28.2	39.8	1302.9	20.16
2012	320.7	575.3	189.4	340.5	31.2	43.2	1500.3	15.15
2013	376.8	629.1	229.8	369.1	33.1	47.9	1685.8	12.36
年均增速/%	14.73	9.62	13.89	10.50	14.51	3.56	11.01	—

从各行业来看，如表 3-10 所示，批发零售贸易业从业人员由 2005 年的 504.20 万人增长到 2013 年的 1258.40 万人，年均增长 12.11%；住宿餐饮业从业人员由 2005 年的 122.73 万人增长到 2013 年的 268.60 万人，年均增长 10.29%；交通运输、仓储及邮电业从业人员由 2005 年的 103.97 万人增长到 2013 年的 158.80 万人，年均增长 5.44%。其中，批发零售贸易业从业人员年均增长速度超过了商贸物流业从业人员总体年均增长速度，而住宿餐饮业和交通运输、仓储及邮电业从业人员年均增长速度则低于商贸物流业从业人员总体年均增长速度。

表 3-10 长江上游地区商贸物流业从业人员分行业情况

年份	批发零售贸易业		住宿餐饮业		交通运输、仓储及邮电业	
	绝对值/万人	增速/%	绝对值/万人	增速/%	绝对值/万人	增速/%
2005	504.20	—	122.73	—	103.97	—
2006	570.39	13.13	122.44	−0.24	103.40	−0.55
2007	628.09	10.12	143.38	17.10	106.55	3.05

续表

年份	批发零售贸易业		住宿餐饮业		交通运输、仓储及邮电业	
	绝对值/万人	增速/%	绝对值/万人	增速/%	绝对值/万人	增速/%
2008	673.27	7.19	151.34	5.55	108.96	2.26
2009	738.06	9.62	165.91	9.63	113.90	4.53
2010	794.11	7.59	174.12	4.95	116.06	1.90
2011	990.50	24.73	196.80	13.03	115.60	−0.40
2012	1154.00	16.51	225.70	14.68	120.60	4.33
2013	1258.40	9.05	268.60	19.01	158.80	31.67
年均增速/%	12.11		10.29		5.44	

第二节　长江上游地区商贸物流结构分析

一、长江上游地区商贸物流规模结构分析

选取商贸物流业增加值占 GDP 的比重、商贸物流业固定资产投资额占社会固定资产投资总额的比重两个指标，对长江上游地区商贸物流业的规模结构进行分析。

（一）商贸物流业增加值占 GDP 的比重

如表 3-11 所示，长江上游地区商贸物流业增加值占 GDP 的比重总体呈下降趋势，由 2005 年的 14.95%下降至 2013 年 13.80%，表明商贸物流业对长江上游地区经济发展的拉动力不断减弱。在西方发达国家，商贸物流业在国民经济中所占的比重在 35%以上，可见长江上游地区商贸物流业的发展相对落后。

表 3-11　长江上游地区商贸物流业增加值及占 GDP 的比重

年份	GDP/亿元	流通业增加值/亿元	流通业增加值占 GDP 比重/%
2005	17 086.73	2 554.01	14.95
2006	19 795.76	2 924.7	14.77
2007	23 891.72	3 378.11	14.14
2008	29 062.04	4 222.39	14.53
2009	32 286.35	4 752.59	14.72
2010	38 795.29	5 550.04	14.31
2011	47 909.28	6 705.65	14.00
2012	55 038.64	7 606.1	13.82
2013	61 553.88	8 495.74	13.80

表 3-12 反映了长江上游地区各省份商贸物流业增加值占 GDP 的比重，通过对数据的分析可以看出，贵州省商贸物流业增加值占 GDP 的比重呈现先增加后下降的趋势，总体上处于相对高位，由 2005 年的 14.48%上升到 2013 年的 20.63%。重庆、四川、西藏、青海商贸物流业增加值占 GDP 的比重则呈现递减趋势。重庆商贸物流业增加值占 GDP 的比重由 2005 年的 16.24%减少到 2013 年的 14.18%；四川商贸物流业增加值占 GDP 的比重由 2005 年的 14.58%减少到 2013 年的 11.08%；西藏商贸物流业增加值占 GDP 的比重由 2005 年的 16.84%减少到 2013 年的 13.09%；青海商贸物流业增加值占 GDP 的比重由 2005 年的 14.15%减少到 2013 年的 10.66%。

表 3-12　长江上游地区各省份商贸物流业增加值占 GDP 的比重　　（单位：%）

年份	重庆	四川	贵州	云南	西藏	青海
2005	16.24	14.58	14.48	14.69	16.84	14.15
2006	16.67	14.32	14.46	14.12	18.24	13.13
2007	15.48	13.60	14.69	13.57	20.23	12.36
2008	15.03	13.01	21.06	13.69	18.08	11.05
2009	15.39	12.69	21.64	14.79	14.26	12.02
2010	14.59	12.03	22.35	14.80	13.66	11.77
2011	13.68	11.36	22.17	16.05	12.54	10.79
2012	13.61	11.19	21.43	15.69	13.23	10.70
2013	14.18	11.08	20.63	15.43	13.09	10.66

（二）商贸物流业固定资产投资额占社会固定资产投资总额的比重

由表 3-13 所示，2005 年至今，长江上游地区商贸物流业固定资产投资额占社会固定资产投资总额的比重呈现先下降后上升的趋势，由 2005 年的 14.84%下降为 2008 年的 12.44%，2008 年后商贸物流业固定资产投资额占社会固定资产投资总额的比重总体呈小幅上升趋势，上升为 2013 年的 14.32%，表明在投资过程中对商贸物流业的重视程度有所增加。

表 3-13　长江上游地区商贸物流业固定资产投资额占社会固定资产投资总额的比重

年份	商贸物流业固定资产投资额/亿元	社会固定资产投资总额/亿元	占比/%
2005	1 309.1	8 820.88	14.84
2006	1 588.9	11 043.68	14.39
2007	1 821.5	14 063.16	12.95

续表

年份	商贸物流业固定资产投资额/亿元	社会固定资产投资总额/亿元	占比/%
2008	2 230.9	17 931.48	12.44
2009	3 548.2	25 493.13	13.92
2010	4 671.3	30 763.74	15.18
2011	5 221.9	35 213.3	14.83
2012	6 172.6	43 597.83	14.16
2013	7 525.7	52 571.99	14.32

表 3-14 反映了长江上游地区各省份商贸物流业固定资产投资额占社会固定资产投资总额比重情况。从表中可以看出，四川商贸物流业固定资产投资额占社会固定资产投资总额比重最高，达到 40%左右，而西藏商贸物流业固定资产投资额占社会固定资产投资总额的比重仅为 3%左右，区域差异明显。四川、贵州商贸物流业固定资产投资额占社会固定资产投资总额比重呈上升趋势，表明其商贸物流业在社会固定资产投资中的地位逐渐增强，而重庆、云南、西藏商贸物流业固定资产投资额占社会固定资产投资总额比重则呈下降趋势，应加强对商贸物流业投资的重视程度。

表 3-14　长江上游地区各省份商贸物流业固定资产投资额占社会固定资产投资总额比重　　　　　　　　　（单位：%）

年份	重庆	四川	贵州	云南	西藏	青海
2005	20.22	26.44	12.96	30.03	5.35	5.01
2006	18.58	29.18	12.59	29.56	5.03	5.05
2007	21.38	29.01	12.43	27.35	4.52	5.31
2008	21.96	34.24	13.03	21.69	3.93	5.15
2009	19.71	41.20	12.24	20.33	2.74	3.78
2010	16.55	39.82	11.94	25.32	2.92	3.45
2011	16.11	40.63	12.75	24.42	3.12	2.97
2012	16.31	43.18	14.25	19.18	2.85	4.24
2013	17.23	39.03	15.73	20.88	2.77	4.36

二、长江上游地区商贸物流产业结构分析

选取商贸物流业增加值占第三产业增加值的比重、商贸物流业增加值结构、社会消费品零售总额结构三个指标，从产业结构、商贸物流业结构等角度

分析商贸物流业产业结构特点。

（一）商贸物流业增加值占第三产业的比重

由表 3-15 所示，长江上游地区商贸物流业增加值占第三产业增加值比重呈现下降趋势，由 2005 年的 36.68%下降为 2013 年的 33.93%，表明商贸物流业对长江上游地区第三产业发展的拉动作用逐渐减弱，但同时也表明了第三产业其他行业得到了较快发展。

表 3-15　长江上游地区商贸物流业增加值占第三产业的比重

年份	第三产业增加值/亿元	商贸物流业增加值/亿元	占比/%
2005	6 963.48	2 554.01	36.68
2006	8 044.30	2 924.70	36.36
2007	9 473.64	3 378.11	35.66
2008	11 455.92	4 222.39	36.86
2009	13 045.77	4 752.59	36.43
2010	15 114.29	5 550.04	36.72
2011	18 467.11	6 705.65	36.31
2012	21 782.78	7 606.10	34.92
2013	25 042.69	8 495.74	33.93

表 3-16 反映了长江上游地区各省份商贸物流业增加值占第三产业增加值比重。通过对数据的分析，可以看出贵州商贸物流业增加值占第三产业的比重较大，达 45%左右，青海商贸物流业增加值占第三产业的比重较小，仅为 18%左右。贵州省商贸物流业增加值占第三产业比重呈现增加趋势，从 2005 年的 36.56%上升到 2013 年的 44.24%。重庆、四川、西藏、青海商贸物流业增加值占第三产业的比重则呈现递减趋势。重庆商贸物流业增加值占第三产业的比重从 2005 年的 39.10%减少到 2013 年的 34.15%；四川商贸物流业增加值占第三产业的比重从 2005 年的 37.96%减少到 2013 年的 30.89%；西藏商贸物流业增加值占第三产业的比重从 2005 年的 30.54%减少到 2013 年的 24.71%。；青海商贸物流业增加值占第三产业的比重从 2005 年的 19.66%减少到 2013 年的 17.14%。云南商贸物流业增加值占第三产业的比重相对较为稳定，保持在 37%左右。

表 3-16　长江上游地区各省份商贸物流业增加值占第三产业的比重　　（单位：%）

年份	重庆	四川	贵州	云南	西藏	青海
2005	39.10	37.96	36.56	37.00	30.54	19.66
2006	39.48	37.48	36.15	36.14	33.20	18.93
2007	39.65	36.99	35.11	34.16	36.73	18.44
2008	40.29	35.93	45.38	35.11	32.64	17.47
2009	40.62	34.53	44.90	36.22	26.14	17.90
2010	40.12	34.30	47.25	36.96	25.22	18.52
2011	37.80	34.05	45.45	38.57	23.55	17.60
2012	34.56	32.41	44.73	38.20	24.55	17.63
2013	34.15	30.89	44.24	36.93	24.71	17.14

（二）商贸物流业增加值结构分析

如表 3-17 所示，长江上游地区商贸物流业增加值结构已由交通运输、仓储及邮电业为主向批发零售贸易业主导转变。交通运输、仓储及邮电业占比由 2005 年的 44.51%下降为 2013 年的 41.32%，批发零售贸易业占比由 2005 年的 40.88%上升为 2013 年的 43.20%，批发零售贸易业占商贸物流业增加值比重不断增加，表明其对长江上游地区商贸物流业发展的贡献增大。住宿餐饮业占商贸物流业增加值比重稳中有升，由 2005 年 14.61%增加到 2013 年的 15.47%，表明其对商贸物流业发展的贡献不断增强。

表 3-17　长江上游地区商贸物流业增加值结构情况

年份	商贸物流业增加值/亿元	批发零售贸易业		住宿餐饮业		交通运输、仓储及邮电业	
		绝对值/亿元	占比/%	绝对值/亿元	占比/%	绝对值/亿元	占比/%
2005	2554.01	1044.17	40.88	373.04	14.61	1136.80	44.51
2006	2924.70	1182.29	40.42	428.64	14.66	1313.77	44.92
2007	3378.11	1374.29	40.68	508.62	15.06	1495.20	44.26
2008	4222.39	1657.41	39.25	583.51	13.82	1981.47	46.93
2009	4752.59	1991.43	41.90	715.13	15.05	2046.03	43.05
2010	5550.04	2357.17	42.47	826.62	14.89	2366.25	42.63
2011	6705.65	2900.34	43.25	1024.89	15.28	2780.42	41.46
2012	7606.10	3272.63	43.03	1166.15	15.33	3167.32	41.64
2013	8495.74	3670.40	43.20	1314.58	15.47	3510.76	41.32

（三）社会消费品零售总额结构分析

如表 3-18 所示，批发零售业零售额占社会消费品零售总额比重最大，达 80%以上，且占比逐年增加，由 2005 年的 81.08%增加到 2013 年的 83.55%，住宿餐饮业和其他行业占社会消费品零售总额比重则总体呈现下降趋势，分别由 2005 年的 15.88%、3.04%下降到 2013 年的 13.77%、2.67%，表明长江上游地区社会消费品零售总额主要依靠批发零售贸易业完成。

表 3-18　长江上游地区社会消费品零售总额结构情况

年份	社会消费品零售总额/亿元	批发零售贸易业		住宿餐饮业		其他行业	
		绝对值/亿元	占比/%	绝对值/亿元	占比/%	绝对值/亿元	占比/%
2005	6 080.16	4 929.50	81.08	965.74	15.88	184.92	3.04
2006	6 992.37	5 653.70	80.86	1 126.84	16.12	211.83	3.03
2007	8 246.26	6 560.16	79.55	1 404.18	17.03	281.92	3.42
2008	10 177.58	8 147.36	80.05	1 707.53	16.78	322.69	3.17
2009	11 993.06	9 959.07	83.04	1 690.21	14.09	343.78	2.87
2010	14 309.94	11 879.68	83.02	2 033.84	14.21	396.42	2.77
2011	16 875.66	14 049.37	83.25	2 407.77	14.27	418.52	2.48
2012	19 650.40	16 321.40	83.06	2 805.82	14.28	523.18	2.66
2013	22 400.77	18 716.28	83.55	3 085.64	13.77	598.85	2.67

三、长江上游地区商贸物流人员结构分析

选取商贸物流业从业人员占第三产业从业人员比重、商贸物流业从业人员结构两个指标反映商贸物流业人员结构情况及其对促进就业的作用。

（一）商贸物流业从业人员占第三产业从业人员比重

由表 3-19 所示，长江上游地区商贸物流业从业人员占第三产业从业人员比重不断增加，由 2005 年的 25.19%上升为 2013 年的 44.13%，表明长江上游地区商贸物流业对就业的吸纳能力不断增强，商贸物流业对就业的促进作用不断增强。

表 3-19　长江上游地区商贸物流业从业人员及占第三产业从业人员比重

年份	第三产业从业人员数/万人	商贸物流业从业人员数/万人	占比/%
2005	2901.47	731	25.19
2006	3083.36	796.3	25.83

续表

年份	第三产业从业人员数/万人	商贸物流业从业人员数/万人	占比/%
2007	3112.02	878	28.21
2008	3135.55	933.6	29.77
2009	3220.98	1017.8	31.60
2010	3343.46	1084.3	32.43
2011	3472.60	1302.9	37.52
2012	3649.65	1500.3	41.11
2013	3819.93	1685.8	44.13

（二）商贸物流业从业人员结构

如表 3-20 所示，批发零售贸易从业人员占商贸物流业从业人员的比重最高，且占比呈现逐年递增的趋势，由 2005 年的 68.97%增加为 2013 年的 74.65%。住宿餐饮业和交通运输、仓储及邮电业从业人员所占比重逐年下降，住宿餐饮业从业人员占比由 2005 年的 16.79%减少为 2013 年的 15.93%，交通运输、仓储及邮电业从业人员占比由 2005 年的 14.22%减少为 2013 年的 9.42%。因此，批发零售贸易仍是吸纳就业的主力军，且吸纳能力不断提升。

表 3-20　长江上游地区商贸物流业从业人员结构情况

年份	批发零售贸易		住宿餐饮业		交通运输、仓储及邮电业	
	绝对值/万人	占比/%	绝对值/万人	占比/%	绝对值/万人	占比/%
2005	504.2	68.97	122.73	16.79	103.97	14.22
2006	570.39	71.63	122.44	15.38	103.4	12.99
2007	628.09	71.54	143.38	16.33	106.55	12.14
2008	673.27	72.12	151.34	16.21	108.96	11.67
2009	738.06	72.52	165.91	16.30	113.9	11.19
2010	794.11	73.24	174.12	16.06	116.06	10.70
2011	990.5	76.02	196.8	15.10	115.6	8.87
2012	1154	76.92	225.7	15.04	120.6	8.04
2013	1258.4	74.65	268.6	15.93	158.8	9.42

第三节 长江上游地区商贸物流设施分析

一、长江上游地区商业设施分析

选取限额以上批发零售贸易、住宿餐饮行业的法人企业数，反映长江上游地区商业设施建设情况。通过对表 3-21 的分析可以看出，2005 年以来长江上游地区商业设施规模不断扩大，由 2005 年的 5254 个增加到 2013 年的 21 388 个，商业设施规模扩大 3.07 倍。从商业设施规模看，四川省商业设施规模最大，2013 年限额以上法人企业数为 8607 个，重庆次之，限额以上法人企业数为 5817 个，西藏排名最后，限额以上法人企业数仅为 155 个。

表 3-21 长江上游地区商业设施建设情况　　　　　　　　（单位：个）

年份	重庆	四川	贵州	云南	西藏	青海	长江上游地区
2005	1 274	1 528	452	1 699	90	211	5 254
2006	1 339	1 536	459	1 763	94	216	5 407
2007	1 474	1 675	488	1 671	104	232	5 644
2008	2 859	3 429	943	2 004	117	298	9 650
2009	3 026	3 117	945	2 017	109	247	9 461
2010	3 418	4 533	1 168	2 445	106	269	11 939
2011	4 490	6 469	1 310	2798	108	273	15 448
2012	4 741	7 549	1 793	3 425	150	298	17 956
2013	5 817	8 607	2 517	3 916	155	376	21 388

分行业看，如表 3-22 所示，批发业商业设施由 2005 年的 1862 个增长到 2013 年的 5693 个，增长了 2.06 倍；零售业商业设施由 2005 年的 1474 个增长到 2013 年的 9390 个，增长了 5.37 倍；住宿业商业设施由 2005 年的 1234 个增长到 2013 年的 2387 个，增长了 0.93 倍；餐饮业商业设施由 2005 年的 684 个增长到 2013 年的 3340 个，增长了 3.88 倍。其中，零售业商业设施占比逐年增加，由 2005 年的 28.05%增加到 2013 年的 43.9%，表明零售业近年来发展较为繁荣；餐饮业商业设施占比稳中有升，由 2005 年的 13.02%增加到 2013 年的 15.62%；批发业和住宿业商业设施占比则呈现下降趋势。

表3-22　长江上游地区商业设施行业发展情况

年份	商业设施	其中：							
		批发业		零售业		住宿业		餐饮业	
		绝对值/个	占比/%	绝对值/个	占比/%	绝对值/个	占比/%	绝对值/个	占比/%
2005	5 254	1 862	35.44	1 474	28.05	1 234	23.49	684	13.02
2006	5 407	1 817	33.60	1 479	27.35	1 338	24.75	773	14.30
2007	5 644	1 737	30.78	1 611	28.54	1 384	24.52	912	16.16
2008	9 650	3 556	36.85	2 879	29.83	1 468	15.21	1 747	18.10
2009	9 461	3 149	33.28	3 200	33.82	1 466	15.50	1 646	17.40
2010	11 939	3 774	31.61	4 693	39.31	1 686	14.12	1 786	14.96
2011	15 448	4 736	30.66	6 347	41.09	1 982	12.83	2 383	15.43
2012	17 956	5 398	30.06	7 718	42.98	2 150	11.97	2 690	14.98
2013	21 388	5 693	26.62	9 390	43.90	2 387	11.16	3 340	15.62

二、长江上游地区物流设施分析

选取公路线路里程和运输车辆保有量两个指标对长江上游地区物流设施建设情况进行分析。

（一）公路线路里程

公路线路里程数可以反映公路建设的完善程度，如表 3-23 所示，长江上游地区公路线路里程由 2005 年的 499 925km 增加到 2013 年的 960 874km，表明长江上游地区道路基础设施建设投入不断加大，路网建设日趋完善，物流更加便捷高效，带动长江上游地区商贸物流业快速发展。2013 年，四川公路线路里程数最高，为 301 816km；云南次之，为 222 940km；青海最低，仅为 70 117km。

表3-23　长江上游地区公路线路里程情况　　　　　　　　　（单位：km）

年份	重庆	四川	贵州	云南	西藏	青海	长江上游地区
2005	36 951	114 694	107 167	167 678	43 716	29 719	499 925
2006	100 299	164 688	113 278	198 496	44 813	47 726	669 300
2007	104 705	189 395	123 247	200 333	48 611	52 625	718 916
2008	108 632	224 482	125 365	203 753	51 314	56 642	770 188
2009	110 951	249 168	142 561	206 028	53 845	60 136	822 689
2010	116 949	266 082	151 644	209 230	58 249	62 185	864 339
2011	118 562	283 268	157 820	214 524	63 108	64 280	901 562
2012	120 728	293 499	164 542	219 052	65 198	65 988	929 007
2013	122 846	301 816	172 564	222 940	70 591	70 117	960 874

（二）运输车辆保有量

运输车辆保有量的数量决定着一个地区公路运输的规模和效率，是现代物流业发展的前提条件之一。由表 3-24 所示，长江上游地区运输车辆保有量由 2005 年的 440.17 万辆增加到 2013 年的 1655.99 万辆，增长了 2.76 倍。从各省份来看，2013 年四川运输车辆保有量最大，为 574.50 万辆；重庆次之，为 407.62 万辆；西藏最低，仅为 31.30 万辆。可见，长江上游各地区物流设施差异明显。

表 3-24 长江上游地区运输车辆保有量情况 （单位：万辆）

年份	重庆	四川	贵州	云南	西藏	青海	长江上游地区
2005	110.73	147.00	46.77	112.45	10.64	12.58	440.17
2006	132.04	165.20	53.74	124.18	14.13	24.40	513.70
2007	144.49	189.90	65.05	142.94	16.11	27.03	585.51
2008	162.82	224.10	77.15	163.41	19.30	22.56	669.34
2009	203.70	289.00	96.83	198.60	19.86	26.90	834.90
2010	275.97	357.90	121.30	242.38	22.03	33.70	1053.28
2011	337.91	424.30	140.12	287.72	25.78	42.59	1258.42
2012	389.87	495.00	166.72	334.95	27.38	51.73	1465.65
2013	407.62	574.50	202.76	378.64	31.30	61.17	1655.99

第四节 长江上游地区商贸物流效率分析

一、长江上游地区商贸物流业人员效率分析

选取商贸物流从业人员人均社会消费品零售总额反映长江上游地区商贸物流业人员效率。如表 3-25 所示，长江上游地区商贸物流业人员效率不断提高，由 2005 年的 8.318 万元/人上升为 2013 年的 13.288 万元/人，增加了 0.60 倍，表明长江上游地区商贸物流业的运行效率不断提高。

表 3-25 长江上游地区商贸物流业人员效率

年份	社会消费品零售总额/亿元	商贸物流业从业人员数/万人	人员效率/（万元/人）
2005	6 080.16	731	8.318
2006	6 992.37	796.3	8.781

续表

年份	社会消费品零售总额/亿元	商贸物流业从业人员数/万人	人员效率/（万元/人）
2007	8 246.26	878	9.392
2008	10 177.58	933.6	10.901
2009	11 993.06	1 017.8	11.783
2010	14 309.94	1 084.3	13.197
2011	16 875.66	1 302.9	12.952
2012	19 650.40	1 500.3	13.098
2013	22 400.77	1 685.8	13.288

表 3-26 反映了长江上游地区各省份商贸物流业人员效率。从表中可以发现，长江上游地区各省份商贸物流业人员效率均有不同程度的提升，其中，青海商贸物流业人员效率提高较快，由 2005 年的 4.464 万元/人增加到 2013 年的 11.359 万元/人，增长了 2.55 倍。截至 2013 年，四川商贸物流业人员效率最高，为 16.788 万元/人，其次为重庆 12.207 万元/人，西藏商贸物流业人员效率最低，仅为 8.859 万元/人，仅为排名第一的四川的一半。

表 3-26　长江上游地区各省份商贸流通业人员效率　　　（单位：万元/人）

年份	重庆	四川	贵州	云南	西藏	青海
2005	9.687	9.593	7.474	6.269	6.538	4.464
2006	11.061	9.268	7.733	7.378	6.872	5.277
2007	11.410	10.766	8.394	6.742	6.362	6.480
2008	12.720	12.476	10.562	7.737	6.666	8.488
2009	13.096	13.531	11.318	8.665	7.216	8.760
2010	15.085	15.262	12.565	9.558	7.919	9.772
2011	13.282	15.565	11.827	9.684	7.766	10.314
2012	12.578	16.111	10.960	10.401	8.162	11.019
2013	12.207	16.788	10.297	10.935	8.859	11.359

二、长江上游地区商贸物流业资本效率分析

选取单位固定资产投资实现社会消费品零售总额、单位固定资产投资实现商贸物流增加值两个指标，从实现社会消费品零售总额和商贸物流增加值两个角度分析固定资产投资效率，从投入产出角度分析商贸物流业投资的合理性。

（一）单位固定资产投资实现社会消费品零售总额

该指标反映了地区商贸物流业固定资产投资在实现社会消费品零售总额方面的效率。如表 3-27 所示，长江上游地区单位固定资产投资实现社会消费品零售总额相对较低，且呈现不断下降趋势，由 2005 年的 4.645 亿元/亿元下降为 2013 年的 2.977 亿元/亿元，表明长江上游地区商贸物流业投资效果尚未充分显现，固定资产利用率有待提高。

表 3-27　长江上游地区单位固定资产投资实现社会消费品零售总额

年份	社会消费品零售总额/亿元	固定资产投资/亿元	社零资本效率/（亿元/亿元）
2005	6 080.16	1 309.1	4.645
2006	6 992.37	1 588.9	4.401
2007	8 246.26	1 821.5	4.527
2008	10 177.58	2 230.9	4.562
2009	11 993.06	3 548.2	3.380
2010	14 309.94	4 671.3	3.063
2011	16 875.66	5 221.9	3.232
2012	19 650.40	6 172.6	3.183
2013	22 400.77	7 525.7	2.977

由表 3-28 可以看出长江上游地区各省份单位固定资产投资实现社会消费品零售总额均呈现下降趋势。其中，下降幅度较大的为四川，由 2005 年的 8.614 亿元/亿元下降为 2013 年的 3.596 亿元/亿元。截至 2013 年，四川单位固定资产投资实现社会消费品零售总额最高，为 3.596 亿元/亿元，其次为重庆 3.547 亿元/亿元，西藏单位固定资产投资实现社会消费品零售总额最低，仅为 1.404 亿元/亿元。

表 3-28　单位固定资产投资实现社会消费品零售总额　　（单位：亿元/亿元）

	重庆	四川	贵州	云南	西藏	青海
2005	4.593	8.614	3.579	2.649	1.046	2.463
2006	4.755	7.379	3.447	2.565	1.125	2.277
2007	4.266	7.599	3.628	2.856	1.368	2.196
2008	4.384	6.285	3.699	3.647	1.482	2.259
2009	3.544	3.940	2.871	2.844	1.609	2.241
2010	3.802	3.661	2.659	2.150	1.357	2.178
2011	4.147	3.773	2.630	2.353	1.344	2.648
2012	4.006	3.478	2.360	2.992	1.446	1.820
2013	3.547	3.596	1.999	2.569	1.404	1.659

（二）单位固定资产投资实现商贸物流增加值

该指标反映了地区商贸物流业固定资产投资对商贸物流业增加值的贡献情况。如表 3-29 所示，长江上游地区单位固定资产投资实现商贸物流业增加值相对较低，且呈现不断下降趋势，由 2005 年的 1.951 亿元/亿元下降为 2013 年的 1.129 亿元/亿元，表明长江上游地区商贸物流业投资效率较低，投资没有得到充分利用，资源浪费情况较为严重，需要进一步提升资源的利用率。

表 3-29　长江上游地区单位固定资产投资实现商贸物流业增加值

年份	商贸物流业增加值/亿元	固定资产投资/亿元	增加值资本效率/（亿元/亿元）
2005	2554.01	1309.1	1.951
2006	2924.7	1588.9	1.841
2007	3378.11	1821.5	1.855
2008	4222.39	2230.9	1.893
2009	4752.59	3548.2	1.339
2010	5550.04	4671.3	1.188
2011	6705.65	5221.9	1.284
2012	7606.1	6172.6	1.232
2013	8495.74	7525.7	1.129

由表 3-30 可以看出长江上游地区各省份单位固定资产投资实现商贸物流增加值普遍较低，且均呈现下降趋势。其中，下降幅度最大的为四川，由 2005 年的 3.111 亿元/亿元下降为 2013 年的 0.991 亿元/亿元。截至 2013 年，云南单位固定资产投资实现商贸物流增加值最高，为 2.569 亿元/亿元，其次为贵州 1.395 亿元/亿元，西藏单位固定资产投资实现商贸物流增加值最低，仅为 0.506 亿元/亿元。由此可见，长江上游地区各省份资源利用率普遍较低，资源效率提升空间较大，投资规模相对较小的云南实现了投资高效率，而投资规模相对较大的四川资源利用率则相对较低。

表 3-30　长江上游地区各省份单位固定资产投资实现商贸物流增加值（单位：亿元/亿元）

年份	重庆	四川	贵州	云南	西藏	青海
2005	2.128	3.111	1.689	2.649	0.599	1.172
2006	2.206	2.683	1.640	2.565	0.663	1.061
2007	1.859	2.718	1.778	2.856	0.839	1.018
2008	1.777	2.146	2.580	3.647	0.814	0.978
2009	1.437	1.228	1.949	2.844	0.647	0.969

年份	重庆	四川	贵州	云南	西藏	青海
2010	1.496	1.112	1.845	2.150	0.507	0.987
2011	1.629	1.125	1.898	2.353	0.466	1.162
2012	1.543	1.002	1.670	2.992	0.527	0.775
2013	1.384	0.991	1.395	2.569	0.506	0.683

第五节　长江上游地区商贸物流辐射力分析

一、长江上游地区商流辐射力分析

商流辐射力反映了一个地区商业对其他地区消费的影响程度，商流辐射力越强，表明其对外部需求和消费的吸引力越强，其计算公式为

商流辐射力=社会消费品零售总额/（人均消费性支出×总人口）

商流辐射力大于1，表明商业对外部消费有吸引力，数值越大表示区域辐射力越强；商流辐射力小于1，表明本地商业发展不足，数值越小表示本地居民被消费辐射力的程度越大。

由表 3-31 可以看出，长江上游地区商业对其他地区消费的影响程度和吸引能力不断增强，在 2010 年实现了商流辐射力大于 1 的转变，对周边地区消费的带动作用开始显现，但商流辐射力数值仍处于较低水平，商流影响范围较小，辐射程度较低。

表 3-31　长江上游地区及各省份商流辐射力

年份	重庆	四川	贵州	云南	西藏	青海	长江上游地区
2005	0.86	0.96	0.55	0.70	0.86	0.80	0.82
2006	0.90	1.01	0.60	0.71	1.11	0.85	0.86
2007	0.90	1.02	0.61	0.73	1.17	0.86	0.87
2008	1.00	1.06	0.75	0.78	1.27	0.92	0.94
2009	1.02	1.04	0.80	0.83	1.35	0.97	0.97
2010	1.16	1.18	0.81	0.91	1.49	0.97	1.06
2011	1.16	1.18	0.81	0.92	1.61	0.96	1.07
2012	1.18	1.20	0.84	0.92	1.71	0.96	1.09
2013	1.21	1.22	0.83	0.94	1.67	0.97	1.10

从各地区商流辐射力数值来看，长江上游地区各省份商流辐射力均不断增强，重庆、四川、西藏商流辐射力数值大部分年份都大于1，对周边地区的消费具有较强的拉动力。特别是西藏，其2013年商流辐射力数值大于1.5，主要是由于其本地居民消费支出水平较低，商业发展主要依靠外来消费带动。2013年四川、重庆商流辐射力数值分别为1.22、1.21，具有一定的商流辐射力，但因周边有更具吸引力的城市使其商流辐射能力有限。贵州、云南、青海商流辐射力数值均小于1，表明其本地商业水平发展不足，对本地具有较高消费水平的居民吸引能力不足，出现消费外流现象。

二、长江上游地区物流辐射力分析

物流辐射力反映了一个地区在物流方面的辐射能力，体现了其货运对全国的辐射能力和物流的营运效率。选取货运量区位商衡量地区物流辐射能力，其计算公式为

$$物流辐射力 = \frac{城市货运总量/地区生产总值}{全国货运总量/国内生产总值}$$

物流辐射力数值大于1，表明地区物流辐射力高于全国平均物流辐射力，数值越大表示物流辐射力越强。

由表3-32可以看出，长江上游地区2005~2013年物流辐射力数值除了2012年以外均大于1，表明总体而言长江上游地区物流辐射力高于全国平均物流辐射力水平，但物流辐射力呈下降趋势，辐射能力逐渐减弱。

表3-32 长江上游地区及各省份物流辐射力

年份	重庆	四川	贵州	云南	西藏	青海	长江上游地区
2005	1.12	0.95	1.09	1.78	0.16	1.32	1.1695
2006	1.16	0.91	1.16	1.77	0.15	1.24	1.1592
2007	1.25	0.88	1.14	1.76	0.14	1.22	1.1596
2008	1.34	1.10	1.15	0.97	0.09	1.11	1.1157
2009	1.27	1.01	1.07	0.93	0.27	1.13	1.0464
2010	1.27	0.96	1.08	0.91	0.24	1.05	1.0226
2011	1.24	0.94	1.01	0.96	0.21	0.98	1.0046
2012	0.96	0.93	0.98	0.93	0.20	0.92	0.9308
2013	1.07	1.00	1.26	1.00	0.22	0.90	1.0344

从各地区物流辐射力数值来看，总体而言，重庆、贵州、青海物流辐射力数值大于 1，货物的集聚和发散能力相对较强，而四川、云南和西藏物流辐射力数值小于 1，物流辐射能力弱，货物运输在地区经济中的贡献率较低。纵向比较来看，贵州、西藏物流辐射力数值呈增加趋势，辐射能力不断提升，而云南、青海物流辐射力数值不断下降，辐射能力不断减弱，四川物流辐射能力稳中有升，重庆物流辐射能力呈现先上升后下降的趋势。

第六节　长江上游地区商贸物流成长力分析

一、长江上游地区商贸物流业投入成长力分析

选取商贸物流固定资产投资额增长率和商贸物流从业人员增长率两个指标，反映商贸物流业投入水平的增长情况。

（一）商贸物流固定资产投资额增长率

该指标反映了商贸物流业固定资产投资额同比增长程度。由表 3-33 可以看出，2005～2013 年长江上游地区商贸物流业固定资产投资额增长率变化幅度较大，总体而言可分为四个阶段：2005～2007 年商贸物流固定资产投资额增长率不断下降；2007～2009 年商贸物流固定资产投资额增长率呈上升趋势；2009～2011 年，商贸物流固定资产投资额增长率再次呈现下降趋势；2011 年至今，商贸物流固定资产投资额增长率不断提高。

表 3-33　长江上游地区及各省份商贸物流业固定资产投资额增长率　（单位：%）

年份	重庆	四川	贵州	云南	西藏	青海	长江上游地区
2005	31.43	7.22	7.96	64.13	11.82	11.95	25.63
2006	11.52	33.98	17.98	19.49	14.29	22.26	21.37
2007	31.91	13.95	13.19	6.05	2.88	20.70	14.64
2008	25.78	44.55	28.34	−2.85	6.56	18.80	22.48
2009	42.81	91.37	49.43	49.04	10.95	16.61	59.05
2010	10.49	27.27	28.36	64.00	40.39	20.13	31.65
2011	8.82	14.06	19.44	7.80	19.25	−3.79	11.79
2012	19.70	25.61	32.06	−7.18	8.10	68.71	18.21
2013	28.80	10.21	34.61	32.74	18.57	25.39	21.92

（二）商贸物流从业人员增长率

该指标反映了商贸物流业从业人员数量比上年的增长程度。由表 3-34 可以看出，长江上游地区及各省份商贸物流业从业人员增长率以 2007 年、2009 年和 2011 年为分界点可分为四个阶段，呈现先上升再下降再上升再下降的变化趋势。总体而言，西藏、重庆商贸物流从业人员增长率高于长江上游地区平均水平。

表 3-34　长江上游地区及各省份商贸物流从业人员增长率　（单位：亿元）

年份	重庆	四川	贵州	云南	西藏	青海	长江上游地区
2005	0.08	13.06	-0.61	15.83	13.13	8.71	9.33
2006	1.12	18.79	9.85	-1.69	16.96	-4.42	8.93
2007	14.74	1.03	9.75	29.21	35.11	-5.20	10.26
2008	15.93	3.16	3.98	8.10	10.17	-6.71	6.33
2009	12.14	10.60	8.25	3.77	11.28	12.09	9.02
2010	2.91	4.84	7.08	12.38	7.83	4.66	6.53
2011	34.80	15.28	25.51	16.47	20.51	10.86	20.16
2012	22.12	11.84	27.89	9.91	10.64	8.54	15.15
2013	17.49	9.35	21.33	8.40	6.09	10.88	12.36

二、长江上游地区商贸物流业产出成长力分析

选取商贸物流业增加值增长率和社会消费品零售总额增长率、货运量增长率三个指标，反映商贸物流业的发展能力和发展潜力。

（一）商贸物流业增加值增长率

该指标从总产出的增长速度角度反映了商贸物流业的增长水平。由表 3-35 可以看出，长江上游地区及各省份商贸流通业增加值增长率较为稳定，总体而言，云南、贵州商贸流通业增加值增长率高于长江上游地区平均水平，四川、西藏商贸流通业增加值增长率低于长江上游地区平均水平。

表 3-35　长江上游地区及各省份商贸流通业增加值增长率　（单位：亿元）

年份	重庆	四川	贵州	云南	西藏	青海	长江上游地区
2005	13.82	12.74	33.53	10.58	4.54	9.69	14.29
2006	15.62	15.53	14.58	10.69	26.56	10.72	14.51
2007	11.15	15.43	22.72	15.06	30.22	15.81	15.50

续表

年份	重庆	四川	贵州	云南	西藏	青海	长江上游地区
2008	20.28	14.14	86.16	20.24	3.34	14.13	24.99
2009	15.47	9.52	12.91	17.15	−11.81	15.53	12.56
2010	15.00	15.21	21.48	17.14	10.09	22.32	16.78
2011	18.50	15.46	22.90	33.55	9.60	13.31	20.82
2012	13.38	11.86	16.17	13.32	22.13	12.51	13.43
2013	15.58	8.94	12.49	11.81	14.00	10.49	11.70

（二）社会消费品零售总额增长率

该指标反映了国内贸易和需求增长情况。由表 3-36 可以看出，长江上游地区及各省份社会消费品零售总额增长率总体而言以 2008 年为转折点呈现先上升后下降的趋势。其中，贵州、重庆社会消费品零售总额增长率高于长江上游地区平均水平。

表 3-36　长江上游地区及各省份社会消费品零售总额增长率　（单位：亿元）

年份	重庆	四川	贵州	云南	西藏	青海	长江上游地区
2005	13.80	25.06	17.27	13.76	15.91	14.44	19.46
2006	15.45	14.77	13.65	15.70	22.93	13.00	15.00
2007	18.36	17.36	19.13	18.08	25.08	16.40	17.93
2008	29.25	19.55	30.85	24.05	15.44	22.20	23.42
2009	15.46	19.95	16.00	16.22	20.46	15.69	17.84
2010	18.54	18.26	18.88	23.96	18.34	16.75	19.32
2011	18.69	17.57	18.14	18.00	18.19	17.02	17.93
2012	15.65	15.76	18.51	18.05	16.27	15.95	16.44
2013	14.03	13.95	13.99	13.96	15.15	14.30	14.00

（三）货运量增长率

该指标反映了地区物流设施的改善、物流吞吐能力的提升。由表 3-37 可以看出，长江上游地区及各省份货运量增长率总体而言较为平稳，且货运量增长率较高，表明长江上游地区物流能力有所提高，货运量上升，流通能力增强。

表 3-37　长江上游地区各省份各省份货运量增长率　（单位：亿元）

年份	重庆	四川	贵州	云南	西藏	青海	长江上游地区
2005	7.69	7.32	−9.92	4.36	28.55	7.46	4.36
2006	9.18	5.40	13.30	6.75	−2.44	5.56	7.41

续表

年份	重庆	四川	贵州	云南	西藏	青海	长江上游地区
2007	16.82	7.68	8.50	8.13	6.72	9.21	9.76
2008	27.40	43.30	25.37	−36.49	−13.82	12.05	12.56
2009	7.54	3.14	3.57	4.17	189.26	8.60	4.87
2010	18.83	12.96	15.80	11.16	3.87	12.87	14.39
2011	18.92	15.29	11.41	26.52	4.75	12.28	17.42
2012	−10.74	13.46	17.59	13.62	9.61	7.03	7.52
2013	12.73	8.65	37.69	10.94	16.09	−0.73	13.45

第四章

长江上游地区商贸物流业综合评价

目前，我国学者对于商贸物流业发展的评价及分析主要针对商贸物流业的发展水平，指标体系较少涉及对商贸物流业发展能力的考察，多为基于某一地区某一时刻的静态截面数据的分析，较少涉及对某一时间段的面板数据的分析，难以对区域商贸物流业发展的长期表现和动态趋势做出准确评价。

本章采取 GPCA 分析方法，结合经典主成分分析法和时间序列分析方法，通过时间、地区、指标三维空间数据对长江上游地区商贸物流业进行全局主成分分析。通过比较长江上游地区 6 省（自治区、直辖市）2005～2013 年商贸物流业发展综合得分及各全局主成分得分及变化趋势，对长江上游地区商贸物流业的发展水平和发展能力进行综合评价，并对各省份商贸物流业发展进行差异分析。

第一节　综合评价指标体系的构建

一、基于 GPCA 模型商贸物流业综合评价指标体系————

对商贸物流业发展水平的综合评价应包括商贸物流业发展水平和发展能力两个维度。结合商贸物流业发展水平评价和发展能力评价，基于 GPCA 模型选取社会消费品零售总额（X_1）、商贸物流业增加值（X_2）、商贸物流业从业人员（X_3）、商贸物流业固定资产投资（X_4）、货运总量（X_5）、社会消费品零售总额人均密度（X_6）、商贸物流业增加值人均密度（X_7）、商贸物流业从业人员人均密度（X_8）、商贸流通法人企业数（X_9）、运输车辆保有量（X_{10}）、商贸物流从业人员人均商贸物流增加值（X_{11}）、商贸物流业对经济贡献率（X_{12}）、商贸物流业对经济拉动率（X_{13}）、商贸流通先导程度（X_{14}）、货源辐射力（X_{15}）15 个具体指标。基于 GPCA 模型的商贸物流业发展综合评价指标体系如表 4-1 所示。

表 4-1　基于 GPCA 模型的商贸物流业发展综合评价指标体系

目标层	一级指标	二级指标
商贸物流发展综合评价	商贸物流发展水平	X_1 社会消费品零售总额
		X_2 商贸物流业增加值
		X_3 商贸物流业从业人员
		X_4 商贸物流业固定资产投资
		X_5 货运总量
		X_6 社会消费品零售总额人均密度
		X_7 商贸物流业增加值人均密度
		X_8 商贸物流业从业人员人均密度
		X_9 商贸流通法人企业数
		X_{10} 运输车辆保有量
		X_{11} 商贸物流从业人员人均商贸物流增加值
	商贸物流发展能力	X_{12} 商贸物流业对经济贡献率
		X_{13} 商贸物流业对经济拉动率
		X_{14} 商贸流通先导程度
		X_{15} 货源辐射力

二、指标含义及数据收集

上述综合评价指标体系中的部分指标需要通过计算得出，现对指标的含义及计算予以说明。

（1）社会消费品零售总额（X_1）、商贸物流业增加值（X_2）、商贸物流业从业人员（X_3）、商贸物流业固定资产投资（X_4）、货运总量（X_5）。这 5 项指标反映了商贸物流业的发展规模，其中，社会消费品零售总额、商贸物流业增加值、货运总量反映了商贸物流业的产出规模，商贸物流业从业人员、商贸物流业固定资产投资反映了商贸物流业的投入规模。指标 X_1～X_5 具体数值如表 4-2～表 4-6 所示。

表 4-2 长江上游地区各省份社会消费品零售总额 （单位：亿元）

年份	重庆	四川	贵州	云南	西藏	青海
2005	1 215.76	2 981.37	606.92	1 041.29	73.23	161.59
2006	1 403.58	3 421.65	689.77	1 204.75	90.02	182.60
2007	1 661.23	4 015.57	821.75	1 422.57	112.6	212.54
2008	2 147.12	4 800.76	1 075.24	1 764.74	129.99	259.73
2009	2 479.01	5 758.69	1 247.25	2 051.06	156.58	300.47
2010	2 938.60	6 810.12	1 482.68	2 542.44	185.30	350.80
2011	3 487.81	8 006.58	1 751.62	3 000.14	219.00	410.51
2012	4 033.70	9 268.61	2 075.85	3 541.60	254.64	476.00
2013	4 599.77	10 561.45	2 366.24	4 036.01	293.22	544.08

表 4-3 长江上游地区各省份商贸物流业增加值 （单位：亿元）

年份	重庆	四川	贵州	云南	西藏	青海
2005	563.21	1076.86	286.48	508.66	41.91	76.89
2006	651.16	1244.06	328.26	563.05	53.04	85.13
2007	723.78	1435.99	402.83	647.85	69.07	98.59
2008	870.54	1639.06	749.89	779.00	71.38	112.52
2009	1005.22	1795.14	846.71	912.58	62.95	129.99
2010	1155.99	2068.20	1028.57	1068.98	69.30	159.00
2011	1369.86	2387.97	1264.08	1427.63	75.95	180.16
2012	1553.12	2671.16	1468.52	1617.84	92.76	202.70
2013	1795.12	2909.98	1652.00	1808.92	105.75	223.97

表 4-4 长江上游地区各省份商贸物流业从业人员 （单位：万人）

年份	重庆	四川	贵州	云南	西藏	青海
2005	125.5	310.8	81.2	166.1	11.2	36.2
2006	126.9	369.2	89.2	163.3	13.1	34.6
2007	145.6	373.0	97.9	211.0	17.7	32.8
2008	168.8	384.8	101.8	228.1	19.5	30.6
2009	189.3	425.6	110.2	236.7	21.7	34.3
2010	194.8	446.2	118.0	266.0	23.4	35.9
2011	262.6	514.4	148.1	309.8	28.2	39.8
2012	320.7	575.3	189.4	340.5	31.2	43.2
2013	376.8	629.1	229.8	369.1	33.1	47.9

表 4-5　长江上游地区各省份商贸物流业固定资产投资　（单位：亿元）

年份	重庆	四川	贵州	云南	西藏	青海
2005	264.7	346.1	169.6	393.1	70.0	65.6
2006	295.2	463.7	200.1	469.7	80.0	80.2
2007	389.4	528.4	226.5	498.1	82.3	96.8
2008	489.8	763.8	290.7	483.9	87.7	115.0
2009	699.5	1461.7	434.4	721.2	97.3	134.1
2010	772.9	1860.3	557.6	1182.8	136.6	161.1
2011	841.1	2121.8	666.0	1275.1	162.9	155.0
2012	1006.8	2665.1	879.5	1183.6	176.1	261.5
2013	1296.8	2937.2	1183.9	1571.1	208.8	327.9

表 4-6　长江上游地区各省份货运总量　（单位：亿 t）

年份	重庆	四川	贵州	云南	西藏	青海
2005	3.92	7.04	2.18	6.22	0.04	0.72
2006	4.28	7.42	2.47	6.64	0.04	0.76
2007	5.00	7.99	2.68	7.18	0.04	0.83
2008	6.37	11.45	3.36	4.56	0.03	0.93
2009	6.85	11.81	3.48	4.75	0.10	1.01
2010	8.14	13.34	4.03	5.28	0.10	1.14
2011	9.68	15.38	4.49	6.68	0.10	1.28
2012	8.64	17.45	5.28	7.59	0.11	1.37
2013	9.74	18.96	7.27	8.42	0.13	1.36

（2）社会消费品零售总额人均密度（X_6）、商贸物流业增加值人均密度（X_7）、商贸物流业从业人员人均密度（X_8）。这 3 项指标反映了商贸物流业的服务能力和服务强度，表明了商贸物流资源的人均占有量，数值越大，服务能力越强。各项人均密度指标用万人占有量表示。指标 $X_6 \sim X_8$ 具体数值如表 4-7～表 4-9 所示。

表 4-7　长江上游地区各省份社会消费品零售总额人均密度（单位：亿元/万人）

年份	重庆	四川	贵州	云南	西藏	青海
2005	0.435	0.363	0.154	0.234	0.261	0.297
2006	0.500	0.419	0.184	0.269	0.316	0.333
2007	0.590	0.494	0.218	0.315	0.390	0.385
2008	0.756	0.590	0.299	0.388	0.445	0.469
2009	0.867	0.704	0.353	0.449	0.529	0.539
2010	1.019	0.847	0.426	0.553	0.617	0.623

续表

年份	重庆	四川	贵州	云南	西藏	青海
2011	1.195	0.995	0.505	0.648	0.722	0.723
2012	1.370	1.148	0.596	0.760	0.828	0.830
2013	1.549	1.303	0.676	0.861	0.940	0.942

表4-8　长江上游地区各省份商贸物流业增加值人均密度（单位：亿元/万人）

年份	重庆	四川	贵州	云南	西藏	青海
2005	0.201	0.131	0.073	0.114	0.150	0.142
2006	0.232	0.152	0.087	0.126	0.186	0.155
2007	0.257	0.177	0.107	0.144	0.239	0.179
2008	0.307	0.201	0.209	0.171	0.244	0.203
2009	0.352	0.219	0.239	0.200	0.213	0.233
2010	0.401	0.257	0.296	0.232	0.231	0.282
2011	0.469	0.297	0.364	0.308	0.250	0.317
2012	0.527	0.331	0.422	0.347	0.302	0.354
2013	0.604	0.359	0.472	0.386	0.339	0.388

表4-9　长江上游地区各省份商贸物流业从业人员人均密度　（单位：人/万人）

年份	重庆	四川	贵州	云南	西藏	青海
2005	448.535	378.471	206.557	373.225	399.558	666.421
2006	451.923	451.953	237.412	364.265	459.520	631.733
2007	517.045	458.964	260.209	467.435	612.817	594.634
2008	594.576	472.843	283.092	502.091	667.054	552.048
2009	662.120	519.976	311.563	517.830	733.505	615.467
2010	675.306	554.837	339.178	578.060	779.428	637.124
2011	899.623	639.006	426.924	668.970	929.773	700.495
2012	1088.964	712.340	543.628	730.844	1014.238	753.703
2013	1268.687	775.996	656.155	787.497	1060.761	829.021

（3）商贸流通法人企业数（X_9）、运输车辆保有量（X_{10}）。这两项指标反映了商贸物流设施情况。商贸流通法人企业主要指从事批发、零售、住宿、餐饮行业的限额以上法人企业，反映了商业网点的发展情况；运输车辆保有量反映了物流设施发展情况。指标X_9～X_{10}具体数值如表4-10～表4-11所示。

表4-10　长江上游地区各省份商贸流通法人企业数　（单位：个）

年份	重庆	四川	贵州	云南	西藏	青海
2005	1274	1528	452	1699	90	211
2006	1339	1536	459	1763	94	216

续表

年份	重庆	四川	贵州	云南	西藏	青海
2007	1474	1675	488	1671	104	232
2008	2859	3429	943	2004	117	298
2009	3026	3117	945	2017	109	247
2010	3418	4533	1168	2445	106	269
2011	4490	6469	1310	2798	108	273
2012	4741	7549	1793	3425	150	298
2013	5817	8607	2517	3916	155	376

表 4-11　长江上游地区各省份运输车辆保有量　　（单位：万辆）

年份	重庆	四川	贵州	云南	西藏	青海
2005	110.73	147.00	46.77	112.45	10.64	12.58
2006	132.04	165.20	53.74	124.18	14.13	24.40
2007	144.49	189.90	65.05	142.94	16.11	27.03
2008	162.82	224.10	77.15	163.41	19.30	22.56
2009	203.70	289.00	96.83	198.60	19.86	26.90
2010	275.97	357.90	121.30	242.38	22.03	33.70
2011	337.91	424.30	140.12	287.72	25.78	42.59
2012	389.87	495.00	166.72	334.95	27.38	51.73
2013	407.62	574.50	202.76	378.64	31.30	61.17

（4）商贸物流从业人员人均商贸物流增加值（X_{11}）。该指标反映了商贸物流业的投入产出关系，从对经济直接贡献的角度反映了商贸物流业从业人员的效率，体现了商贸物流业运行效率情况。指标 X_{11} 具体数值如表 4-12 所示。

表 4-12　长江上游地区各省份商贸物流从业人员人均商贸流通增加值（单位：万元/人）

年份	重庆	四川	贵州	云南	西藏	青海
2005	4.488	3.465	3.528	3.062	3.742	2.124
2006	5.131	3.370	3.680	3.448	4.049	2.460
2007	4.971	3.850	4.115	3.070	3.902	3.006
2008	5.157	4.260	7.366	3.415	3.661	3.677
2009	5.310	4.218	7.683	3.855	2.901	3.790
2010	5.934	4.635	8.717	4.019	2.962	4.429
2011	5.217	4.642	8.535	4.608	2.693	4.527
2012	4.843	4.643	7.754	4.751	2.973	4.692
2013	4.764	4.626	7.189	4.901	3.195	4.676

（5）商贸物流业对经济贡献率（X_{12}）、商贸物流业对经济拉动率（X_{13}）、商贸流通先导程度（X_{14}）。这 3 项指标反映了商贸物流的贡献力，体现了商贸物流业对经济发展的贡献。其中，商贸物流业对经济贡献率是指商贸物流业产值占地区生产总值的比重，是反映商贸物流业对经济发展贡献最直观的指标；商贸物流业对经济拉动率是指地区生产总值增长速度与商贸物流业对经济贡献率的乘积，反映了商贸物流业对经济增长的拉动作用；商贸流通先导程度是指社会消费品零售总额增速与地区生产总值增速的差，反映了社会消费品零售总额增长先于地区生产总值增长的程度。指标 X_{12}～X_{14} 具体数值如表 4-13～表 4-15 所示。

表 4-13　长江上游地区各省份商贸物流业对经济贡献率　（单位：%）

年份	重庆	四川	贵州	云南	西藏	青海
2005	16.24	14.58	14.48	14.69	16.84	14.15
2006	16.67	14.32	14.46	14.12	18.24	13.13
2007	15.48	13.60	14.69	13.57	20.23	12.36
2008	15.03	13.01	21.06	13.69	18.08	11.05
2009	15.39	12.69	21.64	14.79	14.26	12.02
2010	14.59	12.03	22.35	14.80	13.66	11.77
2011	13.68	11.36	22.17	16.05	12.54	10.79
2012	13.61	11.19	21.43	15.69	13.23	10.70
2013	14.18	11.08	20.63	15.43	13.09	10.66

表 4-14　长江上游地区各省份商贸物流业对经济拉动率　（单位：%）

年份	重庆	四川	贵州	云南	西藏	青海
2005	2.32	2.30	3.52	1.82	2.18	2.34
2006	2.11	2.53	2.13	2.14	3.08	2.54
2007	3.05	2.93	3.05	2.67	3.53	2.84
2008	3.59	2.51	6.29	2.64	2.83	3.07
2009	1.96	1.56	2.13	1.24	1.68	0.74
2010	3.12	2.58	3.94	2.53	2.05	2.93
2011	3.60	2.54	5.30	3.71	2.43	2.56
2012	1.90	1.51	4.32	2.50	2.08	1.43
2013	1.55	1.11	3.48	2.11	1.99	1.17

表 4-15　长江上游地区各省份商贸流通先导程度　　（单位：%）

年份	重庆	四川	贵州	云南	西藏	青海
2005	-0.47	9.30	-7.05	1.41	2.99	-2.13
2006	2.77	-2.90	-1.09	0.52	6.06	-6.36
2007	-1.32	-4.19	-1.61	-1.59	7.66	-6.56
2008	5.35	0.25	0.95	4.78	-0.20	-5.55
2009	2.75	7.65	6.14	7.83	8.68	9.54
2010	-2.83	-3.18	1.25	6.87	3.37	-8.14
2011	-7.63	-4.78	-5.76	-5.10	-1.20	-6.68
2012	1.68	2.23	-1.66	2.12	0.56	2.60
2013	3.10	3.95	-2.86	0.27	-0.06	3.34

（6）货源辐射力（X_{15}）。该指标反映了商贸流通产业的辐射能力，体现了一个地区对其他地区商品参与本地商贸流通体系的吸引力，以及本地商品对其他地区的辐射力。基于数据的可得性，选取进出口总额衡量货源辐射力，进出口商品的能力越强，表明产业集聚和发散货物的能力越强，商贸物流业的辐射力就越强。指标 X_{15} 具体数值如表 4-16 所示。

表 4-16　长江上游地区各省份货源辐射力　　（单位：亿美元）

年份	重庆	四川	贵州	云南	西藏	青海
2005	42.93	79.05	14.04	47.38	2.05	4.13
2006	54.70	110.21	16.17	62.32	3.28	6.52
2007	74.45	143.85	22.73	87.80	3.93	6.12
2008	95.21	220.38	33.70	95.99	7.65	6.88
2009	77.09	242.27	23.07	80.19	4.02	5.86
2010	124.26	327.78	31.47	133.68	8.36	7.89
2011	292.18	477.84	48.88	160.53	13.59	9.24
2012	532.04	591.25	66.32	210.05	34.24	11.60
2013	687.04	645.93	82.90	258.29	33.19	14.03

第二节　基于 GPCA 模型的长江上游地区商贸物流业发展综合评价

GPCA 模型在经典主成分分析法中引入时间序列，可以避免不同年份评价结果无法比较的缺陷，具有数据处理能力强和综合性强的特点。分析方法如下：建立立体时序数据表，采用 15 个指标对长江上游地区 6 省（直辖市）2005~2013 年的商贸流通发展情况进行比较分析，每一年度有一张 6×15 的单年份数据表，将单年份数据表按时间先后顺排列得到 6×15×9 的立体时序数据表；进行经典主成分分析，对标准化的数据矩阵建立协方差矩阵，求特征值、主成分贡献率和累计方差贡献率，提取全局主成分；通过回归方法计算各全局主成分得分，并以各全局主成分贡献率为权重，加权计算得出商贸物流业发展综合得分。

一、建立立体时序数据表

将各年度的截面数据矩阵按时间顺序排放得到立体时序数据表。选取 15 个指标基于 2005~2013 年的相关数据对长江上游地区 6 省（直辖市）的商贸物流业发展情况进行分析，设 X_t（6×15）（t=1，2，3，4，5，6，7，8，9）分别表示 2005~2013 年长江上游地区 6 省（直辖市）的 15 个综合评价指标组成的数据矩阵，形成 $K=\{X_1, X_2, X_3, X_4, X_5, X_6, X_7, X_8, X_9\}$ 的立体时序表。

二、数据的有效性检验

首先对数据进行标准化处理，以解决原始指标数据存在的量纲差异问题。对标准化后的数据进行 KMO 检验和 Bartlett 检验。如表 4-17 所示，KMO 值为 0.742 > 0.5，表明适合进行因子分析；Bartlett 检验中 Sig.的值为 0.000< 0.01，说明数据来自正态分布总体，适合进行全局主成分分析。

表 4-17　KMO 和 Bartlett 检验结果

取样足够度的 Kaiser-Meyer-Olkin 度量		0.742
Bartlett 的球形度检验	近似卡方	1620.896
	Df	105
	Sig.	0.000

三、全局主成分分析

1. 计算相关系数矩阵

由表 4-18 可以看出，商贸物流业发展各指标间都具有一定的相关关系，且部分指标间相关系数较大，接近于 1。因此，可以根据指标间相关系数的大小进行分类，提取公因子，进行全局主成分分析。

表 4-18　相关矩阵

	X_1	X_2	X_3	X_4	X_5	X_6	X_7	X_8	X_9	X_{10}	X_{11}	X_{12}	X_{13}	X_{14}	X_{15}
X_1	1.000	0.949	0.963	0.946	0.966	0.600	0.343	0.168	0.943	0.933	0.184	−0.243	−0.181	0.031	0.885
X_2	0.949	1.000	0.958	0.934	0.952	0.570	0.456	0.126	0.925	0.950	0.401	−0.015	−0.014	−0.004	0.839
X_3	0.963	0.958	1.000	0.904	0.964	0.513	0.291	0.108	0.911	0.935	0.156	−0.198	−0.158	0.042	0.847
X_4	0.946	0.934	0.904	1.000	0.910	0.623	0.445	0.233	0.935	0.938	0.261	−0.162	−0.161	0.034	0.859
X_5	0.966	0.952	0.964	0.910	1.000	0.542	0.323	0.081	0.945	0.935	0.231	−0.192	−0.126	−0.005	0.847
X_6	0.600	0.570	0.513	0.623	0.542	1.000	0.861	0.816	0.707	0.696	0.173	−0.353	−0.290	0.001	0.768
X_7	0.343	0.456	0.291	0.445	0.323	0.861	1.000	0.734	0.502	0.526	0.499	0.059	0.002	−0.050	0.540
X_8	0.168	0.126	0.108	0.233	0.081	0.816	0.734	1.000	0.297	0.293	−0.170	−0.374	−0.355	0.013	0.446
X_9	0.943	0.925	0.911	0.935	0.945	0.707	0.502	0.297	1.000	0.976	0.225	−0.206	−0.171	0.027	0.938
X_{10}	0.933	0.950	0.935	0.938	0.935	0.696	0.526	0.293	0.976	1.000	0.262	−0.162	−0.149	0.022	0.916
X_{11}	0.184	0.401	0.156	0.261	0.231	0.173	0.499	−0.170	0.225	0.262	1.000	0.664	0.528	−0.056	0.112
X_{12}	−0.243	−0.015	−0.198	−0.162	−0.192	−0.353	0.059	−0.374	−0.206	−0.162	0.664	1.000	0.625	0.121	−0.277
X_{13}	−0.181	−0.014	−0.158	−0.161	−0.126	−0.290	0.002	−0.355	−0.171	−0.149	0.528	0.625	1.000	−0.435	−0.250
X_{14}	0.031	−0.004	0.042	0.034	−0.005	0.001	−0.050	0.013	0.027	0.022	−0.056	0.121	−0.435	1.000	0.036
X_{15}	0.885	0.839	0.847	0.859	0.847	0.768	0.540	0.446	0.938	0.916	0.112	−0.277	−0.250	0.036	1.000

2. 变量共同度

变量共同度表示各变量中所含原始信息能被提取的公因子解释的程度。如表 4-19 所示，所有变量共同度都在 85%以上，表明提取的公因子对各变量的解释能力很强。

表 4-19　公因子方差

指　标	初始	提取
X_1（社会消费品零售总额）	1.000	0.974
X_2（商贸物流业增加值）	1.000	0.981
X_3（商贸物流业从业人员）	1.000	0.962
X_4（商贸物流业固定资产投资）	1.000	0.923
X_5（货运总量）	1.000	0.971.
X_6（社会消费品零售总额人均密度）	1.000	0.975
X_7（商贸物流业增加值人均密度）	1.000	0.979
X_8（商贸物流业从业人员人均密度）	1.000	0.941
X_9（商贸流通法人企业数）	1.000	0.966

续表

指　标	初始	提取
X_{10}（运输车辆保有量）	1.000	0.969
X_{11}（商贸物流从业人员人均商贸物流增加值）	1.000	0.883
X_{12}（商贸物流业对经济贡献率）	1.000	0.896
X_{13}（商贸物流业对经济拉动率）	1.000	0.850
X_{14}（商贸流通先导程度）	1.000	0.958
X_{15}（货源辐射力）	1.000	0.906

3. 提取全局主成分

计算各全局主成分的特征值、方差贡献率和累积贡献率。如表 4-20 所示，根据特征值大于 1 的原则提取 4 个全局主成分，其方差贡献率分别为 56.480%，17.051%，12.803%，7.892%，方差累积贡献率为 94.226%，由此可见，提取的 4 个全局主成分已足够替代原来的变量，几乎涵盖了原变量的全部信息，具有较强的解释性。

表 4-20　解释的总方差

成分	初始特征值			提取平方和载入			旋转平方和载入		
	合计	方差贡献率	累积贡献率	合计	方差的贡献率	累积贡献率	合计	方差的贡献率	累积贡献率
1	8.472	56.480	56.480	8.472	56.480	56.480	7.626	50.842	50.842
2	2.558	17.051	73.531	2.558	17.051	73.531	2.852	19.015	69.857
3	1.920	12.803	86.334	1.920	12.803	86.334	2.394	15.960	85.817
4	1.184	7.892	94.226	1.184	7.892	94.226	1.261	8.409	94.226
5	0.320	2.131	96.357						
6	0.181	1.205	97.562						
7	0.120	0.798	98.360						
8	0.095	0.632	98.992						
9	0.062	0.410	99.402						
10	0.043	0.288	99.690						
11	0.020	0.135	99.825						
12	0.013	0.089	99.913						
13	0.008	0.051	99.965						
14	0.003	0.021	99.986						
15	0.002	0.014	100.000						

由图 4-1 也可以看出，成分数为 4 时，特征值的变化曲线趋于平缓，所以由

碎石图也可大致确定出全局主成分个数为 4。这一结论与按累计贡献率确定的主成分个数是一致的。

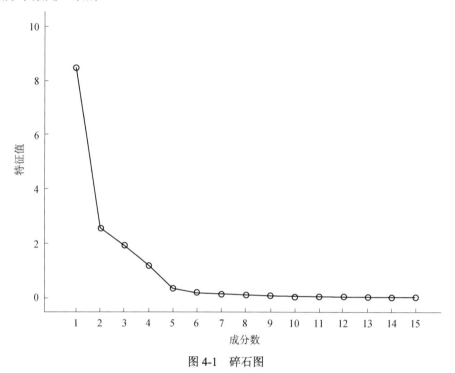

图 4-1　碎石图

经过全局主成分分析得到的旋转后的因子载荷矩阵如表 4-21 所示。

表 4-21　旋转成分矩阵

指标	成分			
	F1	F2	F3	F4
X_1（社会消费品零售总额）	0.979	0.110	−0.064	0.016
X_2（商贸物流业增加值）	0.964	0.138	0.183	−0.007
X_3（商贸物流业从业人员）	0.978	0.032	−0.050	0.026
X_4（商贸物流业固定资产投资）	0.938	0.201	0.021	0.036
X_5（货运总量）	0.984	0.049	−0.008	−0.018
X_6（社会消费品零售总额人均密度）	0.499	0.845	−0.108	0.007
X_7（商贸物流业增加值人均密度）	0.279	0.899	0.305	−0.019
X_8（商贸物流业从业人员人均密度）	0.044	0.924	−0.291	0.026
X_9（商贸流通法人企业数）	0.943	0.277	−0.016	0.018

续表

指标	成分			
	F1	F2	F3	F4
X_{10}（运输车辆保有量）	0.944	0.279	0.029	0.019
X_{11}（商贸物流从业人员人均商贸物流增加值）	0.222	0.162	0.898	-0.032
X_{12}（商贸物流业对经济贡献率）	-0.166	-0.171	0.905	0.145
X_{13}（商贸物流业对经济拉动率）	-0.117	-0.189	0.723	-0.527
X_{14}（商贸流通先导程度）	0.013	-0.028	0.001	0.978
X_{15}（货源辐射力）	0.857	0.396	-0.119	0.032

由表 4-21 可以得出，全局主成分 F1 对社会消费品零售总额、商贸物流业增加值、商贸物流业从业人员、商贸物流业固定资产投资、货运总量、商贸流通法人企业数、运输车辆保有量、货源辐射力 8 个指标具有较强的解释力，这些指标反映了商贸物流业的投入产出情况及商贸物流设施和辐射能力，可将其命名为商贸物流规模主成分；全局主成分 F2 对社会消费品零售总额人均密度、商贸物流业增加值人均密度、商贸物流业从业人员人均密度 3 个指标具有较强的解释力，这些指标反映了商贸物流业的密度配置情况，可将其命名为商贸物流密度主成分；全局主成分 F3 对商贸物流业对经济贡献率、商贸物流业对经济拉动率、商贸物流从业人员人均商贸物流增加值 3 个指标具有较强的解释力，这些指标反映了商贸物流业的效率和对经济发展的贡献情况，可将其命名为商贸物流贡献主成分；F4 对商贸流通先导程度指标具有较强的解释力，这一指标反映了商贸物流业先导性，可将其命名为商贸物流先导主成分。各全局主成分的含义如表 4-22 所示。

表 4-22　主要因子解释

因子	F1	F2	F3	F4
指标	X_1、X_2、X_3、X_4、X_5、X_9、X_{10}	X_6、X_7、X_8	X_{11}、X_{12}、X_{13}	X_{14}
主成分名称	商贸物流规模主成分	商贸物流密度主成分	商贸物流贡献主成分	商贸物流先导主成分

4. 全局主成分因子得分

成分得分系数矩阵如表 4-23 所示。

表 4-23　成分得分系数矩阵

指　标	成分			
	F1	F2	F3	F4
X_1（社会消费品零售总额）	0.151	-0.079	-0.034	-0.009
X_2（商贸物流业增加值）	0.142	-0.053	0.072	-0.002
X_3（商贸物流业从业人员）	0.161	-0.114	-0.031	0.001
X_4（商贸物流业固定资产投资）	0.131	-0.029	0.010	0.017
X_5（货运总量）	0.159	-0.105	-0.016	-0.031
X_6（社会消费品零售总额人均密度）	-0.023	0.313	-0.014	-0.016
X_7（商贸物流业增加值人均密度）	-0.072	0.385	0.168	0.007
X_8（商贸物流业从业人员人均密度）	-0.108	0.399	-0.082	-0.013
X_9（商贸流通法人企业数）	0.123	0.003	-0.005	-0.002
X_{10}（运输车辆保有量）	0.122	0.006	0.015	0.003
X_{11}（商贸物流从业人员人均商贸物流增加值）	0.005	0.086	0.392	0.061
X_{12}（商贸物流业对经济贡献率）	-0.020	-0.015	0.403	0.213
X_{13}（商贸物流业对经济拉动率）	0.003	-0.035	0.254	-0.356
X_{14}（商贸流通先导程度）	-0.009	-0.018	0.098	0.801
X_{15}（货源辐射力）	0.094	0.063	-0.042	-0.001

根据表 4-23 所示的成分得分系数矩阵，可以得到各因子的全局主成分的线性表达式，并计算出 4 个主成分因子的得分。各因子的全局主成分的线性表达式如下：

F_1=0.151X_1+0.142X_2+0.161X_3+0.131X_4+0.159X_5-0.023X_6-0.072X_7-0.108X_8+0.123X_9+0.122X_{10}+0.005X_{11}-0.020X_{12}+0.003X_{13}-0.009X_{14}+0.094X_{15}

F_2=-0.079X_1-0.053X_2-0.114X_3-0.029X_4-0.105X_5+0.313X_6+0.385X_7+0.399X_8+0.003X_9+0.006X_{10}+0.086X_{11}-0.015X_{12}-0.035X_{13}-0.018X_{14}+0.063X_{15}

F_3=-0.034X_1+0.072X_2-0.031X_3+0.010X_4-0.016X_5-0.014X_6+0.168X_7-0.082X_8-0.005X_9+0.015X_{10}+0.392X_{11}+0.403X_{12}+0.254X_{13}+0.098X_{14}-0.042X_{15}

F_4=-0.009X_1-0.002X_2+0.001X_3+0.017X_4-0.031X_5-0.016X_6+0.007X_7-0.013X_8-0.002X_9+0.003X_{10}+0.061X_{11}+0.213X_{12}-0.356X_{13}+0.801X_{14}-0.001X_{15}

5. 综合得分

根据各综合因子的信息贡献率，可以得出各省（直辖市）的综合测评得分公式如下：

$$F=0.5994F_1+0.1810F_2+0.1359F_3+0.0838F_4$$

根据上述公式计算的综合得分对长江上游地区 6 省（直辖市）的商贸物流发展水平进行综合评定，综合得分越高，说明商贸物流业发展水平越高，反之则越低。长江上游地区 6 省市商贸物流业发展的综合得分及排位如表 4-24 所示。

表 4-24　2005～2013 年长江上游地区各省（直辖市）商贸物流业发展综合评分表

地区	2005 年	2006 年	2007 年	2008 年	2009 年	2010 年	2011 年	2012 年	2013 年	2005年排序	2013年排序	序位变化
四川	0.063008	−0.01865	0.081853	0.425264	0.733765	0.873966	1.197302	1.64444	1.944205	1	1	0
重庆	−0.2569	−0.10067	−0.10736	0.179121	0.274047	0.379591	0.535448	0.889754	1.195518	2	2	0
云南	−0.3181	−0.27286	−0.2583	−0.1042	0.077593	0.263912	0.33305	0.594742	0.764315	3	3	0
贵州	−0.70888	−0.57785	−0.51376	−0.03632	0.134134	0.239485	0.247585	0.416275	0.548739	5	4	1
青海	−0.79851	−0.84282	−0.80733	−0.75342	−0.54661	−0.66364	−0.61534	−0.41226	−0.3524	6	5	1
西藏	−0.61489	−0.49806	−0.40839	−0.56756	−0.47094	−0.60802	−0.6834	−0.57896	−0.5407	4	6	−2

根据表 4-24 可以得到长江上游各地区商贸物流业发展综合得分趋势图（图 4-2）。

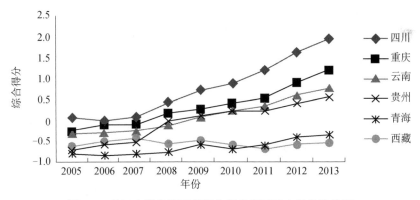

图 4-2　长江上游各地区商贸物流业发展综合得分趋势图

通过上述分析可以看出，2005～2013 年，长江上游地区商贸物流业发展整体水平不断提高，各省均呈现上升趋势，特别是四川、重庆、云南、贵州，上升趋势明显。从综合得分来看，2005 年仅有四川省商贸物流业发展综合得分为正值，至 2013 年，重庆、云南、贵州均实现商贸物流发展综合得分由负转正，青海、西藏两省的综合得分仍为负数，但青海省综合得分呈现上升趋势，西藏综合得分变化趋势则相对稳定，由此可见，长江上游地区商贸物流业总体保持快速发展态势；从序位变化上看，四川、重庆、云南稳居前三位，且排序没有变化，贵州、青海、西藏排序微调，其中，贵州、青海排序均上升1位，西藏则排序下降2位。

第三节　基于 GPCA 的长江上游地区商贸物流业发展差异分析

通过上述分析可以发现长江上游地区各省（直辖市）商贸物流业发展变化趋势存在一定差异性。以下分别从商贸物流规模主成分、商贸物流密度主成分、商贸物流贡献主成分、商贸物流先导主成分四个方面，对长江上游地区各省（直辖市）在各全局主成分上的动态变化趋势及差异进行分析。

一、商贸物流规模主成分比较

全局主成分 F1 反映了商贸物流业的投入产出情况及商贸物流设施和辐射能力。从表 4-25 可以看出，在商贸物流业规模上，四川省具有绝对优势，稳居第一位，且得分值远高于其他省份；云南、重庆、贵州分别位于第二、三、四位，且排位稳定；青海、西藏排位靠后。排名靠前的省份经济发展基础较好，且地理位置较为优越，这说明商贸物流业发展规模与地区经济发展水平相关。

表 4-25　2005~2013 年长江上游地区各省份第一全局主成分 F1 得分值及序位

地区	2005年	2006年	2007年	2008年	2009年	2010年	2011年	2012年	2013年	2005年序位	2013年序位	序位变化
四川	0.36904	0.53004	0.67416	1.08599	1.3607	1.80395	2.3201	2.8006	3.18791	1	1	0
重庆	-0.29009	-0.24649	-0.16012	0.01147	0.10139	0.30924	0.57972	0.73064	0.97351	3	3	0
云南	-0.02836	0.04356	0.1133	0.07465	0.15688	0.40031	0.60474	0.74729	0.98905	2	2	0
贵州	-0.38115	-0.37754	-0.34118	-0.28308	-0.26356	-0.16452	-0.07391	0.04988	0.26855	4	4	0
青海	-0.91006	-0.8699	-0.85128	-0.83123	-1.0589	-0.88716	-0.9209	-0.95164	-0.98	6	5	1
西藏	-0.87527	-0.93195	-1.04912	-1.04654	-0.91267	-1.06691	-1.12381	-1.1873	-1.22202	5	6	-1

由图 4-3 长江上游各省份 F1 得分可以看出，2005～2013 年长江上游地区商贸物流规模总体呈现快速发展态势，特别是四川省 F1 得分始终保持正值且增长趋势迅猛，重庆、云南、贵州三省市 F1 得分均实现由负转正，相对于云南而言，重庆市商贸物流规模发展后劲更为强劲。青海、西藏得分仍为负值，低于平均水平，特别是西藏得分变动呈下降的趋势。

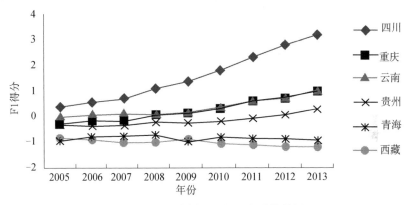

图 4-3　长江上游各省份 F1 得分趋势图

二、商贸物流密度主成分比较

全局主成分 F2 反映了商贸物流业的密度配置情况。从表 4-26 可以看出，在商贸物流密度上，重庆具有一定的优势，排名靠前，2013 年位于第一。其次是西藏和青海。重庆、贵州、西藏商贸物流业密度不断提高，排序提升，而四川、云南、青海商贸物流业密度排序则呈下降趋势。

表 4-26　2005～2013 年长江上游地区各省份第二全局主成分 F2 得分值及序位

地区	2005 年	2006 年	2007 年	2008 年	2009 年	2010 年	2011 年	2012 年	2013 年	2005 年排序	2013 年排序	序位变化
四川	-1.35855	-1.13464	-0.97906	-0.85836	-0.69595	-0.41442	-0.07707	0.2024	0.45318	5	6	-1
重庆	-0.54813	-0.35973	-0.12955	0.24397	0.64333	0.96266	1.68214	2.43118	3.13892	2	1	1
云南	-1.31783	-1.25546	-1.04385	-0.78985	-0.58842	-0.35957	0.09334	0.42447	0.72389	4	5	-1
贵州	-1.66114	-1.51109	-1.39376	-0.94025	-0.62061	-0.33346	0.04726	0.4474	0.80296	6	4	2
青海	-0.41973	-0.36929	-0.28081	-0.16379	0.22218	0.44913	0.79052	1.12053	1.47954	1	3	-2
西藏	-0.80434	-0.55484	-0.07062	0.14931	0.14012	0.46401	0.893	1.34761	1.68116	3	2	1

由图 4-4 长江上游各省份商贸物流密度 F2 得分变动趋势可以看出，2005～

2013 年，各省份 F2 得分均呈现迅猛发展的态势，F2 得分均实现由负值向正值的转变，特别是重庆自 2007 年以来一直处于领先地位且优势明显。

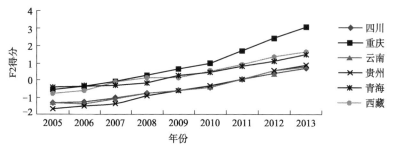

图 4-4　长江上游各省份 F2 得分趋势图

三、商贸流通贡献主成分比较

全局主成分 F3 反映了商贸物流业的效率和对经济发展的贡献情况。从表 4-27 可以看出，在商贸物流业贡献力上，贵州、云南、青海商贸物流业对经济发展的贡献不断增强，因子得分不断提高，排名不断上升，而重庆、西藏、四川商贸物流业对经济发展的贡献排名则不断下降。总体而言，贵州、云南商贸物流业对地区经济发展的贡献度较强。

表 4-27　2005~2013 年长江上游地区各省份第三全局主成分 F3 得分值及序位

地区	2005 年	2006 年	2007 年	2008 年	2009 年	2010 年	2011 年	2012 年	2013 年	2005 年排序	2013 年排序	序位变化
四川	-0.3063	-0.56657	-0.42314	-0.40177	-0.53562	-0.44695	-0.5922	-0.74092	-0.83065	3	6	-3
重庆	0.0873	0.37467	0.33615	0.63566	0.30177	0.6049	0.28525	-0.10718	-0.10861	1	3	-2
云南	-0.69633	-0.58391	-0.6881	-0.41828	-0.40091	-0.02671	0.43489	0.28752	0.18742	5	2	3
贵州	-0.31813	-0.50355	-0.10961	2.63931	1.88372	2.69866	2.90442	2.4766	2.01056	4	1	3
青海	-1.01289	-1.06097	-0.89405	-0.75759	-0.65923	-0.47068	-0.61233	-0.64379	-0.68561	6	4	2
西藏	-0.04562	0.54341	0.93143	0.22708	-0.86485	-0.73157	-0.98081	-0.83221	-0.79305	2	5	-3

从 2005~2013 年长江上游各省份在经济发展贡献 F3 上的综合得分变动趋势（图 4-5）看，贵州商贸物流业对经济发展的贡献要远高于其他省份，特别是 2007 年商贸物流业对经济发展的贡献度迅猛提升，此后一直保持高贡献度；云南、青海得分稳步上升，重庆、四川稳中有降，西藏得分下降趋势明显，特别是 2007 年商贸物流贡献度得分急剧下降后一直保持低贡献度。

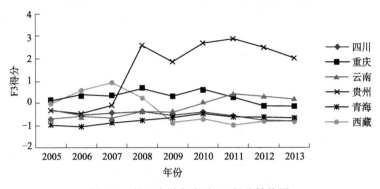

图 4-5　长江上游各省份 F3 得分趋势图

四、商贸物流先导主成分

全局主成分 F4 反映了商贸物流先导程度。从表 4-28 可以看出，在商贸物流业先导性上，四川、云南、青海得分排名不断提升，而重庆、贵州、西藏商贸物流业的先导性排名呈下降趋势。总体而言，四川、青海、重庆商贸物流业的先导性较为突出，位居前三位。

表 4-28　2005~2013 年长江上游地区各省份第四全局主成分 F4 得分值及序位

地区	2005 年	2006 年	2007 年	2008 年	2009 年	2010 年	2011 年	2012 年	2013 年	2005年排序	2013年排序	序位变化
四川	1.54331	-0.6443	-1.04444	-0.18753	1.39522	-0.85407	-1.18062	0.35581	0.76648	3	1	2
重庆	0.05165	0.73117	-0.40121	0.49763	0.66612	-0.74242	-1.85285	0.31421	0.69942	1	3	-2
云南	0.3826	0.09095	-0.52226	0.60699	1.7249	1.10594	-1.25808	0.36889	0.17881	5	4	1
贵州	-1.62909	-0.11466	-0.50226	-0.65803	1.77142	0.37836	-1.3291	-0.37198	-0.36755	4	6	-2
青海	-0.47011	-1.31717	-1.48856	-1.46274	1.64049	-1.78047	-1.47047	0.51107	0.72063	6	2	4
西藏	0.7343	1.03966	1.27271	0.02209	2.00819	0.55992	-0.45496	0.02255	-0.05655	2	5	-3

由图 4-6 可以看出，长江上游各省份商贸物流先导程度 F4 得分变动幅度较大，总体呈现出 3 大拐点：第一个拐点出现在 2007 年，其后商贸物流先导性不断增强；第二个拐点出现在 2009 年，商贸物流先导性急剧下降；第三拐点出现在 2011 年，商贸物流先导性又呈现出不断增强趋势。

通过对上述各全局主成分的分析可以看出，在商贸物流发展规模上，四川、云南、重庆优势明显；在商贸物流密度上，重庆仍具有较强优势，相对偏远的西藏和青海优势也较为突出，而四川、云南则处于相对劣势；在商贸物流贡献力上，贵州、云南、重庆优势突出，但重庆的优势地位有下降趋势；在商贸物流先导性上，四川、青海、重庆优势明显。

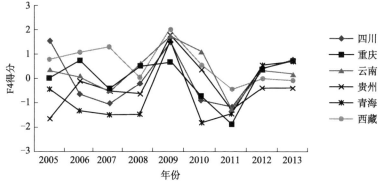

图 4-6　长江上游各省份 F4 得分趋势图

第四节　小　　结

本章基于 GPCA 模型对长江上游地区 6 省（直辖市）商贸物流业发展情况进行了分析和比较，采用 2005～2013 年统计数据，选取 15 个代表性指标构建了商贸物流业综合评价指标体系，在综合分析的基础上得出如下结论：

（1）长江上游地区商贸物流业发展呈现非均衡性，且差异性较大。从综合评价得分来看，排名靠前的省份均经济基础较好，说明商贸物流业发展的区域差异与区域经济发展水平相关，反映了商贸物流业发展与区域发展的一致性。

（2）基于 GPCA 模型在商贸物流业综合评价 15 个指标中提取了商贸物流规模、商贸物流密度、商贸物流贡献力、商贸物流先导性 4 个全局主成分，说明商贸物流业发展主要取决于商贸物流的规模、密度、贡献和先导性 4 个方面，从而找到了提升长江上游地区商贸物流业发展水平和能力的突破口。

（3）通过对各省份全局主成分得分的比较分析可以发现各省份在商贸物流业发展中存在的优势及劣势。

四川省商贸物流总体规模优势明显，但商贸物流密度低，商贸物流资源的人均占有量少，商贸物流业的综合服务能力有待提升。

重庆市商贸物流业发展较为均衡，各项指标排名均靠前，商贸物流密度高，商贸物流综合服务能力强，优势明显，相对而言，商贸物流业对地方经济发展的贡献力有限，商贸物流业的作用和先导性没有得到充分发挥，仍有很大的进步空间。

云南省商贸物流规模具有一定优势，但商贸物流密度低，先导性不足，表明在经济的快速发展中，消费增速没有同步提升，需要提升居民消费能力，提升商贸物流运行效率，实现商贸物流业与地区经济的良性互动。

贵州省商贸物流业对经济发展的拉动力强，但总体而言商贸物流规模小、密度低，应加强对商贸物流业的投入，加强商贸物流基础设施建设，注重商贸物流设施的改造升级。

青海省商贸物流业在促进内需和消费方面发挥了积极的作用，先导性优势较为突出，但仍存在商贸物流规模小、密度低的问题，应将发展重点放在提升商贸物流规模上，增加对商贸物流业的人力、财力、物力投入。

西藏整体而言商贸物流业发展处于落后水平，各项指标表现均较差，商贸物流业发展仍需经历较长的培育期，在扩大商贸物流投入规模提升产出的基础上，应努力提升消费在经济发展中的促进作用，通过调整商贸物流结构、提升商贸物流效率、刺激居民消费、增强对外消费者的吸引力等方式，促进地区经济向消费拉动转型。

综上所述，重庆作为我国最年轻的直辖市，直辖以来商贸物流业快速发展，在商贸物流发展规模、商贸物流密度、商贸物流对经济发展的贡献及商贸物流先导性等方面均处于长江上游地区领先水平。虽然与四川省相比重庆市商贸物流规模较小，但其商贸物流密度远高于四川省，在长江上游地区位居首位，而且重庆市商贸物流业在运行效率、对经济发展的贡献等方面也明显优于四川省，商贸物流综合服务能力在长江上游地区处于领先地位。

同时，重庆作为国家中心城市，中国内陆开放高地，"一带一路"和长江经济带的战略结合部，具有独特的政策和区位优势及便捷的交通物流条件。特别是"一带一路"和长江经济带的建设，进一步体现了重庆承东启西、连接南北的区位优势，明确了重庆作为丝绸之路经济带重要战略支点、长江经济带西部中心枢纽和海上丝绸之路产业腹地的战略定位，为重庆商贸物流业带来了巨大的发展机遇。目前，重庆围绕"大通道、大通关、大平台"等开放要素的构建，已形成了以两路寸滩保税港区、西永综合保税区、铁路保税物流中心（B型）为主体的水、空、铁全面开放格局，以长江黄金水道、尤其是以渝新欧国际铁路等为支撑的向东向西国际贸易大通道，构建了铁、水、空三个国家级枢纽、三个一类口岸、三个保税区的"三个三合一"对外开放平台体系。未来，重庆将形成以铁路、水运为骨干，以公路为基础，"铁、公、水、空"多种运输方式无缝衔接的综合立体交通网络，形成"一枢纽十四干线"的铁路网络、"三环十二射多联线"的高速公路网络、"一大四小"的机场格局以及四级以上航道1800km的水运能力。便捷的交通网络、独特的区位优势、集聚的政策优势及中新政府间第三个合作项目落户重庆，为重庆商贸物流业带来了巨大的发展空间，必将加快推进重庆建成长江上游地区商贸物流中心的进程。

第五章

建设长江上游商贸物流中心的发展战略与空间布局

长江上游地区商贸物流中心是长江上游地区经济中心的重要组成部分。本章重点分析建设长江上游商贸物流中心的发展战略、目标与布局。

第一节 建设长江上游商贸物流中心的发展战略与发展目标

一、发展战略

（一）创新驱动战略

建设长江上游商贸物流中心，要加快创新驱动商贸流通产业转型升级进程。加快落实"互联网+流通"行动计划，打造智慧商圈，推动传统零售业拓展网上销售渠道，鼓励电子商务在餐饮、休闲娱乐、城乡社区配送、家政服务等领域的整体应用；加快创新商业模式，大力发展自主经营、连锁经营、供应链管理等商业模式，提高商贸物流企业合作绩效，实现商贸物流企业规模化发展；加快促进物流提档升级，运用全程供应链物流发展观，促进物流与商流、制造流、资金流、信息流联动发展，大力发展第三方物流和专业物流，加大物联网技术在商贸物流中的推广应用，提高物流组织化程度。

（二）开放合作战略

把握经济全球化和区域经济一体化的发展大势，立足自身的区位条件、资源优势和产业特色，坚持"引进来"与"走出去"双向开发，构建起内外联动、互利共赢、协作发展的开放型商贸物流体系，形成"包容性""开放性"与"多元化"的商贸物流文化氛围。鼓励和引导优势企业强强联合，积极引进国内外知名商贸物流企业，吸引跨国公司来渝设立地区总部、采购中心、财务管理中心、物流配送中心和销售管理中心。建设国际化生产采购基地，大力培育外贸出口企业和服务外包产业，鼓励大型商贸物流企业充分发挥资本运作、资源配置、技术创新和市场拓展等优势，以资产、品牌、管理为纽带，通过参股、控股、兼并、收购等方式，实现跨行业、跨地区、跨所有制经营。

（三）品牌提升战略

加大建设和完善百亿商圈、百亿市场、百亿企业、名牌特色街及新国际品牌村力度，全面提升重庆在长江上游地区乃至全国的美誉度与影响力。加快建设高品质商务楼宇、名品名店一条街等高端商务商贸设施，实施高层次服务配套，完善品牌企业、品牌商品引进激励政策，引进国际国内知名品牌企业，发展一批国际知名品牌、顶级品牌专卖店、精品店、品牌专柜，汇聚国内外一线品牌。同时，加强创意设计、品牌包装、营销策划和宣传推介，培育壮大本土自主品牌，发展地方特色品牌。

（四）主体培育战略

长江上游商贸物流中心建设必须依托商贸物流主体的培育和壮大。突出转型升级，着力培育本土化的大型商贸流通骨干企业，支持有实力的大企业通过上市、发行债券、股权置换等方式筹措发展资金，推进多元化投资，同时积极开展跨区域并购重组、进行产业布局、拓展发展领域和空间，扶持重庆商社集团等 100 强商贸企业；支持大中型商贸物流企业发展电子商务和信息服务，提升经营管理水平，培育企业品牌，增强企业核心竞争力。大力支持民营商贸物流企业发展，引导和鼓励民营资本进入商贸物流领域特别是特种商品和特种行业领域，繁荣、活跃市场。加大对微型商贸物流企业的扶持发展力度。

（五）消费引导战略

根据社会经济生活的新常态、新趋势，培育新的消费热点，引导新型消费方式，推进网上购物等新型购物方式，逐步降低银行刷卡费率，推行电子支付、电子结算和交割方式，提高居民消费预期，增强消费意愿，挖掘培育本地消费主体，同时加强城市形象宣传与营销，发展城际旅游，发展都市旅游购物，大力吸引外来消费。加强著名品牌的引进及本地品牌的打造，构建符合各层次购买者需求的消费体系，同时，努力提供多品种、高质量的商品，营造安全、舒适、独具特色的休闲娱乐购物场所，激活扩大本地消费，吸引集聚外来消费。

（六）环境优化战略

建设法治化营商环境是建设长江上游商贸物流中心的重要外部条件。应深入贯彻五中全会确定的"创新、协调、绿色、开放、共享"发展理念，以转变政府职能为核心，以建设法治化营商环境为主线，进一步提升监管效能和服务水平，规范流通秩序，强化诚信建设，营造法治化营商环境。加快推进流通立法，积极推动出台《商品流通法》，建立健全涵盖流通设施建设、秩序维护、行业发展等方面的法律法规和标准体系；加强对地区封锁状况的监测，加大联合整治力度，推动修订完善相关法律制度；加快商务诚信体系建设，建立行政管理信息共享机制、市场化综合信用评价机制和第三方专业信用评价机制；打击假冒侵权，实现跨地区、跨经营领域的实时动态监管；加强监管和执法，积极推进商务综合行政执法体制改革试点。

（七）流通现代化战略

提高流通信息化水平，利用大数据加强对市场运行的监测分析和预测预警，推动第三方电子商务平台开放数据资源，引导企业利用大数据技术推进市场拓展、精准化营销和优化服务；加强流通标准化建设，在部分地区开展标准化试点基础上，扩大试点，推广试点经验，并将试点从托盘拓展到包装、编码等更多领域，带动提升物流上下游供应链标准化；促进流通集约化发展，支持流通企业做大做强，推动商业企业转型升级，支持发展第三方物流。

（八）产业联动战略

大力发展旅游业、会展业、餐饮住宿业、休闲娱乐业、文化创意业、批发零售业、仓储运输业七大协同产业，推动产业联动发展，夯实长江上游商贸物流中心的产业基础。依托重庆丰富独特的旅游资源和国际大都市的特有魅力，按照"一心两带"总体布局，实施"大项目、大投入、大营销"三大战略，全面开展系列旅游主题年活动，着力打造长江三峡、山水都市、温泉之都、大足石刻、乌江画廊和天生三桥六大旅游精品。加快建设悦来西部国际会展城，拓展完善南坪会展中心，开发建设鱼嘴国际会议论坛地，形成会展经济发展平台。发挥大型文化基础设施作用，挖掘重庆文化内涵，发展文化、艺术、影视等高品位消费，拉动文化创意消费。建设以美食街（城）为主要载体，高档饭店（酒店）商务型餐饮、都市商圈综合配套型餐饮等多元化、多层次发展的餐饮美食体系。

（九）区域协同战略

努力推动五大功能区商贸物流产业协调发展。根据各功能区的不同实际，进行分类指导，推动各个功能区实现商贸流通错位布局、差异发展、特色发展，最终实现协调发展、齐头并进。支持都市功能核心区重点发展现代高端商贸服务业，支持都市功能拓展区重点发展现代商贸物流业，支持城市发展新区重点加强区域性中心城市、重点工业园区、交通枢纽等领域的商贸服务业基础设施建设，支持渝东北生态涵养发展区、渝东南生态保护发展区依托特色农产品和旅游资源，完善商贸服务配套，促进农商对接、商旅联动，积极发展边贸市场，支持两江新区继续实施现代服务业综合试点。同时，继续落实五大功能区域合作联动、重点项目会审等机制，促进各功能区协调发展。

（十）统筹发展战略

建设长江上游商贸物流中心要坚持统筹城乡战略，构建起以主城区为中心，区域性配送基地、县级配送中心和乡镇配送点为支撑的城乡一体化配送体系。依托交通枢纽和流通节点，加快农村地区流通基础设施建设，重点建设改造一批公益性农产品批发市场，加强冷链流通设施建设，从根本上打通商贸物流中心城乡流通"经脉"。将城市购物商圈构建与农村田园风光旅游业发展结合起来，加快城市核心商圈体系建设，完善商业设施类型，丰富商品种类及层次，满足农村居民的消费需求。同时，新建、改扩建一批农产品批发市场和农贸市场、菜市场，力争实现乡镇规范化农贸市场、城区标准化菜市场全覆盖，为特色农产品销售打下坚实的基础。

（十一）集聚发展战略

加强建设中国西部进出口商品集散地、东部商品西进集散地、生产资料集散地、特色工业品集散地，中国西部农贸城、工贸城、汽贸城、家居装饰城、纺织服装城等商贸城，培育一批 1000 亿元级、100 亿元级的全国性、区域性大型商品交易城和综合批发市场。大力引进国内外知名品牌、大型商场入驻，加大现有市场资源的整合力度，强化资源集聚和辐射，努力成为长江上游地区各类商品资源的交易中心、价格发现中心、结算中心、集散中心和物流中心。

二、发展目标

根据《重庆市人民政府关于加快建设长江上游地区商贸物流中心的意见》（渝府发〔2013〕13 号）精神，预计到 2017 年，在长江上游地区基本实现流通现代化，构建起大商贸、大物流、大市场、大开放的格局，全面建成万商云集、四通八达的长江上游地区商贸物流中心；到 2020 年，基本建成有影响力的全国重要商贸物流中心，成为长江上游地区经济建设和重庆市经济社会持续、快速、健康发展的重要支撑。

1. 商贸物流规模显著扩大

预计到 2017 年，重庆市社会消费品零售总额达到 8000 亿元以上，年均增长 15%以上；商品销售总额达到 20 000 亿元以上，年均增长 15%以上；市场交易额达到 18 000 亿元；进出口达到 2000 亿美元，引进外资达到 200 亿美元；外来购物消费占比超过 40%，国际一线品牌达到 80 个以上。物流业增加值达到 1200 亿元以上，年均增长 15%以上；限额以上商贸物流企业达到 11 000 家，其中百亿级商贸流通大企业 12 家左右，重庆商社集团力争进入千亿级大企业行列。从业人员突破 400 万人，在全市非农行业中继续保持第一位。到 2020 年，全市社会消费品零售总额达到 1000 亿元以上，年均增长 15%以上；商品销售总额达到 30 000 亿元，年均增长 16%以上；市场交易额达到 25 000 亿元，年均增长 18%以上；进出口达到 4000 亿美元，引进外资达到 500 亿美元；零售商业设施面积达到 5000 万 m²，年均新增 100 万 m² 以上；外来购物消费占比平均每年提高 2 个百分点以上，国际一线品牌达到 100 个以上；物流业增加值达到 1500 亿元以上，年均增长 15%以上；限额以上商贸企业达到 6500 家，其中销售额

10 亿元以上企业 230 家，100 亿元以上企业 20 家，1000 亿元以上企业 2 家。

2. 商贸物流效率明显提高

预计到 2017 年，重庆市限额以上商贸物流企业连锁化率达到 50%以上，连锁经营额占社会消费品零售总额的比率达到 40%以上，电子商务应用普及率达到 60%；物流总费用占地区生产总值的比重降低到 17%左右；实现规模以上企业电子商务应用率达到 90%；全面完成主城各区及其他部分区县（自治县）商圈的免费网络设施建设，基本完成智慧商圈总体建设布局。预计到 2020 年，限额以上商贸企业连锁化率达到 60%以上，连锁经营额占社会消费品零售总额的比率达到 50%以上，电子商务应用普及率达到 80%；物流总费用占地区生产总值的比重降低到 16%左右；全面完成智慧商圈建设，实现全市智慧商圈服务体系全覆盖；电子商务、商品配送体系发达，城市核心商圈、大型专业市场、物流基地、大中型商贸物流企业信息化装备水平显著提高，商品追溯系统、农产品冷链系统明显改善；村级农家店综合服务功能显著提升，农超对接、农餐对接、农校对接、农企对接高效畅通。

3. 商贸物流网络体系更加完善

预计到 2017 年，建成城市核心商圈集群，全市建成 50 个城市核心商圈，其中社零售总额 100 亿元的大商圈 13 个、500 亿元的 3 个，提升便民商业的普及率，便民便利的社区便民商圈、重点集镇商圈实现全覆盖；建成专业大市场集群，百亿级大市场达到 20 个；建成物流产业集群，形成物流基地（园区）8 个。到 2020 年，培育社零总额超过 100 亿元的商圈 15 个，其中超 300 亿元的 8 个；市级以上商业特色街（城）达到 50 条（个）；年交易额超过 100 亿元的批发市场（交易城）超过 25 个，其中超过 200 亿元的 10 个。

第二节　建设长江上游商贸物流中心的空间布局

重庆是长江上游地区经济中心，而长江上游商贸物中心是长江上游地区经济中心重要组成部分。2013 年 9 月，重庆市委四届三次全会审议通过的《关于科学划分功能区域、加快建设五大功能区的意见》（渝委发〔2013〕14 号），将全市划分为都市功能核心区、都市功能拓展区、城市发展新区、渝东北生态涵养发展区、渝东南生态保护发展区五个功能区域。各功能区应因地制宜地进行现代商贸物发展布局，以城市核心商圈、物流园区、大型市场集群、特色商业街为布局重点，城市社区便民商圈和镇级商圈为布局基础，乡村综合服务网点为布局延伸，形成层次分明、特色突出、布局合理、功能完善的城、镇、村联动发展的城乡统筹商贸物流网络布局体系。

一、都市功能核心区

（一）范围及特点

都市功能核心区主要包括：渝中区全域和大渡口、江北、沙坪坝、九龙坡、南岸 5 区处于内环以内的区域，约 294km^2，是重庆大都市区最核心的区域。要充分体现重庆作为国家中心城市的政治经济、历史文化、金融创新、现代服务业中心功能，集中展现重庆历史文化名城、美丽山水城市、智慧城市和现代大都市风貌，加强中央商务区和重大商务集聚区建设，使之成为高端要素集聚、辐射作用强大、具有全国性影响的大都市中心区。不过多考虑经济增速，但强调结构调整和功能优化，工业总产值比重将大幅下调，服务业增加值比重大幅提高；提升现代都市形象。完善城市功能，优化产业结构，提升现代都市形象，适当疏解人口、精细化城市管理、保护生态环境。

（二）布局重点

按照"高端要素集聚、辐射作用强大、具有全国性影响的大都市中心区"的战略定位，集聚金融保险、研发设计、文化创意、高端商务、电子商务、精品商贸等高端要素，建设一批现代服务业集聚区，形成国家重要的现代服务业基地，完善旅游休闲、餐饮住宿和居民生活服务业布局。

加快中央商务区建设，形成解放碑、江北嘴、弹子石"一区三核"的格局，在功能上各有侧重，相互协调发展，着力打造中国西部地区的总部经济集聚区、金融集聚区、高端商业承载区、国际商务交流区、文化创意示范区、高尚生活服务功能区和国际化都市风貌展示区。

推进城市核心商圈建设，提升优化解放碑、观音桥、南坪、杨家坪、三峡广场等成熟核心商圈，优先重点打造智慧商圈，促进商业设施提档升级、经营业态多元化发展，大力引进和发展高端商务、新兴金融、时尚文化、创意设计等产业，全面提升商圈业态的档次和品质。

建设大坪商业文化中心、化龙桥涉外商务区、高九路总部经济园区，打造集国际交流、时尚消费、现代办公于一体的现代服务业新区。依托菜园坝区域整体改造，以高铁站场上盖物业、隆鑫"重庆中心"项目启动为切入点，植入展示贸易、旅游集散、商务会议、会展等功能。

完善提升市级美食街。其中，南滨路美食街依托"水岸经济"，多元化发展经营业态，延长消费链条，积极发展夜市经济，美食应高、中、低档兼而有之，以中高档为主。

在新建社区，积极发展新型社区便民商圈；在老社区，完善社区便民商圈。

二、都市功能拓展区

（一）范围及特点

都市功能拓展区主要包括：主城 9 区除都市功能核心区外的区域，约 $5179km^2$。是重庆大都市功能区的主要组成部分，集中体现国家中心城市的经济辐射力和服务影响力，是全市科教中心、物流中心、综合枢纽和对外开放的重要门户，是先进制造业集聚区，主城生态屏障区，以及未来新增城市人口的宜居区。此区域在优化结构调整时，更强调经济体量的快速增长，该区域集聚大量工业和制造业带来的城市工业人口，具有较大生活、购物、娱乐和宜居需求。到 2020 年，实现工业总产值 22 000 亿元，占全市的 44%。有序拓展城市空间，组团式规划布局，产、城融合发展，保护好与都市核心功能区和城市发展新区之间过渡带的生态环境。

（二）布局重点

按照"重庆科教中心、物流中心、综合枢纽和对外开放的重要门户，先进制造业集聚区，以及未来新增城市人口的宜居区"的战略定位，建设完善城市核心商圈、特色商业街、商业综合体、城市物流配送终端网络等新兴商业商务集聚区，扎实推进沙坪坝西永、渝北嘉州、北部新区礼嘉、南岸茶园、两江新区龙盛、九龙坡陶家 6 个新建商圈建设，并推进大渡口九宫庙、北碚缙云、渝北两路空港、巴南李家沱 4 个续建商圈建设。推进巴滨路中央活动区（CAZ）建设，以酒店经济、会展经济为龙头，以商务经济为主体，集游购娱为一体的重庆滨江经济商务商业休闲带。沙坪坝西永打造全市最大公园式商圈，两江新区礼嘉组团，加快完善商务配套，建成"商贸核心区、生态总部区、高品质居住区和文化旅游区"四大功能区，努力成为国际商贸中心，成为整个重庆市的形象窗口、商业中心和总部基地。南岸茶园、两江新区龙盛、九龙坡陶家重点布局城市商业综合体项目，服务城市人口，丰富购物便民生活。

　　加快建设"航空、铁路、公路三基地，寸滩、果园、东港三港区"国家级物流枢纽，推进"二环物流带"建设。建设以铁路物流基地和航空物流基地为支点的主城北部物流带，以铁路物流基地和西部国际涉农物流加工区为支点的主城西部物流带，以航空物流基地、果园港区为支点与寸滩港区和洛碛化工物流园为支撑的主城东部物流带，以南彭公路物流基地为支点，东港港区和迎龙为支撑的主城南部物流带；推进两路寸滩保税港区和西永综合保税区建设，完善保税物流、保税贸易功能；依托二环物流带，加快建设一批一级商品批发市场，形成由迎龙朝天门国际商贸城、白市驿粮食及冷链商贸物流园、南彭西部工贸城、果园—团结村进出口商品集散地、迎龙西部药品交易城、西彭—团结村西南生产资料集散地、两江国际汽贸城、白市驿西部汽配机电贸易城、界石西部花木城等构成的商品批发市场网络体系。完善城市物流配送体系，增强国家中心城市集聚辐射能力。

三、城市发展新区

（一）范围及特点

　　城市发展新区主要包括：涪陵区、长寿区、江津区、合川区、永川区、南川区、大足区（双桥经开区）、綦江区、铜梁区、璧山区、潼南区、荣昌区及万盛经开区约 2.32 万 km^2，是重庆都市功能核心区和拓展区的有效辐射区域，是大都市区的重要组成部分。全市未来工业化城镇化的主战场，集聚新增产业和人口的重要区域，全市重要的制造业基地，"四化"同步发展示范区和川渝、渝黔区域合作共赢先行区，是解决好"大城市病"的关键区域。到 2020 年，城镇化率提高到 63%，常住人口达到 1200 万，占全市总人口的 36%，实现工业总产值 22 500 亿元，占全市的 45%。把发展工业经济作为首要任务，坚持"四化"同步发展，城乡统筹先行，充分利用山脉、河流、农田形成的自然分割和生态屏障条件，建设组团式、网络化、人与自然和谐共生的大产业集聚区和现代山水田园城市集群。

（二）布局重点

按照"重庆新经济增长极、统筹推进区域、城乡和经济社会发展、统筹推进'四化'的示范区，以及川渝和渝黔区域合作共赢先行区"的战略定位。依托"三环"与成渝快速通道，承接重庆主城区、成都主城区商贸资源梯度转移，重点布局建设商贸物流业集聚区、商贸物流集群，完善配套商贸物流设施，运用电子商务手段整合全产业链。

重点打造区域性城市核心商圈，各区县都应布局并建成一个核心商圈，突出区域特色，并向外围辐射；在城市社区，布局发展社区便民商圈，社区便民商圈以满足市民日常生活需求为目标，突出必备型业态配置，完善社区便民利民服务设施和网络；发展完善乡镇镇级商业中心。在涪陵、江津、长寿、合川、永川、南川等中心城市努力建设市级核心商圈，配套和服务于重化工业，布局商贸、旅游、休闲娱乐区域，培养以美食旅游节、蔬菜节、菜花节等区域性特色会展为平台的购物消费体验，吸引外来消费。

加快涪陵区建成联动"两翼"的重庆中部地区商贸物流中心、城乡商贸统筹发展示范区；江津区融入主城发展，承接主城商业功能转移，加快打造千亿级商贸大区；永川区建成辐射渝西、川东地区的区域性商贸物流中心，规划建设家居建材、电子电器、医药医疗器械等专业市场集群和渝西广场商贸商务集聚区；合川区完善城南、城北商圈功能，规划布局农产品、小商品、生产资料、再生资源等大型专业市场，加快建成辐射渝西北、川东北的区域性商贸物流中心。南川区完善城市核心商圈功能，以浙商国际商贸博览城、亿联南川建材家居五金城、丰绿农产品批发物流市场为核心，发展具有地区特色的商品批发市场集群，加快建成"渝南黔北区域性商贸物流中心"和"中国旅游名城"。

在涪陵、长寿、江津、永川，规划布局 4 个市级物流枢纽；在南川—綦江，规划布局 2 个地区级物流枢纽。依托区域性物流枢纽建设区域性或全国性大型批发市场集群（如江津双湖农贸城），加快发展农产品冷链物流，逐步增强区域性中心城市"齿轮啮合"功能。

四、渝东北生态涵养区

（一）范围及特点

渝东北生态涵养区主要包括：万州区、梁平县、城口县、丰都县、垫江县、忠县、开县、云阳县、奉节县、巫山县、巫溪县 11 区县，约 3.39 万 km^2，是国家重点生态功能区和农产品主产区，长江流域重要生态屏障和长江上游特色经济走廊，长江三峡国际黄金旅游带和特色资源加工基地。实现生态涵养，突出发展理念和发展方式的转变，坚持三峡移民后续发展连片贫困区扶贫开发并举。规划用 10 年左右时间，引导转移人口 130 万，常住人口减少到 700 万左右，森林覆盖率达到 50%以上。把生态文明建设放在更加突出的地位，坚持加快发展与保护生态并重，引导人口相对聚集和超载人口梯度转移，着力涵养保护三峡库区的青山绿水，提高基本公共服务水平。

（二）布局重点

按照"国家重点生态功能区和农产品主产区，长江流域重要生态屏障和长江上游特色经济走廊，长江三峡国际黄金旅游带和特色资源加工基地"的战略定位，渝东北生态涵养区要加强生态环境保护，提供生态产品，发展生态经济，实行"面上保护、点上开发"；在每个区县建成一个核心商圈，在每个乡镇建成一个商业中心、引进一家品牌连锁超市、改造一个农贸市场、培育一家特色餐馆、改建一家星级农家乐，完善乡镇商贸流通体系，并积极发展社区超市、便利店和折扣店，在农村的各个村级活动中心建立相应商业网点，满足群众消费购物的需求。积极发展重点集镇商圈，乡镇商圈以市级中心镇和重点示范镇为重点，围绕乡镇主导产业，规划建设一批乡镇特色商圈，提升乡镇商贸发展水平，促进现代化小城镇建设。围绕万州、开县、云阳"库三角"，加强商贸物流合作，使其成为长江经济带商贸流通发展的增长极。三峡库区将万州区打造成为区域性购物中心城市，市级物流枢纽，建成市级核心商圈，辐射和带动三峡库区、渝东北地区最大的区域性商贸购物中心。打造忠县—垫江（石柱）、奉节两个地区级物流枢纽。围绕南北滨江地带和独有的长江宽阔平湖，高起点规划打造沿江平湖休闲旅游、购物特色景观带。

五、渝东南生态保护区

（一）范围及特点

渝东南生态保护区主要包括：黔江区、石柱县、秀山县、酉阳县、武隆县、彭水县6区县（自治县），约1.98万km²。渝东南生态保护发展区地处武陵山连片特困地区，也是全市少数民族集聚区，国家重点生态功能区与重要生物多样性保护区，武陵山绿色经济发展高地、重要生态屏障、生态民俗文化旅游带和扶贫开发示范区，其丰富的森林植被、传统的特色农业、多元的民族文化，都是这个区域发展环境友好型特色产业难得的资源。突出保护生态的首要任务，规划用10年左右时间，引导转移人口80万，常住人口减少200万，森林覆盖率达到50%以上；引导人口相对聚集和超载人口有序梯度转移。加快经济社会发展与保护生态环境并重，建设生产空间集约高效、生活空间宜居宜业、生态空间山清水秀的美好家园。

（二）布局重点

按照"国家重点生态功能区、绿色经济发展高地、生态民俗文化旅游带和扶贫开发示范区"的战略定位，渝东南生态保护区应依托乌江画廊等生态旅游带，大力发展民俗生态旅游业，构建具有自然奇观与民俗文化的特色旅游经济环线，将旅游业打造成支柱产业，同时带动绿色食品、生态休闲、养老养生等特色产业发展。各区县应依托旅游资源优势，规划建设城市核心商圈、特色商业街区、星级酒店、星级农家乐等商贸、商务、旅游集聚区，通过旅游、文化资源带动商贸，引导促进商贸集聚发展。

黔江区商贸发展，应以"大什字核心商圈"和"武陵山综合批发市场群"为龙头，"河滨路游憩商业带""正阳商业中心""舟白商业中心""正阳物流园区"为重点，以社区商业、镇级商业为骨干，村级商业为基础，形成以点带面、点面结合、层次分明、特色突出、布局合理、功能完善的商贸流通布局体系。

酉阳县商贸发展，应加快酉阳桃花源广场片区业态布局，完善桃花源景区旅游功能，全力打造桃花源广场、酉州古城、综合文体中心商圈，桃花源广场、综合文体中心定位为休闲娱乐业态，将酉州古城定位为特色餐饮、风情客栈业态，此外通过举办一赛一节和各类文艺展示活动吸引人气、聚集商气。

石柱、彭水、武隆，建成重庆市商旅联动发展的重要基地。武隆应依托仙女山、芙蓉洞、天生三桥等重庆市知名景区，建设美食文化一条街、旅游产品购物一条街，加快打造商业特色街道，在县城推进培育芙蓉西路美食文化一条街、建设中路精品百货一条街、江南沿江夜市一条街、黄柏渡民俗一条街，

秀山以商贸物流产业和边城旅游产业为两翼，建设集民俗生态、花灯文化、观光休闲，打造出"非去不可"的"中国边城"特色旅游名片。

以黔江为龙头，重点建设黔江-秀山（酉阳）地区级物流枢纽及专业市场集聚区，打造黔江-秀山（酉阳）地区级物流枢纽，重点围绕黔江正阳物流园区、秀山（武陵）现代物流园、酉阳渝东南现代物流园，发展现代物流配送业。

第六章

建设中央商务区

中央商务区（CBD）是一个城市的核心功能区和经济中枢，是城市现代化的象征，代表着城市发展的最高品位。加快重庆中央商务区建设，是建设长江上游商贸物流中心的必然要求，是建设国家现代服务业高地的客观需要，是重庆迈向国际现代化大都市的主要标志。

第一节　中央商务区概述

一、中央商务区的概念

中央商务区（central business district，简称 CBD）指一个国家或大城市里主要商务活动进行的地区。其概念最早产生于 1923 年的美国，当时定义为"商业会聚之处"。随后，CBD 的内容不断发展丰富，成为一个城市、一个区域乃至一个国家的经济发展中枢。一般而言，CBD 位于城市中心，高度集中了城市的经济、科技和文化力量，作为城市的核心，应具备金融、贸易、服务、展览、咨询等多种功能，并配以完善的市政交通与通信条件。

二、中央商务区的类型

按 CBD 的辐射范围和等级高低，可以将 CBD 由低到高划分为公司型 CBD、地方型 CBD、国家型 CBD、区域型 CBD 和世界型 CBD[①]。

---

① 北京市哲学社会科学研究基地. 2006. CBD 发展研究报告. 北京：同心出版社：54-66.

1. 公司型 CBD

公司型 CBD 是针对于一些中小城市或大城市中的某个特定区域，房地产开发公司或联盟选择出一些商业价值高的区块，集中建设功能互补性和整体外观协调的项目群。

2. 地区型 CBD

地区型 CBD 对应于地区性的中心城市，是指地方商业中心，这类 CBD 是对国家 CBD 的补充，虽其自身的规模不及国家级 CBD 那么高，却是地方城市经济发展的龙头。例如，我国广州、南京、杭州等城市的 CBD 就属于地区 CBD。

3. 国家型 CBD

国家型 CBD 是指是一个国家的金融商务中心与物流中心，是一国经济的风向标，是全国人流、物流、信息流、资金流聚集区，对整个国家的经济具有举足轻重的作用。当然，由于全球贸易的合作和区域一体化的推进，国家型 CBD 也有可能对周边国家和地区产生一定影响，如美国的洛杉矶、我国的北京。

4. 区域型 CBD

区域 CBD 是指在世界范围内某些规模大、功能全、经济基础雄厚的城市，在生产、流通、消费等领域及国际政治、科技、文化等方面具有明显的国际地位，对内吸引能力强，对外辐射能力大。区域 CBD 是地区经济的中枢和核心，影响范围比世界级 CBD 小，是全球中的某个大型经济区域，但是数量比世界 CBD 多，如欧元区的金融中心——法兰克福，欧洲最大的、最具影响的商业中心——拉德方斯，东亚和东南亚的金融中心——香港。目前，我国的上海陆家嘴 CBD 将自身定位为"中国新世纪金融中心"，向区域 CBD 的行列迈进。

5. 世界型 CBD

世界型 CBD 是指具有全球性功能城市的 CBD，它们的经济影响力往往能波及全球，不仅仅是一个城市经济的核心，也是世界经济的心脏。区内全球性金融机构、跨国公司总部、世界级的银行总部高度集聚，昼夜人口相差巨大，以占地面积小、土地开发强度大为主要特征，具备世界范围内的最大的交通、信息可达性，把握着世界资源和市场，成为全球经济的控制、管理和指挥中心。目前，世界型 CBD 的数量还是比较少的，如全球性的金融中心、全球最大的股票交易中心——纽约曼哈顿 CBD 和全球最大的黄金、外汇交易中心——伦敦金融城。

三、中央商务区的特点

中央商务区，主要职能包括商务办公、金融和服务类，是城市范围内功能最齐全、商务活力最强、经济增长最快的综合功能区，突出反映在文化、零售、办公、金融和交通高度密集。纵观国内外一些城市的 CBD 可发现，CBD 一般具有如下五个方面的特征。

1. 高可达性和高拥挤程度

高可达性和高拥挤程度是 CBD 的基本特征。可达性包括交通可达性和信息可达性两方面，高拥挤程度包括建筑物拥挤程度和人口拥挤程度两方面。一方面，CBD 位于城市的经济中心，与外界联系密切，交通便利，是城市最重要的、最发达也是最方便的交通节点；另一方面，由于便捷的交通网络，各种商品、商务、社会信息在商务区内高度汇集，CBD 成为城市的信息中枢。与此同时，由于 CBD 集中了城市的主要商业商务办公楼宇，其拥挤程度（人流、车流、建筑）在城市和区域中又是最高的。例如，伦敦 CBD 白天人口达到 150 万人。

2. 高地价

随着 CBD 氛围的成功营造、功能的全面发挥、形象的优质提升，CBD 内聚集了越来越多的商业商务活动，虽增长了 CBD 活力，却使 CBD 用地越发紧张，其楼价、地价迅速飙升为区域内最高点。例如，20 世纪 90 年代，东京 CBD 就以 2000 美元/米^2 的出租价格出租楼面，相对而言，伦敦 CBD 的出租价格较少，为 1100~1500 美元/米^2，同时期的巴黎 CBD 租金为 700 美元/米^2，纽约 CBD 租金为 400 美元/米^2，香港中区每平方办公楼的租金为 599 美元，售价为 73 068 美元。美国房地市场中住宅、商业用房成交额的 40%来自于纽约曼哈顿 CBD 内，仅曼哈顿的地产估价就已经约占纽约地产估价总额的 53%。

3. 高密度

主要表现在三方面：一是建筑密度高，由于 CBD 占地面积小，平面延伸比较困难，CBD 内的建筑往往垂向发展，高楼林立，有些特色高楼还能成为城市标志性建筑。例如，纽约曼哈顿、香港中环，都体现了高密度建筑量的特征。二是商务机构密度高。国内外大量的金融、商业、科技、文化、教育、办公机构在 CBD 内集中，商务机构云集，密度高。例如，曼哈顿的华尔街上，仅 1.54 km 长，占地不足 1km^2，却集中了几十家国际性的大银行、保险公司、各类交易所等及百家跨国公司总部，工会、研究部门、专业团体等非盈利性的办公机构也都集中于此。三是第三产业密度高，在 CBD 中，金融、保险、证券、信贷、会计、咨询、科技等第三产业高度集聚，从事第三产业的机构和人员都是最多的，曼哈顿 CBD 中 80%以上的员工从事第三产业工作，在公司总部就业的比例为 54%，拉德方斯 CBD 10 万就业人口中就有 5 万人从事行政管理工作。

4. 高影响

经济影响力大。CBD 是一个城市、区域内的经济枢纽，推动产业结构升级，是城市、区域经济增长的源泉，对经济的支配、主导、控制力较强，不仅能够带动城市的经济发展，而且对周边区域经济的增长也有积极的影响，作为区域经济的增长极，扩散效应明显。陆家嘴 CBD 激发上海经济前进的潜能，引领全国经济的发展，这源于陆家嘴 CBD 吸引了众多跨国公司的青睐，共有 50 余家企业的总部设立在陆家嘴，其中不乏亚洲和大中华总部。

5. 高价值

除拥有先进的基础设施、物业管理设备及密集度高的建筑群之外，CBD 区域还具备怡人的居住环境和优越的人文景观，如纽约的曼哈顿、东京的新宿，其密集的摩天大厦已成为城市的标识景观。目前国内的一些 CBD 在建设过程中纷纷提出"生态 CBD""人文 CBD"的口号，如深圳 CBD 在中轴处布置了大片的绿地和水域，北京 CBD 提出打造两条绿轴的想法。这种在寸土寸金的土地上建设公共绿色的行为，使得虽然土地的直接产出效应没有立即体现出来，却为 CBD 日后的发展带来了巨大的无形效益。

四、中央商务区的功能

中央商务区是现代服务业在某一特定区域内的高度集中，因此其最主要的功能在于集聚经济的发挥，有利于提高集聚在一起的现代服务企业资源使用效率，达到节约成本、增加收益的效果。具体而言，中央商务区的功能主要有。

1. 外部经济效应

外部经济即正外部性，即一方自发的经济行为给另一方带来的正收益。中央商务区外部经济效应通过三种集聚机制产生效应。一是劳动力集聚机制，由于现代服务业的集聚，必然导致高素质劳动力的集聚，一方面可以降低企业搜寻成本、工资水平与培训费用。另一方面，高素质劳动力可以更容易地在企业之间流动，实现人力资源的最优化配置。二是信息集聚机制，中央商务区同时也是信息流动、交换、扩散最为频繁与集中的区域，有利于降低企业之间的交易成本，提高市场交易效率。同时，信息传播与技术扩散产生的溢出效应，有利于企业的创新和发展。三是互补性企业集聚机制，在中央商务区集聚的企业，有些就是上、下游企业关系，它们在地理空间上的集聚，不仅可以降低上、下游企业之间的运输成本，还可以相互联动实现针对客户需求的快速响应。

2. 节约交易成本

在中央商务区内企业的大量集中，大大降低了区域内外企业搜寻合作伙伴或客户的搜寻成本。同时，由于地理位置的临近，企业之间更容易建立起声誉机制与相互信任的合作关系，提高合作的违约成本，限制合作伙伴机会主义行为，降低合约谈判成本，提高合约执行效率。

3. 规模经济效应

城市的基础设施（如交通、通信设施等）作为公共物品，既具有稀缺的特点，又具有不可分的特点。这决定了对这些城市公共物品的使用将会产生规模经济效应，即对这些物品的使用程度越高，其使用的长期单位平均成本越低。中央商务区内的企业在既定空间中的高度集聚，可以充分共享城市基础设施等公共物品，降低这些公共物品的使用费用，产生规模经济效应。

五、影响中央商务区建设的因素——————————

中央商务区是一个城市的功能核心，是现代化大都市的重要标志，区内高度集中了城市的经济、科技和文化力量，同时具备金融、贸易、服务、展览、咨询等多种服务。因此，建设中央商务区必须考虑以下几个因素。

1. 经济因素

经济因素是指入驻中央商务区企业的经济特性，这是影响中央商务区建设的决定性因素。建设中央商务区时，必须要从整体的层面考虑入驻企业的行业属性、技术特征、所有制结构、部门结构等经济因素。务必设置严格的进入门槛，优先发展金融、咨询、中介、会计、广告、公关等现代服务业，同时联动功能相关产业和部门发展，突出中央商务区的基本经济特征，发挥中央商务区的重要经济功能。

2. 规划因素

中央商务区在空间、用地、市政三方面的规划建设，是建设中央商务区的重要物质载体，是制约中央商务区功能发挥的重要因素。从空间层面来看，必须要科学设计中央商务区中的建筑高度、建筑密度、道路设计、绿地面积等内容；从用地层面来看，又要合理规划好商业用地、居住用地、市政用地、办公用地等；从市政层面来看，还要合理配置交通、能源、通信三方面的市政基础设施。

3. 人口因素

处于不同地域的居民体现出不同的人口统计学特征，包括在性别结构、年龄结构、文化结构、职业结构、民族结构、国籍结构等方面的差异。建设中央商务区应以"以人为本"为基本理念，在此基础上，尽可能突出"效率"与"公平"的特征。"效率"是指中央商务区的供给应优先满足主要需求群体的诉求，"公平"是指尽可能兼顾非主要需求群体的诉求。

六、中央商务区的发展模式

1. 市场主导模式

市场主导模式是指中央商务区是企业因集聚经济而自发形成的，政府只起到辅助管理的作用。纵观中央商务区的发展历史，这样的自发形成过程大致可分为三个阶段：20 世纪 20 年代初，在一些交通便利的地方形成了以商业服务业为主的商业集聚区，这是中央商务区的前身；20 世纪 20~70 年代，随着社会分工的不断深化，为生产和生活服务的商务部门被内生出来，传统的商业聚集区逐渐衍生出商务服务的功能，形成了最早的中央商务区；20 世纪 70 年代以来，信息化与全球化进一步推动了中央商务区的发展，逐步演进为以金融、会计、咨询等现代服务业为主，相关配套服务为辅的现代中央商务区。

2. 政府主导模式

政府主导模式是指政府在中央商务区建设的全过程中其主要作用的模式。这种模式往往是对市场主导模式的替代，源于企业对中央商务区的需求难以通过市场自身到解决，必须由政府出面主导建设。政府首先要选定某一区域建设市政基础设施，引导房地产商进行开发，为中央商务区提供基本的硬件设施，然后通过政策吸引大量企业入驻中央商务区。

七、中央商务区的发展趋势

1. 国际概念的 CBD

在中央商务区的规划建设、管理服务、商务环境及经济影响力方面，中央商务区要体现国际水平，推动区域经济与世界经济的交往，成为区域经济对外开放的窗口。

2. 高度复合功能的 CBD

区内不但能完成各种商务活动，而且能进行娱乐、购物、健身，拥有具有浓厚文化氛围的人性化的社区，由单纯的商业中心向综合文化和经济全能中心过渡。CBD 内的商务区、混合功能区、居住区在各个区域内综合布置，一方面可以保持用地平衡，缩小昼夜人口差别；另一方面也可以减少交通生成量，减轻城市交通压力。

3. 数字化的 CBD

加强信息网络规划、建设运营与管理服务，规划并实施数字 CBD 建设，重视宽带网和信息中心的布局，推进电信网、计算机网和卫星电视网的三网合一，大力发展电子商务和电子政务，以适应网络时代的办公要求。

4. 以人为本的 CBD

区内注重人性空间的塑造，突出以人为本的主题，充足的绿化带公共空间，使人与自然更加贴近。能够考虑吸取国外的经验教训，注意公共活动空间的规划，建有绿化带和步行道，组成绿化系统，使人与自然更加贴切。

5. 生态绿色的CBD

国际上的 CBD 的主要特征是高楼林立，绿化很少。国内 CBD 在规划时应立足生态优先，四季栽种，永葆绿色盎然，水体和阳光随处可见，实现现代商务与自然生态的良好融合。

第二节 重庆市中央商务区发展基本情况

一、发展概况

重庆中央商务区（CBD）是指由解放碑中央商贸区（极核）、江北嘴中央商务区（极核）和弹子石中央商住区（核缘、功能配套）构成的"金三角"地区。根据重庆经济社会发展需要及重庆市政府的要求，2013 年开始对中央商务区进行扩容，由原来的 6km² 扩容为 10km²，其中解放碑约 3.5km²，江北嘴约 3.5km²，弹子石约 3km²。在实际建设开发过程中，解放碑和江北嘴两大核心中央商务区，分别根据渝中区和江北区建设国际一流中央商务区的实际需要，对原定中央商务区面积进行了大规模扩容。解放碑中央商务区将朝天门、七星岗、下半城等区域纳入 CBD 核心区，将分别打造成国际商贸休闲旅游区、高端住宅配套区和开埠历史文化街区，扩容后总面积将达 6～10km²。江北嘴中央商务区将五里店科技金融片区、溉澜溪功能拓展区和广阳岛高端居住配套区等区域纳入江北嘴 CBD 核心区，总面积将达 6km²。

（一）解放碑中央商务区

解放碑地区发展历经近百年，沿循着"城市发祥地—政治文化中心—商贸街区—商业步行街—商贸中心区—中央商务区"的发展轨迹，逐渐发展成为长江上游的商贸高地、服务长江上游的总部基地、以金融业为核心的现代服务业集聚地。

作为重庆市最具商业价值的核心地段，解放碑地区先后获得"全国百城万店无假货活动示范街""全国精神文明创建活动示范点""中国著名商业街""全国特色文化场""中国十大新地标商务区""中国总部经济研究发展实践基地""2007 中国最具投资价值中央商务区"等称号。

2003 年 9 月，以解放碑商业步行街为核心的 0.92km² 被市政府确定为"重庆中央商务区"的硬核，承担商务、商贸双重功能。仅 0.92km² 的解放碑中央商务区硬核区域，有各类楼宇 388 幢，其中 40 层以上的建筑 9 栋，总建筑面积 659 万 m²，其中商业面积 212 万 m²，办公面积 157 万 m²。

1. 文化旅游

解放碑承载了 3000 多年历史，拥有丰厚的历史文化底蕴，有着历史上六次人口大迁移形成独特的"移民文化"，作为中国最早的开放和开埠城市的核心区域，拥有渝中 500 年的"开埠文化"。此外，码头文化、衙门文化等相映生辉，共同促进多重文化交融发展。随着区域及周边湖广会馆、城市规划陈列馆、通远门城墙公园、洪崖洞巴渝民俗文化风貌区等文化设施及街头绿化休闲小游园等的落成，解放碑中央商务区城市形态得到快速提升，更加凸显其地理的中心性、景观的标志性和交通的通达性。

2. 交通网络

解放碑地区是商贸、金融、信息、文化中心和交通枢纽，进出车行流量达每小时 1.5 万余辆，日出入人流 30 万人次，节假日超过 100 万人次。解放碑地区交通畅达。该区域交通网络覆盖广泛，有公交线路 40 多条，周边 9 座桥梁跨越、两江通道港运始发、五条主干道进入、两条空中索道链接、一条轻轨穿过，尚有三座桥梁、四条轨道交通正在建设。解放碑中央商务区智能停车引导系统覆盖核心区 28 个室内停车库，近 7000 个停车位。

3. 产业发展

金融业。解放碑中央商务区的核心区域——"十字金街"是重庆的金融机构集聚高地，集中了重庆银监局、重庆证监局、重庆保监局等在渝的金融决策和监管机构；汇集了 90%以上的驻渝外资银行、商业银行市分行和所有的政策性银行市分行；云集了 75%的保险机构、驻渝所有票据（专营）机构、证券法人机构、分公司及管理总部，以及重庆 50%的证券营业部；集聚重庆 50%以上的金融中介（服务）机构。2012 年，新增市级金融机构 13 家，90%以上是外资、创新型和第三方支付企业，为行业结构最优的一年。市级以上机构达 152 家，其中，创新性金融机构、要素市场和第三方支付企业占比 48%，外资金融机构占 21%。新增拟上市企业 4 家，拟上市企业储备库达 21 家；新增 OTC 市场挂牌企业 1 家，挂牌和托管企业达到 28 家。吸引内外资 44.3 亿元和 3.6 亿美元，分别占全区的 23.7%和 38.8%。

批发零售业。解放碑中央商务区就是从商业步行街和商贸中心区逐步演化发展而来，已成为高档品牌的荟萃地。以解放碑商业步行街为核心的解放碑商贸中心区，商业设施 120 万 m^2，经营大类品种数十万，商业网点密度之大、大型商场之多、现代商业气息之浓为全国同类地区少有。形成了以美美时代百货、太平洋百货、新世纪百货等为代表的高、中档及适合大众消费的多层次零售企业。阿玛尼、卡地亚、劳力士、LV 等世界顶极品牌均汇聚于此。目前，解放碑中央商务区批发零售业还是占据了较大的比重，类型涵盖电子产品、家用电器、通信设备、计算机部件、化妆品等。

租赁与商务服务业。解放碑地区是现代商务的辐射源，商务辐射能力极强。目前，聚集了 5000 余家法人企业，汇聚了微软、索尼、德国西门子等 58 家世界 500 强企业，占全市的 54%、全区的 70%。一大批企业（如中新大东方人寿、中美大都会人寿、和记黄埔等）设立了中国总部或地区总部，6 家驻渝领事馆有 4 家（英国领事馆、日本领事馆、加拿大领事馆、丹麦领事馆）入驻解放碑中央商务区。全区 118 户总部企业，有 59 户位于解放碑 CBD，占比 50%，其中金融保险类总部企业占 52.5%，经营性总部企业占 45.5%，中介机构占 2%。解放碑的商务辐射范围成为国家级辐射源之一。

另外，解放碑中央商务区还集聚了计算机服务和软件业、技术服务和地质勘查业、交通运输和邮政业、教育业、居民服务和其他服务业等第三产业。

（二）江北嘴中央商务区

江北嘴中央商务区，地处重庆两江新区长江上游金融中心的核心区，是在建的重庆市中央商务区的商务中心区。该区域将集中建设高档办公写字楼、金融服务设施和重庆大剧院、重庆科技馆等一系列市级大型公益文化设施。在建的江北嘴中央商务区将形成不同规划布局和风貌特征的商务办公区、综合服务区、混合使用区、配套居住区和休闲娱乐区。根据两江环绕的地形地貌，还规划了滨水绿化带和休闲娱乐带。

  江北嘴中央商务区地理条件优越,濒临长江黄金水道,紧靠重庆两路寸滩保税港区,是锁扣两桥、连通三岸的城市重要节点和连接渝中区、江北区、南岸区与重庆机场、火车站、寸滩港的城市交通枢纽。江北嘴中央商务区用地规模约 226ha,总开发量约 653 万 m^2(其中地下开发面积约 110 万 m^2),其中办公写字楼 262 万 m^2,约占总量的 48%;酒店 31 万 m^2,约占总量的 6%;文化娱乐 20m^2,约占总量的 4%;商业配套 50m^2,约占总量的 9%;居住 179 万 m^2,约占总量的 33%,建成后可容纳居住人口约 5 万人,安排就业 15 万人。

  江北嘴中央商务区金融核心区建成之后,将集聚重庆 80%的金融机构,30%的存贷款余额,使重庆金融业实现增加值达到 750 亿元。

  1. 文化旅游

  江北嘴中央商务区文化旅游规划目标是打造"双城记"的城市名片,即展现记忆之城与未来之城"双城"融合画面,体现现代建筑与古代遗迹、东方文明与西方文化的交融。通过恢复保定门、汇川门等古城门,以及古城墙遗址、明玉珍墓等遗迹,保留一些古老的路名(如聚贤路等),复建天主教堂、基督教堂等建筑,打造记忆之城。未来之城的特色,则是建 3 幢 300m 以上的高档写字楼,成为城市新地标。同时,以建成的科技馆和大剧院为载体,开展各类大型特色科技文化艺术活动。

  2. 交通网络

  江北嘴中央商务区市政交通设施完善。轻轨 6 号线、9 号线将与千厮门大桥、黄花园大桥、东水门大桥、朝天门大桥一起构架起立体的交通网。江北嘴还将打造"地下车行网",位于江北嘴现代金融商务区,将覆盖整个江北嘴及中央公园,面积约为 1km^2,把各个商务楼的停车位连接起来。

  3. 产业发展

  江北嘴中央商务区目前已经完成土地拆迁整治、市政道路和综合管网、江溉路及护岸综合整治、重庆大剧院和重庆科技馆等市政基础设施和公益文化设施的建设,从市政基础设施和公建配套阶段全面转入了项目开发和城市形象功能的建设阶段。江北嘴中央商务区成功引进了中国工商银行、中国农业银行、中国银行、中国建设银行、交通银行、国家开发银行、华夏银行、重庆银行、重庆农村商业银行、西南证券等 20 余家重点金融机构在此设立区域总部,香港九龙仓、台湾越洋、北京金融街等知名企业开发商业地产项目，江北嘴金融核心区已基本建成。

（三）弹子石中央商务区

弹子石 CBD 中央商务区西以长江为界，东至弹子石转盘，南起南滨路五船路口，北至朝天门大桥北侧重棉三厂用地的沿江一线，包括杨家湾片区、阳光100 项目部分用地，岸线长约 3.8km。

1. 交通网络

弹子石中央商务区"六四三二"的立体交通网络体系已初步形成。"六桥"是指大佛寺大桥、千斯门大桥、东水门大桥、朝天门大桥、寸滩大桥、黄桷沱大桥，"四路"包括腾龙大道、南滨路、机场快速路和内环快速路，"三隧道"是指南山隧道、慈母山隧道、两江隧道，"两轻轨"即轨道环线、轨道11 号线。

2. 产业发展

弹子石中央商务区着力发展创新型金融、要素市场、总部经济及休闲型文化四大产业。力争引进银行、证券、保险金融机构总部及区域性管理总部等，发展创新型金融和总部经济；利用重庆再生资源交易中心、重庆纱线交易中心等现有单位，加速其他类交易中心入驻，发展要素市场；积极开拓企业通关、加工贸易等业务，探索推进保险创新，发展开放型经济；借助创建国家级文化产业示范园区的节点，依托国际马戏城、长江当代美术馆、杜莎夫人蜡像馆等在建项目的支撑，全面提升弹子石 CBD 的文化产业元素基础，发展休闲型文化产业。

二、面临问题

一是中央商务区产业发展规划相对滞后。迄今并没有统一的中央商务区产业发展规划，不能科学引导三大板块产业布局、发展方向和发展定位。二是产业支持政策力度不大。统一的财政、投融资、土地、人才等政策支持体系还没建立。三是产业集聚度不高。总部经济集聚基地、高端商业集聚高地尚未形成。四是产业配套设施尚不完善。轨道交通、车行交通、水上交通和地下车行地面、地下立体交通体系还在建设中。文化、娱乐、休闲、体育、居住等高档功能配套区，与市政、景观、综合防灾、环卫等基础设施工程还需高标准规划。

第三节　重庆市中央商务区发展重点

一、发展目标

（一）空间布局

重庆中央商务区位于长江与嘉陵江交汇处，由解放碑、江北嘴、弹子石三大板块构成，呈"一区三核"格局，规划总面积 10km^2，其中解放碑地区约 3.5km^2、江北嘴地区约 3.5km^2、弹子石地区约 3km^2。规划范围内商务商业用地 2.4km^2，商务商业建筑量 1500 万 m^2；居住用地约 2km^2，居住建筑量约 1100 万 m^2。

（二）功能定位

着眼于打造区域性、国际化的中央商务区。突出中央商务区的高端综合功能，以发达的现代服务业为基础，以金融、商贸、商务、总部经济、文化创意、旅游服务、信息服务、教育培训及咨询、会计、法律等专业服务为支柱，着力打造中国西部地区的总部经济集聚区、金融集聚区、高端商业承载区、国际商务交流区、文化创意示范区、高尚生活服务功能区和国际化都市风貌展示区。解放碑、江北嘴、弹子石三大板块功能各有侧重，相互协调发展，共同组成一个有机的整体。

（三）发展目标

加快中央商务区产业升级和功能完善，不断增强集聚辐射能力。据预测，到 2020 年，中央商务区 GDP 达到 2200 亿元，其中金融业 GDP 占到 60%以上；社会消费品零售总额突破 1500 亿元；建成长江上游地区和西部地区购物中心、金融中心、商务中心和国际奢侈品消费中心。

二、重点任务

1. 加快中央商务区开发建设

依据中央商务区控制性详细规划及土地开发规划等，加快存量土地开发，推进重大项目建设。规划建设一批高品质写字楼、高端商务酒店、高档商业及文化娱乐设施，形成集中展现中央商务区风貌的地标性建筑群。加强建筑形式和建筑风格管理，形成展现地域文化和时代精神的街面景观，严格控制城市天际线。加快轨道交通、车行交通、水上交通和地下车行交通设施建设，打造地面、地下立体交通体系。规划建设过江隧道，将"两江三地四岸"连为一体，促进三大功能片区整体融合。合理布局文化、娱乐、休闲、体育、居住等高档功能配套区。高标准规划建设市政、景观、综合防灾、环卫等基础设施工程，为中央商务区提供宜人的地上空间、便捷的交通网络和安全高效的市政基础设施。

2. 打造内陆金融高地

加快吸引国内外各类金融机构向江北嘴、解放碑、弹子石聚集，重点引进银行、证券、保险金融机构总部和区域性管理总部，积极发展股权投资基金、金融租赁等创新型机构，大力发展金融要素市场体系，创新发展加工贸易离岸结算、电子商务国际结算、要素市场结算、网络金融结算和总部结算，不断完善信用等级、资产评估、会计等中介服务机构体系。进一步提升重庆金融开放论坛、重庆金融博览会等品牌论坛和活动质量，打造金融沙龙，树立金融聚集区品牌。预计到 2017 年，聚集全市 80%以上的金融机构总部，建成内陆地区金融高地。

3. 建设总部经济集聚基地

强化总部企业与中央商务区产业融合，加速构建与总部经济相适应的产业支撑体系。积极引进世界 500 强企业、国有大型企业集团及大型民营企业总部集聚发展，引导国际组织、贸易组织、区域合作组织、分支机构及国际国内行业协会和组织在重庆设立区域总部。积极吸引营销、采购、研发、设计、培训等高端服务业总部，大力发展营运中心、物流中心、分拨中心、研发中心、营销中心、工程中心、票据中心等职能总部。支持物流企业设立信息服务、物流配送和仓储保管等职能性总部，提高现代物流业国际化水平。

4. 促进高端商业集聚发展

顺应一站式消费和一次性购物的发展趋势，建设一批集商业、办公、酒店、展览、餐饮、会议、休闲娱乐等城市生活空间为一体的大型商业综合体。延伸消费链条，满足高品质、多元化消费需求。着力引进国内外高端时尚产品、时尚品牌及时尚企业，促进国际品牌旗舰店、专卖店集聚。支持举办国际性高端商业论坛、国际品牌及时尚产品发布与展览、时尚产品推介、时尚精品展示展销等活动，逐步建成西部地区文化时尚商品和奢侈品的信息发布中心、交易中心和价格发现中心，打造西部高端时尚风向标。加快电子商务发展，建设和完善电子认证服务、第三方在线支付等多样化服务平台，完善高端商业配套服务体系。

5. 推进楼宇经济发展

引导各类开发主体高起点、高标准规划设计，建设一批高品质商务楼宇。优化商务楼宇硬件设施，大力提升商务楼宇建设工程质量，营造健康办公空间。完善楼宇功能，按照国际公认"5A 智能大厦"标准，提高楼宇智能化、信息化和便捷化水平。强化楼宇物业配套管理，提升商务楼宇管理品质。优化开发经营模式，突出商务楼宇的产业发展重点，加快品牌规划运作，培育一批总部楼、金融楼、外贸楼、商务楼、科研楼、中介服务楼、传媒楼、现代物流楼等特色楼宇，实现高端业态集聚，打造楼宇经济集群。到 2017 年，建成商务楼宇 150 栋以上，税收上亿元的商务楼宇达到 50 栋，楼宇税收占中央商务区税收总额 60%以上。

6. 创建国际文化交流平台

依托重庆科技馆、重庆大剧院、国泰艺术中心、洪崖洞民俗风貌区等文化科技设施，推进文化产业核心基地和文化功能区建设。吸引国际文化创意、传媒等产业巨头入驻，打造传媒产业孵化器和特色产业集聚区，形成融创意、设计、咨询、融资平台、广告、会展、零售为一体的特色文化创意产业集聚区。规划建设重庆国际马戏城等文化设施，打造城市文化新地标。建立融风险投资、产权交易、企业并购等功能为一体的文化产业发展平台。积极建设动漫、游戏、移动数字内容、版权、艺术品、影视作品等要素交易市场。打造"两江四岸"文化娱乐休闲生态长廊。

第七章

建设城市核心商圈

城市核心商圈是现代商业商务要素的聚集地，集购物、餐饮、休闲、娱乐、金融、商务、旅游、文化等多功能于一体，既是城市第三产业发展的主要载体和标志，也是城市功能的核心集聚区，更是展示城市形象的重要窗口。城市核心商圈建设是重庆建成长江上游商贸物流中心的重要抓手和重要支撑。

第一节　城市核心商圈概述

一、城市核心商圈的概念

商圈（trading area），指一家零售商店的顾客所来自的地理区域，亦即在一地理区域内的潜在顾客有高于零的概率会前往购买商品，故商圈的概念是针对一家零售商店及其商品而言的。当两家或两家以上的商店位置相近，它们的商圈可能在很大程度上会是重叠的。根据来店顾客的比率，商圈可进一步划分为主要商圈、次要商圈和边缘商圈。商圈形态，又可分为商业区、居住区、文教区、办公区、混合区。

本章所论商圈是指在一定经济区域内，以大型商场或中心商业区为核心，向周围扩展，具有相当认知度，形成辐射力，对顾客吸引而形成的一定范围或区域。结合重庆实际，可分为城市核心商圈、社区便民商圈、乡镇商圈三大类。

城市核心商圈是指位于城市的核心地带或重要交通枢纽区域，区位优势明显，交通便利发达，周边基础配套设施完善，进出商圈便利，夜间经济活跃。城市核心商圈是城市商业要素集聚区，一般包括大型零售设施、中心广场或步行街区、大型商务楼宇、星级酒店等形态，应按照"商住分开、人车分流、立体开发、集中打造"建设培育。在重庆，城市核心商圈又分市级和区县级城市核心商圈。

二、建设基本原则

（一）以人为本，便民利民

充分考虑不同消费者、不同消费层次的消费需求，以公众利益为先导，充分体现方便生活、服务大众的方针，促进商业繁荣。业态上要体现便利性、实用性，功能上要以居民不断发展变化的消费需求为取向，完善服务设施，提高服务功能。

（二）功能协调，产业配套

规划设计商圈时，注重各大功能区的联系和互补，在发展传统商贸业的同时，加强现代服务业的规划和发展。产业配套要满足不同功能区内部的协调及相互之间的协调。

（三）分类建设，突出特色

按照市级和区县级城市核心商圈分类规范建设，结合各区县历史、人文、旅游等资源优势，在功能定位和业态设置上突出特色，重点打造一批在市内外有影响力的"智慧型""生态型""人文型"特色商圈。市级城市核心商圈应打造为"智慧型""商旅文结合型"商圈。

（四）立足现状，适度超前

城市核心商圈的建设应坚持立足现状、适度超前的原则，综合考虑近期和远期发展需要，把近期需求同远期目标紧密结合，分期实施，逐步实现；商圈建设应具有发展的眼光和超前的思维，充分考虑经济社会发展和大众消费观念发展变化趋势，规范建设传统与现代相结合的多层级的精品商圈。

（五）商住分开，人车分流

城市核心商圈新建和改造提升过程中应坚持商业与住宅分开的原则，在商圈的开发建设过程中，以商业设施和公共空间建设为主；坚持人车分流的原则，在商圈市政道路建设过程中，对车行道和步行通道的配置进行合理布局，避免人车争道、交通拥堵。

（六）立体开发，集中打造

在城市核心商圈的开发建设过程中，原则上应以立体开发、集中打造为指导开发商圈商务楼宇和商业用房。按照商圈功能分区，集中打造商业设施，集约建筑用地、提升商圈品质，最大化聚集商圈的商业服务功能和商务办公功能。

（七）政府引导，市场主体

坚持政府引导，充分发展市场机制的决定性作用，坚持实行投资多元化、运作市场化、政府引导扶持相结合，在建设规划、注册登记、土地使用、税费补偿、基础设施等方面给予优惠政策支持，引导和鼓励各类投资者参与。

三、城市核心商圈选址和规模

（一）选址

城市核心商圈是城市区域内商业资源富集、集约化程度最高的商业核心区，是承载商流、物流、价值流和信息流的空间载体，一般分布在人口相对集中、交通运输条件好、环境优越的区域。结合重庆市城市发展的现状和未来趋势，城市核心商圈选址要遵循两个基本要求：一是在老城区，要依托历史形成的商业基础，在城市已有商业核心集聚区通过改造升级，打造建设城市核心商圈；二是在规划建设的城市新区，核心商圈选址要充分结合城市总规，选择在城市功能布局规划、道路交通规划和居住人口规划等要素配置优越的区域布局打造城市核心商圈。

（二）占地面积

市级城市核心商圈原则上控制在 $1\sim2km^2$，区县级城市核心商圈原则上控制在 $0.5\sim1km^2$。主要依据如下两个原则划分。

一是零售商圈理论界定的核心商圈商业要素集聚度。从零售商圈层级划分理论分析，商圈形态表现为各种不规则的多角型，为便于分析研究，一般将其视为以零售商店本身为中心的同心圆。根据来店顾客的比率，商圈又可以进一步划分为主要商圈（核心商圈）、次要商圈和边缘商圈。核心商圈是最靠近零售商店、顾客的集中度最高、每个顾客的平均消费购物金额最高的区域，在该商业圈的顾客占顾客总数的比率最高（55%～80%）。在此区域内，由于最能吸引顾客，最容易形成非常高的顾客密集度，因而也是零售商家选址最优先考虑的区域，从而最容易形成商家扎堆现象。因此，在一个城市，商业核心区域往往成为消费人群和零售商业的主要集聚地，一般要达到70%甚至更多。

二是消费者步行时间距离的因素。上述原因决定了核心商圈是消费人群和商家最主要的集聚区，而消费者购物或逛街还存在一个步行时间距离的心理和生理极限问题。按照有关研究，消费者购物和逛街的步行时间一般在5～10分钟比较合理，步行距离在1000 m左右最合理。因此，城市核心商圈的地理范围，要充分考虑这一规律，不能太大。对于市级城市核心商圈，空间范围1km²左右，最多不超过2km²，比较符合消费购物规律和重庆市的实际。区县级城市核心商圈确定0.5～1km²，也与区县城市发展规模和实际相符。

（三）商业设施面积

市级城市核心商圈商业设施面积达到100万m²以上，区县级城市核心商圈商业设施面积达到50万m²以上。此处所讲的商业设施，包括购物、餐饮、住宿、休闲娱乐、商务办公、会展、金融和通信营业服务网点等。确定市级城市核心商圈达到100万m²以上，是考虑市级城市核心商圈的功能齐备、服务人口超过100万人，需要大规模的商业服务设施作为载体，同时结合重庆市内外城市核心商圈发展的实际而得出的最低规模要求。区县级城市核心商圈达到50万m²，也是考虑区县城市的人口规模和辐射服务规模以及区县城市功能的实际得出的参考标准。

（四）社会消费品零售总额

社会消费品零售总额是评价城市核心商圈发展规模的最主要指标。市级城市核心商圈达到100亿元以上，主要依据的是服务人口和商业设施规模。按照重庆市 2013 年全市城镇居民人均消费支出 17 814 元计算，市级城市核心商圈服务的人群消费支出水平应该高于全市平均水平，至少 20 000 元。按照消费支出 50% 与核心商圈有关来计算，市级城市核心商圈服务 100 万人以上，实现的社会消费品零售总额达到 100 亿元以上是基本的要求。区县级城市核心商圈达到 50 亿元，也是从这个角度考虑。

从商业设施规模分析，市级城市核心商圈商业设施面积达到 100 万 m² 以上，按照商圈功能，其中购物和餐饮住宿功能所占比重最大，零售购物和餐饮住宿至少占 50% 以上计算，100 万 m² 的商业设施至少有 50 万平方米的零售购物和餐饮住宿服务设施。按照零售购物、餐饮住宿设施经营面积计算，市级城市核心商圈每平方米商业设施面积实现的社会消费品零售额至少要达到 20 000 元，市级城市核心商圈实现的社会消费品零售总额也就要达到 100 亿元以上。区县级城市核心商圈达到 50 亿元，也是基于相同依据并结合区县实际得出的标准。区县级城市核心商圈的功能中，购物和餐饮住宿所占比重会比市级城市核心商圈更大，每平方米零售餐饮住宿经营面积实现的社零额要低于市级核心商圈，社会消费品零售总额达到 50 亿元，是比较符合区县城市核心商圈的实际。

在商圈规模目标中，本书还提出了夜间经济实现的社会消费品零售额在市级城市核心商圈要占到商圈社会消费品零售总额的 20% 以上，在区县级城市核心商圈要占到 10% 以上。提出这一目标，主要是基于《重庆市人民政府关于鼓励发展夜市经济的意见》（简称《意见》）（2014 年 5 月），《意见》提出了加快夜市经济发展，不仅有利于扩大消费，培育新的消费热点，促进各类服务业发展，而且有利于展示城市文化特色，提升城市形象。夜市经济的主要集聚区在城市核心商圈，城市核心商圈的大型零售商业、特色商业街、餐饮、酒店、休闲娱乐等主要商业经营场所的经营活动大都延时到夜间，夜间经济已经是城市核心商圈的重要功能。因此，本书将"夜间经济"纳入城市核心商圈的目标考核，是衡量商圈活力的重要指标。

（五）服务人口

市级城市核心商圈服务人口 100 万人以上，区县级城市核心商圈服务 50 万人以上。

一是依据所在城市的规模及对外影响力。市级城市核心商圈所在城市本身拥有 30 万以上甚至 50 万以上基本人口，加上周边区域及市内外的外来人口众多，辐射服务达到 100 万以上人口是完全可以达到的。区县级城市核心商圈一般以本区县所在城市 10 万甚至 20 万以上人口为基本，加上本区县各乡镇以及周边区县临近区域的人口，服务 50 万以上人口是最基本的目标。

二是依据核心商圈大型零售商业网点的辐射人口要求考虑。市级城市核心商圈在业态网点布局上必须要有大型购物中心、主力百货店等业态，大型购物中心所需要的消费人群支撑一般要达到 80 万人以上，大型百货店需要 50 万人以上的消费支撑，考虑有利于适度竞争的需要，市级城市核心商圈大型零售商业网点一般要布局 2 个或者 3 个以上，因此需要的消费人口要达到 100 万人以上。区县级城市核心商圈至少要布局主力百货店、大型超市等零售业态网点，大型超市需要 20 万以上消费人口支撑，大型百货店需要 50 万以上人口支撑，因此，区县级城市核心商圈服务人口要达到 50 万以上人口。

四、城市核心商圈功能

（一）商圈功能设定的理由

商圈是商业和商务活动的主要集聚区，也是城市功能的核心载体。城市核心商圈的功能是商圈建设发展目标和服务定位的具体体现，是商圈满足各类服务对象需求的能力体现。随着社会经济的发展和人民生活水平的提高，商业和商务活动日益频繁，消费内容日益丰富，其功能也在日益丰富和完善。现代城市商圈的主要功能，除了基本的商业、商务功能，还兼具文化、旅游、休闲、娱乐、社交等多方面功能，满足社会各阶层消费者日益丰富的物质与文化生活需要。因此，本书确定了城市核心商圈的功能，主要包括：零售购物、现代商务、酒店住宿、餐饮美食、休闲娱乐、金融服务、都市旅游、文化体验等。

（二）商圈功能所占比重

（1）零售购物功能。按照国内外城市核心商圈的经验，零售购物功能一般是最基本也是最主要的功能，在全部商业设施中占比最大，一般所占比重在55%甚至 60%以上。结合重庆的实际，考虑电子商务和网络购物的发展趋势，未来城市核心商圈的实体零售购物网点的比重将会略有下降，因此本书将市级城市核心商圈的零售购物功能所占比重确定为 40%～60%，区县级城市核心商圈这一比例确定为 50%～70%。

（2）现代商务功能。商务功能是城市核心商圈的重要功能，也是城市发展的重要标志。随着城市经济活跃度提高和对外开放扩大，商务功能所占比例有逐渐上升的态势，越来越成为城市核心商圈的重要功能。城市核心商圈的建设，要求能够为本区域及市内外各类企事业单位、中介服务机构、商务人士提供商务办公、研发设计、信息发布和咨询、展览展示、会议研讨、教育培训等为主的商务活动空间。在商业商务设施构成中，市级城市核心商圈的商务功能所占比重要达到 20%左右，区县级城市核心商圈达到 5%以上。

（3）餐饮美食和酒店住宿功能。餐饮美食是城市核心商圈聚集人气、拉动消费的重要功能，随着城市居民收入水平提高、工作和生活节奏的加快及社交需要的增加，在外就餐的机会将会越来越多，外来消费人群的消费也在不断增加，餐饮美食功能在城市核心商圈中的地位将会进一步巩固。本功能要求商圈具有满足本区域及市内外消费者多层次餐饮需求的餐饮服务场所，特别是具有能够提供中高端餐饮和特色品牌餐饮服务的餐饮集聚区。

酒店住宿接待服务也是现代城市的重要功能，更是城市核心商圈必不可少的功能。本功能要求商圈能够为市内外各级服务对象提供多层次的会议接待、商务宴请、旅游住宿、婚庆喜宴等服务，具有满足社会多层次需求的酒店设施条件。

在市级城市核心商圈，餐饮和酒店住宿功能在所有功能中所占比重合计达到 15%以上，区县级城市核心商圈达到 20%以上。主要考虑市级核心商圈所在城市的餐饮美食呈现多点发展的格局，核心商圈以外的其他区域通过发展餐饮美食街等餐饮集聚区，越来越成为城市餐饮发展的趋势，所以在核心商圈中的餐饮美食功能不会有太大增长，所占比重有所控制。区县城市核心商圈所在的城市，餐饮美食往往也布局在商圈内，因此所占比重会比市级城市核心商圈高。

（4）休闲娱乐功能。休闲娱乐是人民生活水平提高后越来越需要的必备功能，是城市核心商圈日益重要的功能。本功能要求商圈能够提供满足本地居民及外来消费者多层次需求的休闲娱乐集聚空间或者依附于购物中心、酒店、商务楼宇的休闲娱乐场所。休闲娱乐功能在城市核心商圈中所占比重一般要达到 10%左右，随着休闲消费需求的不断增加，这一比重还将有扩大的趋势。

五、城市核心商圈业态设置

商圈业态和网点是商圈功能的载体，根据城市核心商圈的功能设置，商圈业态和网点要有相应的配置。

零售业态在市级城市核心商圈中所占比重要达到 60%左右，包括零售购物、餐饮住宿业态，是依据在市级核心商圈的功能中，零售购物要达到 40%～60%，餐饮和住宿达到 15%左右，弹性考虑这些功能存在部分重叠等原因，零售业态（含餐饮住宿）比重在商圈中应该达到 60%左右。大型零售业态和高星级酒店、大型餐饮网点及城市影院、文化休闲娱乐等业态网点的设置，主要是依据城市核心商圈的定位和功能，不同于其他区域的商业发展，城市核心商圈代表了城市商业发展的高端水平，大型和高端商业业态是体现城市商业发展的标志及城市窗口的标志。

第二节　重庆市城市核心商圈发展基本情况

一、发展概况

（一）发展历程

1997 年，重庆成为中国第四个直辖市，市委、市政府将城市改造的突破口，放在了商圈建设上。1997 年，重庆市政府和渝中区投入 3000 多万元，以解放碑为中心，改造建成中国最早的商业街——解放碑中心购物广场。2003 年，沙坪坝区三峡广场建成，成为重庆继解放碑之后的第二个城市商圈。江北区政府以 7.5 亿的基础设施投入，吸引 30 多家企业投资 200 多亿元，建成观音桥商圈，成功处置十余栋"烂尾楼"，盘活商业设施 50 万 m²，成为商圈建设的经典案例。之后杨家坪和南坪商圈相继建成，形成了主城区五大商圈发展、五朵金花绽放的格局。万州、涪陵、永川等城市也建成区域特色商圈。2010 年，重庆市委、市政府针对大城市、大农村并存的实际，将城市商圈的成功经验向基层推广，在全市实施了社区便民商圈和乡镇商圈发展战略。同时，将解放碑、江北嘴、弹子石定位升级为中央商务区，由此形成了中央商务区、城市核心商圈、社区便民商圈（乡镇商圈）三级现代商圈体系，并形成了"商住分开，人车分流，立体开发，集中打造"商圈建设特点。2012 年，重庆市人民政府制定出台了《重庆市人民政府关于加快商圈建设的意见》（渝府发〔2012〕64 号），对全市商圈建设提出了明确的目标和任务，全市商圈规划和建设进入了一个加快推进、全面实施的时期。

截至 2014 年，重庆全市已建成城市核心商圈 30 个，其中百亿级的商圈 9 个，其中，零售额达到 400 亿元商圈 1 个、300 亿元商圈 2 个、200 亿级商圈 2 个、100 亿元商圈 3 个、50 亿元商圈 6 个，全市过半消费在商圈实现。纳入统计的 20 个核心商圈共实现零售额 2837 亿元，占全市社会消费品零售总额比重 56%，其中解放碑、观音桥、南坪、杨家坪、三峡广场五大核心商圈社会消费品零售总额达到 1441.3 亿元，占全市社会消费品零售总额 1/3。

（二）典型核心商圈发展现状

重庆规模最大、商业最繁华的核心商圈包括解放碑商圈、观音桥商圈、南坪商圈、沙坪坝商圈与杨家坪商圈。

1. 解放碑商圈

（1）现状及发展

解放碑商圈是重庆历史最悠久的商圈。重庆人常把"到解放碑"说成"进城"，也有"没到解放碑等于没到过重庆"的说法，商界人士甚至将进驻解放碑视作企业品牌"形象和实力"的象征。

1997 年，重庆市和渝中区投资建设了以解放碑为中心的中国第一条商业步行街——解放碑中心购物广场，解放碑商圈进入快速发展期。2004 年，解放碑商圈实现商贸销售总额 203.37 亿元，社会消费品零售总额 100.31 亿元，成为"双百亿"商圈，被称为"西部第一街"。目前，解放碑商圈著名品牌云集，具备完善的业种配置和各种档次的组合，且规模和密度堪称重庆第一。商圈拥有重庆时代广场、金鹰购物中心、重庆百货、新世纪百货、王府井百货、英利国际购物中心、大都会广场等大大小小近 20 个购物中心、百货商场，是重庆的奢侈品聚集地。据统计，解放碑步行街日均人口流量超过 30 万，重大节假日人流量峰值每天超过 100 万以上。2014 年零售总额达到 400 亿，号称西部第一大商圈。

随着现代商贸、金融等产业发展的迫切需要，解放碑商圈转型发展，解放碑中央商务区逐步形成，解放碑商圈实现了从商业步行街到商贸中心区再到中央商务区的成功转型升级。统计数据显示，目前，渝中区市级及其以上金融机构已达 88 家，占全市 90%以上。其中，全国和地区性总部 15 家，外资金融机构 15 家，且绝大多数集中在解放碑中央商务区内，是重庆市乃至西部地区金融机构数量最多、金融产品最齐、金融发展效益最好的区域。

（2）代表性项目

日月光中心广场。日月光中心广场定位于时尚服饰、餐饮娱乐、数码通讯完美组合的一站式购物中心。总体量约 72 万 m²，包括 16 万 m² 中央豪宅、16 万 m² 商业、20 万平方米 5A 甲级写字楼、10 万 m² 超五星国际酒店和 10 万 m² 配套设施的城市综合体项目。

重庆时代广场。重庆时代广场定位于重庆最高端的购物商场，与香港海港城、时代广场同属香港九龙仓集团。商业面积约 4 万余平方米，众多国际一线品牌旗舰店汇聚于此，拥有来自世界各地 100 多个知名品牌，各具特色的中西食肆和进口食品超市，是集购物、餐饮、休闲于一体的一站式购物中心。

英利"IFC"购物中心。定位为打造高端消费体验殿堂，内设高端写字楼。项目建筑面积 16 万 m²，包含 5 万 m² 奢侈商业，汇聚世界奢侈品旗舰店、世界顶级餐饮、休闲、娱乐天地，华美殿堂揽尽全城万千时尚光彩。

重庆环球金融中心。重庆环球金融中心定位于国际奢侈品购物中心，甲级 5A 涉外写字楼，国际化金融商务平台，超五星级酒店。位于中国重庆解放碑中央商务区中心。项目总占地面积约为 8.7 亩①，建筑面积约为 20.4 万 m²，其中商业面积 3 万 m²，国际奢侈品购物中心，甲级 5A 涉外写字楼，国际化金融商务平台，超五星级酒店。

两路口重庆中心。两路口重庆中心定位于集大型商业中心、五星级酒店、

———————

① 1 亩≈666.7 平方米。

商务写字楼、公寓和住宅于一体的大型城市综合体。项目建筑面积 58 万 m²，商业面积约 18 万 m²，其中，甲级写字楼约 18 万 m²，商务公寓约 5 万 m²，住宅约 10 万 m²，酒店约 7 万 m²，整体配备地下停车位约 6000 个。

凯德国际朝天门项目。凯德国际朝天门项目位于渝中区朝天门，总建筑面积约 81 万 m²，包括约 22 万 m² 的商业、约 33 万 m² 高端住宅、约 17 万 m² 写字楼、约 6 万 m² 酒店及 3 万 m² 服务公寓。

2. 观音桥商圈

（1）现状及发展

江北区观音桥，是传统的商贸繁华区域，是重庆市人民政府最先确定的五大商圈之一，观音桥商圈以观音桥转盘为中心，建新东、南、西、北路为辐射方向，半径 1000m 内区域。2003 年 4 月观音桥商圈开建，2005 年 3 月开街。先后创建中国著名商业街、全国百城万店无假货示范街、西部首条国家 4A 级景区商业步行街、中国商旅文产业发展示范商圈等称号。目前拥有世纪新都、重百江北商场、茂业百货、远东百货、新世界百货五大主力百货和星光 68、龙湖北城天街、大融城三大购物中心。此外，Gucci、Armani 等 90 余个国际知名品牌也集聚在观音桥。观音桥商圈成为继解放碑商圈之后第二个能辐射全市人口的标志性商圈。2013 年观音桥商圈商品销售总额突破 2000 亿元，达到 2105.70 亿元；社会消费品零售总额达到 327 亿元，仅次于解放碑中央商务区。在核心面积仅有 1.5 km² 的观音桥商圈，目前日均人流量已达到 35 万人次。

在未来观音桥商圈的再提升过程中，以观音桥商圈为中心，向东西南北拓展。届时，商圈核心面积将由 1.5km² 扩张至 3km²。东边向洋河片区延伸，打造吸引各地美食的荟萃之地；西边向小苑片区延伸，打造浪漫金街、朗晴广场婚恋基地、嘉陵水街时尚浪漫之地，承接城区最大的城市公园鸿恩寺森林公园；南边向野水沟片区、三钢厂片区延伸，打造国际创意研发、汽车展示、异国风情的创意风情之地；北边向鹞子丘片区延伸，打造别墅级商务总部、6A 甲级写字楼、超五星级酒店的商务示范之地。

（2）代表性项目

北城天街是目前重庆规模最大、功能最完善的超大型购物中心之一，是重庆时尚人群休闲、购物的首选之地。龙湖·北城天街占地面积约 81 亩，建筑面积约为 28 万 m²，商业面积 14 万 m²，有约 2500 个泊车位的大型停车场。

金源时代广场首创园林景观与拉斯维加斯建筑风格的完美融合，是目前重庆市规模最大，且融娱乐与餐饮为一体的的地下不夜城。总建筑面积 60 余万平方米，其中商业面积 40 万 m²、商务面积 20 万 m²，中间由 7000 个停车位的重庆最大停车场相隔，项目总投资 26 亿人民币。

星光 68 国际名品广场定位于满足高端潮流人士的消费需求，突出精致生活、奢华璀璨、名品闪耀、时尚绽放的特点。总建筑面积约 15 万 m²，其中商业面积约 3.5 万 m²。五星级精品酒店建筑面积约 2.7 万 m²，酒店式行政公寓建筑面积约 2.4 万 m²，涉外 6A 级铂金生态写字楼建筑面积约 4.2 万 m²。

大融城定位于重庆首家青年主题购物公园。总建筑面积 13 万 m²，其中商业面积 9 万 m²，并拥有 15 万 m² 人性化与自然景观结合的公共空间。

3. 南坪商圈

（1）现状及发展

南坪商圈位于南岸区核心区域，规划面积 3km²，核心区面积 1km²，是集会展旅游、商务总部、时尚购物、娱乐休闲等多种功能于一体的城市综合服务区。南坪商圈拥有 5 大步行街，日均人流量高达 30 万人。目前，拥有商业设施约 200 万 m²，商务设施约 150 万 m²。南坪商圈的商贸经济日益繁荣，商业氛围越发浓厚，2014 年南坪商圈社会消费品零售总额达 320.6 亿元。

南坪商圈围绕三个方面转型发展。一是增加体验型、休闲型业态。以调整后的南坪百盛商场为例，调整前，卖场 90% 的业态为百货类，其余 10% 左右为超市、休闲等业态；升级后，30% 的业态为餐饮业态及休闲业态；未来，将引进以儿童体验、健身、培训等更多休闲业态。这就促使了游客从单一的购物消费活动转向吃、住、行、游、购、娱等复合消费，增强体验性和吸引力。二是对商圈的软硬件环境进行提档升级，特别是通过互联网让商圈的几条步行街结合更加紧密。南坪商圈工贸片区、上海城片区、万达广场片区、贝迪步行街片区和协信星光片区这五大商业街区已基本成型，辐射范围超过 3km²，逐渐成为重庆传统核心商圈中体量最大的一个商圈。但相对分散的购物中心也在一定程度上抑制了消费体验。南坪商圈采取的做法是，通过修建空中连廊、地下通道等，让 5 条步行街实现无缝对接。更重要的是，借助"互联网+"，南坪商圈将商圈搬到了网上，消费者通过下载手机 APP 或者查询步行街上的终端触摸屏，就能了解商家、停车、打折、路线等各类商圈信息。三是智慧商圈，以亿象城最有代表性。亿象城是南坪商圈引进深圳华强北在线公司打造的集展示、体验、发布、交易为一体的数码体验中心。亿象城是对传统商圈的颠覆，智慧与特色是其显著标签。在亿象城集合了 3C 旗舰、智能影音、智能通信、潮流配件等 12 大业态的电子消费，全面构建线下体验、线上交易、消费行为研究、设计改进、供应链整合的"五位一体"智慧商圈。

（2）代表性项目

重庆万达广场总占地面积约 148 亩，总建筑面积 78 万 m^2，商业面积 12.6万 m^2，集大型购物中心、五星级酒店、写字楼、商业街区、高尚住宅、商务公寓融为一体，以时尚、购物、休闲、娱乐、美食等组合定位，是真正意义上的城市综合体。

协信星光时代广场定位于打造全功能城市综合体。总建筑面积 24 万 m^2，商业面积达 13.8 万 m^2，有 2500 个停车位，项目可持续连接轻轨 3 号线和 4 号线。该项目定位为一个中高档全能式时尚购物中心，集零售、文化、休闲、娱乐及餐饮等多种业态，倡导"时尚与潮流、文化与品位"全新消费理念。

国汇中心定位于打造迎纳国际精英的全功能场所，成为重庆首个国际生活圈。项目占地 18 亩，总商业商务面积 14 万 m^2，容积率 3.26，停车泊位 2900个，由重庆国际会议展览中心、凯宾斯基酒店、5T 写字楼、酒店式私人住宅等建筑群集约而成，着力打造新型国际商务、商业建筑综合体，创造首个以凯宾斯基为核心的国际生活圈。

百联上海城总占地面积 300 亩，总建筑面积 107 万 m^2，商业商务约 26 万m^2，商务楼宇面积约 11.7 万 m^2，包括近 13.6 万 m^2 百联南岸上海城购物中心、约 7 万 m^2 红星美凯龙全球家居生活广场、2 万余平方米嘉德数码广场、4 条旅游主题步行街，以及一幢 5A 级写字楼和五星级酒店，同时，还设置了 4000 多个停车位。

4. 杨家坪商圈

（1）现状及发展

杨家坪商圈作为重庆老牌商圈，位于素有工业老区之称的九龙坡区，并且作为九龙坡区的城市中心，有着得天独厚的优势。以杨家坪转盘为中心，包括杨九路、杨家坪正街、石坪桥正街、西郊路、直港大道，共计 10 万余平方米的商业面积，统称为杨家坪商圈。圈内仅有的家乐福杨家坪店、重百杨家坪分店、新世纪超市、国美家电、立丹百货及富安百货等零星分散在商圈周围，没有形成商业流转气氛较浓厚的购物中心。商圈的有效消费人口应在 60 万，辐射人口可达 120 万~150 万（含大渡口区、大坪片区与石桥铺片区等）。

杨家坪商圈目前占地面积仅为 0.2km^2。根据规划，杨家坪新商圈占地面积将达到 2.5km^2，将新增近 200 万 m^2 商业商务体。"华润·万象城"是商圈发展的"重头戏"，该项目是以购物中心为核心，集超甲级写字楼、超五星级酒店、城市顶级住宅等诸多功能于一体的大规模、综合性、现代化的标志性都市综合体，项目占地面积 12 万 m^2，总建筑面积超过 100 万 m^2。

（2）代表性项目

龙湖·西城天街购物广场定位于集吃喝玩乐购于一体的购物中心。占地面积约 44 亩，建筑面积约 25.5 万 m^2，其中商业面积约 8 万 m^2。项目位于杨家坪步行街团结路口，是重庆龙湖商业公司继北城天街后，推出的又一大型购物中心。

华润万象城定位于打造重庆新商业旗舰与时尚地标。占地面积 178 亩，总建筑面积超过 100 万 m^2，35 万 m^2 商业包括万象城购物中心、甲级写字楼华润大厦、五星级酒店及超高层顶级公寓、7 万 m^2 城市漫游商业街，是中国商业链顶级综合体项目。该项目于 2014 年正式落户重庆。

新世纪瑞成商都，商业面积 2.6 万 m^2，于 2005 年 4 月 30 日开幕，座落于杨家坪步行街，是重庆西城最具规模的大型综合卖场。

大洋百货，2008 年 12 月 20 日开幕，地处杨家坪商业中心区，商业面积 4.2 万 m^2，辐射范围广，人流集散大，仅步行街人流量就达到 1.5 万~2 万人次/天。

5. 沙坪坝商圈

（1）现状及发展

沙坪坝商圈的核心区域是沙区商业步行街，始建于 20 世纪 90 年代初。北起沙南街，跨渝碚路，顺华宇广场西侧向南延伸至绿色艺术广场。商圈的有效消费人口 120 万，年购买力在 100 亿以上，区内商业网点万余家。整个商圈相对独立，商业业态趋于成熟，并已形成一定的商业氛围。

（2）代表性项目

重庆百货，商业面积 3 万 m²，经营楼层为 B2～7F，共 9 层。入驻重百超市、重百电器、瑞士罗马（ROAMER）、等商家。

新世纪凯瑞商都于 2001 年 11 月开业，营业面积为 2.3 万 m²，经营楼层为 B2～7F，共 9 层，内设生活馆（家用电器+生活超市），并入驻 JC、诺贝达、ENC、卡尔丹顿、汤普·葛罗等商家。

王府井百货于 2006 年 1 月 19 日开业，营业面积为 4 万 m²，经营楼层为 B2～6F，共 8 层。现已入驻国美电器、星巴克、麦当劳、匠人美发、百年老镇火锅等商家。

凯德广场于 2008 年 4 月 8 日开业，定位于打造年轻、流行、时尚人群购物中心，营业面积共 4.1 万 m²，经营楼层为 B1～L5，共 6 层。已入驻永辉超市、小天鹅、优衣库、必胜客、肯德基、海风林等商家。

XD 炫地于 2010 年 3 月 28 日开业，定位于集饮食、购物、休闲、娱乐为一体的购物中心，营业面积共 2.4 万 m²，经营楼层为 B1～5F，共 6 层。已入驻 UNE 影院、万宁、麦当劳、班尼路、爱玩嘉年华电玩城、九锅一堂等商家。

二、重庆市商圈发展面临的问题

（一）发展不均衡

一是主城核心商圈内部发展不均衡。解放碑商圈核心区域商业饱和，无空置物业，区域内集中了过多的写字楼、百货公司、零售企业、金融机构等，单位经济效益呈下降趋势。而其他商圈内聚集功能不明显，商贸产业化、集团化程度低，中介服务功能开发不够。二是主城与区县商圈发展不均衡。李家沱、九宫庙茶园、龙盛、陶家等主城新兴商圈与解放碑、南坪、杨家坪等主城核心商圈差距巨大。与主城五大商圈比较，区县城市核心商圈发展程度较低。

（二）同质化严重

发展最好的重庆五大核心商圈业态在经营形式、商品结构和服务方式上趋同，主体功能还不够清晰。如果各个商圈能依据自己所处的地理位置、辐射范围内顾客的消费行为特征、商贸企业自身发展战略、商品本身特点等因素，形成一个比较明确的基本功能，让商圈内的业态结构搭配达到最优状态，就能体现各商圈的特色和优势。

（三）信息化水平低

商圈是城区商业商务资源富集、集约化程度高的商业商务核心区。直辖以来，重庆商圈建设取得长足发展，组团式城市布局结构逐渐形成，已成为人民群众购物消费、休闲娱乐和旅游观光的重要场所。经济发展新常态下，重庆商圈面临电子商务冲击、同质化发展、承载能力不足等问题，商圈转型升级势在必行。利用物联网、云计算和大数据等先进技术建设智慧商圈，是加快我市商圈转型升级的重要抓手，是重庆智慧城市建设的重要内容，是实现"互联网+商圈"发展的创新模式。

（四）交通瓶颈凸显

交通堵塞是重庆市主城核心商圈普遍存在的问题。路网结构、节点、公交、停车等诸多因素使现有通道的通行能力难以得到有效发挥，加剧了交通需求与交通供给间的矛盾。路网结构不合理，使交通流均往主通道上汇集；节点处交通不畅，使相连路段交通流集疏散能力下降；公交站点设置不当，公交占道停车，进、出停车港缺乏有效管理，使公交站点处交织严重，拥堵不堪；停车库相互独立，未成整体，加之停车诱导系统不完善，驾驶员在区域内为寻找停车库给区域路网增加额外的交通负担。

第三节　重庆市城市核心商圈发展重点

一、加快城市核心商圈集群体系建设

在提升完善主城五大核心商圈基础上，加快续建、新建两路空港、嘉州、李家沱、九宫庙、缙云、西永、礼嘉、茶园、龙盛、陶家等主城新兴商圈；加快区域性中心城市核心商圈建设，优化提升万州高笋塘、涪陵南门山、黔江老城、永川渝西广场、合川北城、江津遗爱池商圈的业态布局和购物消费环境；加快其他 23 个区县（自治县）、万盛经开区城市核心商圈规划建设。预计到 2017 年，全市城市核心商圈基本建成，零售总额占全市社会消费品零售总额的比例突破 60%。

二、分步骤构建城市智慧商圈服务体系

按照"开展试点工作—覆盖主城商圈—全市推广建设"的步骤，围绕"两网络三中心"为主要建设内容，分阶段完成商圈服务体系建设。铺好智能物联网和建设重庆商圈网"两网络"，实现商圈信息（商品、服务、人流量、车流量等）的自动采集和控制。建成智慧商圈信息服务中心、商圈公共管理中控展示中心和商圈中小商户融资服务中心"三中心"，实现政务信息、产业信息、楼市信息、企业信息、融资信息等重要资讯在政府、企业、消费者间的互联互通。

三、引导城市核心商圈提质升级、差异化发展

对城市核心商圈提质升级，一是要大力实施"名街、名店、名品"工程，积极引进国际、国内知名品牌，引入大批品牌旗舰店、专业店，发挥名店名品聚集带动效益；二是要大力引进和发展高端商务、新兴金融、时尚文化、创意设计等产业，全面提升商圈业态的档次和品质。实现城市核心商圈的差异化发展，要做到品牌带动、业态错位、功能互补，实现购物、商务经济、旅游度假、生态休闲等有序发展，实现重庆市核心商圈特色化、差异化发展。

四、加强新建城市核心商圈规划布局

商圈建设一定要加强规划引导、科学定位、合理布局。坚持"商住分开、人车分流、立体开发、集中打造"的建设理念，即商场和住房要分开，不能楼上住房，楼下商场；行人与行车分开，不能人车混流；地上地下空间要充分利用；集中各种资金、业态、要素打造商圈。核心商圈的规模要适度，一般控制在 $1\sim2km^2$ 为宜，商业商务设施面积 100 万～200 万 m^2。商圈内主要布置购物中心、主力百货店、超市、酒店、餐饮等零售商业，同时配套写字楼、金融、会议、娱乐等服务业，确保业态齐备，功能完善。

第八章

建设大型商品交易市场

商品交易市场是重庆市建设长江上游商贸物流中心的重要载体，是重庆市经济发展的重要环节，对于促进重庆市"大商贸、大流通、大市场"总体格局的形成和长江上游商贸物流中心的建设具有重要的现实意义。本章对重庆市商品交易市场发展的总体情况进行了概括和总结，客观真实地反映了重庆商品交易市场发展的现实环境和存在的问题，同时着眼未来，对重庆市商品交易市场的发展趋势和发展重点进行了分析。

第一节　商品交易市场发展概述

一、商品交易市场概念

商品交易市场是指全国乡镇及以上经政府主管部门批准，有固定交易场所、相应设施及服务机构，有若干经营者入场经营、进行经常性交易、分别纳税，并设有专职管理人员，由市场经营管理者负责经营管理，实行集中公开商品交易的场所。

商品交易市场是我国商品经济和国内市场不发达的历史条件下的产物，是市场的特殊存在形式，是由社会主义初级阶段的生产力水平所决定的，有中国特色的商品流通模式，是社会商品流通体系的重要组成部分。商品交易市场作为商品流通的一个范畴，具有两种含义：一是作为交换场所，商品交易市场就是指交易规模较大的商品交换的场所。这种商品交易市场一般是在城镇集市贸易市场、专业市场的基础上发展而来的。二是作为一种流通组织形式,是指买卖双方提供经常性的、公开的、规范的以批发交易为主的商品交易,并且具有信息结算、运输等配套服务功能的交易组织。本书重点研究的是第二种定义的商品交易市场。

商品交易市场不仅是商品交易的场所,还是提供服务的场所。场所体现经营定位,场所也体现服务品质。商品交易市场包括交易主体、交易客体、交易载体等多种要素。商品交易市场不仅给生产者、批发商、零售商及消费者提供了一个商品交易的场所,而且提供了一个有服务质量的交易场地。各种交易主体在这种商品交易市场的交易活动中,通过交易行为得到商品交易市场提供的服务。商品交易市场通过各种交易主体提供服务,促进了商品使用价值的转移,完成了商品价值的实现,同时又将处于不同商品流通环节的商业劳动凝结于商品之中,促进了商品价值的增值。

二、商品交易市场分类

1. 按照经营的业态划分

按照经营的业态划分,商品交易市场可以分为广义商品交易市场与狭义的商品交易市场。

狭义的商品交易市场就是城乡集市、商业街、商品专业交易市场一类的市场;广义的商品交易市场除了上述的市场以外还包括杂货商店、专业商店、百货商店、超级市场、批发公司等。

2. 按照经营客体划分

按照经营客体划分,商品交易市场可以分为综合型商品交易市场与专业型商品交易市场。

综合型的商品交易市场是指经营若干类商品的市场,这种市场往往是商品交易发展水平不高的产物。专业型的商品交易市场是以重点经营一类商品为主的市场,如建筑建材专业市场、家具市场、水果市场等。这类市场的特点是具有特定的客户定位,特定的行业的定位。专业市场是经济发展到一定时期的产物,是社会分工走向专业化、主体化的体现。专业型的商品交易市场大致可以分为农产品市场、工业消费品市场、生产资料市场等。

3. 按照商品交易市场在流通中的地位划分

按照在流通中的地位划分，商品交易市场可以分为三种。①产地型商品交易市场。这类市场主要是依托本地的产业发展，以产促销，流通环节少，有区位的优势，大多由于有产业的支撑，市场发展稳定并且繁荣。②销地型商品交易市场。这类市场重点依托本地市场，产品主要地产地销，外产地销。销地型市场依靠大城市、大的消费群体发展起来，但是当零售业态发生变革，连锁超市，卖场等出现，这类市场会逐渐走向萎缩。③集散型的商品交易市场。这类市场生产与销售在很大程度上都集中在外地，是较大区域商品集散地。以义乌商品交易市场为例，其市场的 80%的商品来自外地，80%的商品销往外地，80%的经营者是外地人，其产品基本上是"买全国、卖全国"。

4. 按照商品交易市场发育的成熟度划分

按照商品交易市场发育的成熟度划分，商品交易市场可以分为三种。①初级形态的商品交易市场。这类市场基本上没有严格意义的商品交易市场管理主体，其交易的时间空间不规范、交易主体不规范、交易行为不规范及交易设施不规范。比如，初级形态的农村专业批发市场缺乏严密的组织，市场内部组织化程度低，市场的发展尚处于初级阶段。②中级形态商品交易市场。这类市场大都有完善的组织类型，商品交换在固定场所进行，价格是根据市场供求关系而确定。③高级形态的商品交易市场。高级形态的商品交易市场发育成熟、规范并且具有现代化特征的市场组织形式，典型的是现代化的大型的辐射全国的中心批发市场。这类市场每一笔交易规模都较大，交易方式有即时的现货交易，也有中远期的合同交易。这些市场半径大、辐射力强、可以在大区域范围内带动、协调商品产销体系。

根据《中国商品交易市场统计年鉴》，商品交易市场可以作如下划分。按市场类别分组，分为：综合市场，包括生产资料综合市场，工业消费品综合市场，农产品综合市场，其他综合市场 4 类；专业市场，包括生产资料市场，农产品市场，食品、饮料及烟酒市场，纺织、服装、鞋帽市场，日用品及文化用品市场，黄金、珠宝、玉器等首饰市场，电器、通讯器材、电子设备市场，医药、医疗用品及器材市场，家具、五金及装饰材料市场，汽车、摩托车及零配件市场，花、鸟、鱼、虫市场，旧货市场，其他专业市场 13 类。按营业状态分组，分为常年营业，季节性营业，其他。按经营方式分组，分为以批发为主，以零售为主。按经营环境分组，分为露天式，封闭式，其他。

根据重庆商品交易市场的实际状况，为便于统计分析，将重庆市商品交易市场划分为三类，分别为：生产资料市场，包括钢材、木材、石材、玻璃、化工、皮革、农资、再生资源、五金机电、机器设备、汽车摩托车整车及配件用品的专业和综合交易市场；工业消费品市场，包括纺织、服装、鞋帽、日用小商品及文化用品、电器电子通讯设备、医药医疗用品、家居装饰及建材陶瓷的专业和综合交易市场；农副产品市场，包括粮、油、肉、菜、果、茶、水产品、小食品及副食品以批发为主或批零兼营的专业、综合交易市场。

三、商品交易市场产生条件

（一）商品交易市场产生的制度根源

商品交易市场作为一种制度创新模式，其产生与发展与我国大体的制度环境是分不开的。

1. 制度环境的变化

新中国成立初期，商品经济和以市场为媒介进行交换原则上都是被彻底否定的，基本是政府拥有对经济的绝对控制权。这段时期内，"有限流通论"甚至"无流通论"大行其道，基本谈不上商品流通，只有物资的调拨与个人生活资料的分配。尤其是在经历了 20 世纪 50 年代的社会主义改造运动后，原来的商业网点深入街头巷尾的特点逐渐为规模大、布局疏、数量少的国营和合作经济所代替。

党的十一届三中全会后，中国确立了改革开放的道路，计划经济体系逐渐解体。这一阶段我国的计划经济与市场经济并存，在商品流通中既有国家指令性的计划经济的存在，也有市场机制调节作用。1992 年在邓小平"南巡讲话"精神的指引下，中国迎来了新一轮改革发展的热潮，商品交易市场发展出现快速发展的势头。1992 年党的十四大确立了我国改革目标是建立社会主义市场经济体制后，商品交易市场得到更加迅速的发展，交易方式多样化，市场化的程度不断提高。

进入 21 世纪后，在积极加入世贸组织及加快西部开发和结构调整的新形势下，新经济、新网络时代迅速改变过去远距离、长时间、高成本的经济交往模式同时，我国的流通产业在 21 世纪高节奏地运行着。我国流通业在百花齐放的大形势下，商品交易市场也开始探索与现代商贸产业接轨的新途径。

2. 政府的引导

1987 年 6 月 10 日国务院向各地、各部门批转的国家体改委、商业部、财政部《关于深化国营商业体制改革的意见》中，进一步指出："大中城市的国营批发企业要根据商品生产社会化、专业化要求，因地制宜的进行改革。要根据需要发展城市批发市场、小商品市场"。在政府的引导之下，全国各地兼具批发和零售功能的小商品市场如雨后春笋般出现。2003 年，党的十六届三中全会召开，全会通过《中共中央关于完善社会主义市场经济体制若干问题的决定》，提出"发展现代流通方式"精神，政府开始引导大量的初级批发交易市场，引导它们逐渐形成以信息聚集和发布及大宗商品批发交易、物流配送为主的平台。在政府的引导下商品交易市场的规模逐步扩大。

除了中央政府外，地方政府也积极引导商品交易市场的发展，许多政府结合本地优势，因地制宜地"建市"或"造市"而产生的市场越来越多，政府的扶持与规范可以发挥巨大的作用。

（二）商品交易市场产生的经济根源

商品交易市场作为一种商贸发展模式，其出现有很深的经济根源。

1. 需求拉动

人口密集与社会生产力的发展会促进社会生产分工，分工发展到一定阶段，就出现相应产业与相关产品的贸易。人口的聚集就会形成需求，有了商品的需求就会产生市场。需求拉动了商品交易市场的出现与繁荣，交易市场的出现与繁荣又反过来吸引异地的需求向本地市场的转移，进一步繁荣了市场。由需求拉动产生市场是市场形成的最原始的途径，也是具有坚实基础和最有生命力的形成方式。

2. 产业带动

生产力的发展可以导致精细的分工，分工的发展导致不同的产业及产业集群的出现，产业群的出现会引起交换的必要，交换引起商品交易市场的形成。

大规模的生产必定要求大流通、大市场的出现，这是商品交易市场形成的原因之一。我国商品交易市场密集的地区大多是产业经济发达的地区，商品交易市场所在地有庞大的产业支撑，才能保证市场有源源不断的货源，同时商品交易市场又可以带动和促进产业更好地发展。

同时，产业带动条件下形成的交易市场往往需要借助市场中介的力量，没有中介的引导和规模化的组织，产业力量的集中很难形成需求的集中。特别是交易中介、储运中介等一大批成熟的市场中介的形成，对商品交易市场的集聚与发展有着举足轻重的作用。

（三）商品交易市场产生的社会根源

除了制度与经济根源，商品交易市场的出现还有社会根源。

1. 交通发展的带动

随着城市建设的大发展，新的交通网络初具规模。强大的交通枢纽不仅改变了人流格局、物流的高效运作，而且带来消费观念的拓展与更新。这种由于新的交通网络的兴建而出现的人流的集聚往往也可以形成新的商贸中心和商品交易市场。

2. 历史文化积淀的影响

我国有一部分商品交易市场是在地方历史传统的基础上发展起来的，他们利用历史的机遇形成先发优势，并逐渐形成传统和风俗习惯。例如，湖南郴州地区的安仁药材市场，主要就是在历史继承的基础上而发展起来的。

四、我国商品交易市场发展的几个阶段

严格来说，我国商品交易市场的发育和发展是伴随着改革进程到来才开始的。中国经济改革的实质是要发挥市场的作用，并最终建立以市场配置资源为主的社会主义市场经济体制，这也称为市场取向的改革。市场取向的改革离不开商品市场的正常发育和发展。从商品交易市场发展进程来看，迄今大体经历了四个阶段。

（一）1979～1984 年：中国商品交易市场发展的起步阶段

在这段时期，商品交易市场的发展主要是为集贸市场正名，并给予其合法

的地位。其背景是：随着农村体制改革的迅速展开，我国农产品的产量迅速增加，在解决全国人民温饱的基础上，农副产品商品周转率迅速提高，从而使得城乡集市贸易快速地恢复和发展起来。与此同时对机电产品等部分工业产品实行了浮动价格，一部分生产资料价格实行了"双轨制"。这些改革措施，促进了消费资料商品交易市场的发展，生产资料交易市场建设也开始起步。

（二）1985～1991年：商品交易市场建设全面展开阶段

这一阶段背景是1984年，以《关于经济体制改革的决定》的颁布为标志，城市经济体制改革迅速展开。在扩大企业自主权，塑造商品经济主体的同时，价格改革全面展开。在逐步缩小指令性计划范围的同时，重点改革长期扭曲的价格体系和过度集中的计划价格形成机制，缩小计划定价的范围，提高了政府指导价和市场调节价格的比重，为商品交易市场的发展奠定了基础。这一阶段商品交易市场发展明显加快，农副产品批发市场、专业批发市场纷纷建立，各地政府也开始重视培养市场。

（三）1992～1998年：商品交易市场数量扩张阶段

党的十四大以后，《关于建立社会主义市场经济体制的若干问题的决议》提出："改革现有的商品流通体系，进一步发展批发市场，在重要的产地、销地或者集散地建立大宗农产品、工业消费品和生产资料批发市场。"在这一政策的指导下，一方面，商品交易市场得到了更加迅速的发展，城市商品市场和商业网点建设空前加快，尤其是非国有资金大量进入商业流通建设中来；另一方面，城乡批发市场建设如火如荼，出现了大量产地型、销地型的集散型的消费资料、生产资料和农产品批发市场，辐射范围不断扩大。

（四）1998至今：商品交易市场由数量扩张型转变为质量效益型

经过不断改革与发展，我国综合国力大力提高，供给能力迅速增强。改变了长期影响经济发展的短缺局面，商品买方市场初步形成。同时，居民消费结构面临结构性的变化，以"住"和"行"为主的消费结构升级势在必行。居民的消费支出多元化，商品市场中绝大多数商品面临供大于求的状况。需求不足成为制约经济发展的主要矛盾。我国商品交易市场进入稳步发展、重在调整的时期，由市场数量扩张型向质量型转变。这一阶段向规模化和批发功能方向发展的趋势十分明显，逐渐壮大起来的大型商品交易市场通过各种手段增加了其辐射的范围。其次，专业化趋势越来越明显，市场竞争的加剧，使得很多商品交易市场不断向生产领域延伸，以利于畅通供应渠道，掌握优质货源，减少流通成本，确立价格竞争优势。最后，做大做强使得市场管理走向规范化和现代化。

第二节　重庆市商品交易市场发展现状

一、总体发展情况

（一）总量情况

本章中大型商品交易市场是指成交额在亿元及以上的商品交易市场，相关数据均来源于 2010～2014 年《中国商品交易市场统计年鉴》。

根据《中国商品交易市场统计年鉴 2014》，截至 2013 年年底重庆市亿元商品交易市场数量 144 个，总摊位数 97 100 个，年末出租摊位数 91 490 个，营业面积 7 429 990m^2，成交额 33 072 063 万元。2009～2013 年重庆市商品交易市场发展相关数据如表 8-1 所示。

表 8-1　重庆市商品交易市场总体情况

年份	市场数量/个	总摊位数/个	年末出租摊位数/个	营业面积/ m^2	成交额/万元
2009	107	76 661	68 626	4 951 364	15 827 115
2010	119	89 250	80 570	5 860 050	24 579 490
2011	129	93 544	85 298	6 216 028	29 873 359
2012	133	93 117	87 047	6 550 002	31 307 225
2013	144	97 100	91 490	7 429 990	33 072 063

按市场类别分，亿元综合市场 43 个，总摊位数 51 082 个，年末出租摊位数 47 768 个，营业面积 2 451 099m^2，成交额 9 857 661 万元；亿元专业市场 101 个，总摊位数 46 018 个，年末出租摊位数 43 722 个，营业面积 4 978 891m^2，成交额 23 214 402 万元。2009～2013 年重庆市不同市场类别商品交易市场发展相关数据如表 8-2 所示。

表 8-2　不同市场类别商品交易市场总体情况

年份	综合市场					专业市场				
	市场数量/个	总摊位数/个	年末出租摊位数/个	营业面积/m²	成交额/万元	市场数量/个	总摊位数/个	年末出租摊位数/个	营业面积/m²	成交额/万元
2009	30	26 971	22 514	1 401 310	3 522 894	77	49 690	46 112	3 550 054	12 304 221
2010	37	52 313	46 250	2 061 511	7 020 986	82	36 937	34 320	3 798 539	17 558 504
2011	40	50 519	46 260	2 192 453	8 399 983	89	43 025	39 038	4 023 575	21 473 376
2012	42	50 218	46 390	2 308 259	8 672 327	91	42 899	40 657	4 241 743	22 634 898
2013	43	51 082	47 768	2 451 099	9 857 661	101	46 018	43 722	4 978 891	23 214 402

按经营方式分，以批发为主的亿元商品交易市场数量 78 个，总摊位数 67 825 个，年末出租摊位数 64 355 个，营业面积 5 185 061m²，成交额 27 771 573 万元；以零售为主的亿元商品交易市场数量 66 个，总摊位数 29 275 个，年末出租摊位数 27 135 个，营业面积 2 244 929m²，成交额 5 300 490 万元。2009～2013 年重庆市不同经营方式商品交易市场发展相关数据如表 8-3 所示。

表 8-3　不同经营方式商品交易市场总体情况

年份	批发为主					零售为主				
	市场数量/个	总摊位数/个	年末出租摊位数/个	营业面积/m²	成交额/万元	市场数量/个	总摊位数/个	年末出租摊位数/个	营业面积/m²	成交额/万元
2009	60	55 927	49 610	3 625 843	13 484 768	47	20 734	19 016	1 325 521	2 342 347
2010	64	65 034	58 298	4 054 067	20 231 882	55	24 216	22 272	1 805 983	4 347 608
2011	69	64 287	59 584	4 317 827	24 389 391	60	29 257	25 714	1 898 201	5 483 968
2012	72	64 939	61 063	4 758 187	26 458 414	61	28 178	25 984	1 791 815	4 848 813
2013	78	67 825	64 355	5 185 061	27 771 573	66	29 275	27 135	2 244 929	5 300 490

（二）在全国排名情况

根据《中国商品交易市场统计年鉴 2014》，2013 年重庆市商品交易市场在全国大型商品交易市场中，按成交额排名情况如下。

1. 前 100 家商品交易市场排名

全国前 100 家商品交易市场中，重庆有 4 家：重庆朝天门市场（41 位）、重庆观音桥农贸市场（62 位）、重庆巨龙钢材市场（81 位）、重庆万吨冷储物流交易中心（88 位）。2009～2013 年重庆商品交易市场在全国前 100 家商品交易市场排名情况如表 8-4 所示。

表 8-4　2009～2013 年重庆商品交易市场在全国前 100 家商品交易市场排名

年份	数量/个	名称	排序
2009	5	重庆朝天门市场	39
		重庆市观音桥农贸市场	42
		重庆绿云石都建材交易市场	88
		重庆恒冠物流有限公司	89
		重庆巨龙钢材市场	96
2010	3	重庆市观音桥农贸市场	46
		重庆朝天门市场	51
		重庆巨龙钢材市场	61
2011	3	重庆市观音桥农贸市场	41
		重庆巨龙钢材市场	45
		重庆朝天门市场	50
2012	4	重庆朝天门市场	42
		重庆巨龙钢材市场	54
		重庆观音桥农贸市场	59
		重庆万吨冷冻品交易市场	100
2013	4	重庆朝天门市场	41
		重庆观音桥农贸市场	62
		重庆巨龙钢材市场	81
		重庆万吨冷储物流交易中心	88

2. 前 100 家综合贸易市场

全国前 100 家综合贸易市场中，重庆有 6 家：重庆朝天门市场（7 位）、重庆观音桥农贸市场（17 位）、重庆市永川区商贸城（49 位）、重庆马家岩板材批发市场（74 位）、重庆市万州区小天鹅批发市场（89 位）、重庆渝州交易城（99 位）。2009～2013 年重庆商品交易市场在全国前 100 家综合贸易市场排名情况如表 8-5 所示。

表 8-5　2009~2013 年重庆商品交易市场在全国前 100 家综合贸易市场排名

年份	数量/个	名称	排序
2009	3	重庆市观音桥农贸市场	9
		重庆马家岩板材批发市场	40
		重庆市万州区小天鹅批发市场	86
2010	5	重庆市观音桥农贸市场	13
		重庆朝天门市场	14
		重庆马家岩板材批发市场	42
		重庆永川区商贸城管理有限公司	62
		重庆市万州区小天鹅批发市场	92
2011	4	重庆观音桥农贸市场	8
		重庆朝天门市场	12
		重庆市永川区商贸城	34
		重庆马家岩板材批发市场	49
2012	5	重庆朝天门市场	9
		重庆观音桥农贸市场	15
		重庆市永川区商贸城	40
		重庆马家岩板材批发市场	64
		重庆市万州区小天鹅批发市场	79
2013	6	重庆朝天门市场	7
		重庆观音桥农贸市场	17
		重庆市永川区商贸城	49
		重庆马家岩板材批发市场	74
		重庆市万州区小天鹅批发市场	89
		重庆渝州交易城	99

3. 前 100 家专业市场

全国前 100 家专业市场中，重庆有 4 家：重庆巨龙钢材市场（57 位）、重庆万吨冷储物流交易中心（64 位）、重庆绿云石都建材交易城（96 位）、重庆龙文钢材市场（100 位）。2009～2013 年重庆商品交易市场在全国前 100 家专业市场排名情况如表 8-6 所示。

表 8-6　2009～2013 年重庆商品交易市场在全国前 100 家专业市场排名

年份	数量/个	名称	排序
2009	5	重庆朝天门市场	31
		重庆绿云石都建材交易市场	68
		重庆恒冠物流有限公司	69
		重庆巨龙钢材市场	75
		重庆铠恩国际家居名都有限公司	95
2010	4	重庆巨龙钢材市场	45
		重庆恒冠物流有限公司（恒冠钢材市场）	71
		重庆绿云石都建材交易城	87
		重庆龙文实业（集团）有限公司	94
2011	5	重庆巨龙钢材市场	35
		重庆万吨冷储物流交易中心	84
		重庆市渝南汽车销售有限公司	88
		重庆恒冠钢材市场	89
		重庆绿云石都建材交易城	94
2012	5	重庆巨龙钢材市场	41
		重庆万吨冷储物流交易中心	76
		重庆西部汽车城	91
		重庆绿云石都建材交易城	96
		重庆龙文钢材市场	100
2013	4	重庆巨龙钢材市场	57
		重庆万吨冷储物流交易中心	64
		重庆绿云石都建材交易城	96
		重庆龙文钢材市场	100

（三）在西部排名情况

根据《中国商品交易市场统计年鉴 2014》，2013 年西部地区前 100 家商品
交易市场中，重庆有 26 家：重庆朝天门市场（2 位）、重庆观音桥农贸市场（3
位）、重庆巨龙钢材市场（6 位）、重庆万吨冷储物流有限公司（8 位）、重庆绿
云石都建材交易城（12 位）、重庆龙文钢材市场（13 位）、重庆西部汽车城（14
位）、重庆铠恩国际家居名都市场（15 位）、重庆恒冠钢材市场（18 位）、重庆
渝南汽车交易市场（19 位）、重庆金属材料现货交易市场（23 位）、重庆市永川
区商贸城（26 位）、西三街农副水产品市场（27 位）、中国西南鞋材交易中心

（33 位）、重庆马家岩板材批发市场（45 位）、中国西部金属交易城（49 位）、重庆外滩摩拖车配件交易市场（52 位）、中国龙水五金旅游城（61 位）、重庆市万州区小天鹅批发市场（62 位）、大足区龙水五金市场（64 位）、重庆渝州交易城（71 位）、恒鑫老顶坡汽摩综合市场（79 位）、重庆市万州商贸城（80 位）、大足区龙水废金属市场（82 位）、重庆马家岩大川建材市场（90 位）、重庆万州区宏远批发市场（97 位）。2009～2013 年重庆商品交易市场在西部前 100 家商品交易市场数量变化情况如表 8-7 所示。

表 8-7　2009～2013 年重庆商品交易市场在西部前 100 家商品交易市场数量

年份	数量/个
2009	25
2010	31
2011	—
2012	29
2013	26

注：《中国商品交易市场统计年鉴 2012》中未对西部前 100 家商品交易市场进行统计

二、各类商品交易市场发展情况

（一）工业消费品市场

截至 2013 年年底，重庆市亿元工业消费品交易市场 64 个，总摊位数 51 374 个，年末出租摊位数 49 523 个，营业面积 4 062 459m²，成交额 14 147 830 万元。其中，亿元综合工业消费品交易市场 9 个，总摊位数 24581 个，年末出租摊位数 23 769 个，营业面积 1 262 202m²，成交额 5 005 343 万元；亿元专业工业消费品交易市场 55 个，总摊位数 26 793 个，年末出租摊位数 25 754 个，营业面积 2 800 257m²，成交额 9 142 487 万元。2009～2013 年重庆市工业消费品交易市场发展相关数据如表 8-8 所示。

表 8-8　2009～2013 年重庆市工业消费品交易市场总体情况

年份	综合市场					专业市场				
	市场数量/个	总摊位数/个	年末出租摊位数/个	营业面积/m²	成交额/万元	市场数量/个	总摊位数/个	年末出租摊位数/个	营业面积/m²	成交额/万元
2009	8	7 755	6 740	534 948	605 767	38	34 037	32 803	1 812 820	5 845 459
2010	9	25 383	22 582	788 348	2 640 141	43	19 999	19 129	1 846 905	6 946 035

续表

年份	综合市场					专业市场				
	市场数量/个	总摊位数/个	年末出租摊位数/个	营业面积/m²	成交额/万元	市场数量/个	总摊位数/个	年末出租摊位数/个	营业面积/m²	成交额/万元
2011	9	25 044	23 898	1 138 948	3 832 597	48	23 014	21 438	2 126 364	8 420 381
2012	9	24 590	23 618	1 269 280	4 613 095	50	23 950	22 522	2 238 161	8 696 621
2013	9	24 581	23 769	1 262 202	5 005 343	55	26 793	25 754	2 800 257	9 142 487

注：工业消费品专业市场相关数据由专业市场、生产资料市场、农产品市场相关数据计算而得

（二）生产资料市场

截至 2013 年年底，重庆市亿元工业消费品交易市场 31 个，总摊位数 13 766 个，年末出租摊位数 12 871 个，营业面积 2 068 793m²，成交额 10 824 343 万元。其中，亿元综合工业消费品交易市场 2 个，总摊位数 2115 个，年末出租摊位数 2056 个，营业面积 280 000m²，成交额 592 010 万元；亿元专业工业消费品交易市场 29 个，总摊位数 11 651 个，年末出租摊位数 10 815 个，营业面积 1 788 793m²，成交额 10 232 333 万元。2009～2013 年重庆市生产资料交易市场发展相关数据如表 8-9 所示。

表 8-9　2009～2013 年重庆市生产资料交易市场总体情况

年份	综合市场					专业市场				
	市场数量/个	总摊位数/个	年末出租摊位数/个	营业面积/m²	成交额/万元	市场数量/个	总摊位数/个	年末出租摊位数/个	营业面积/m²	成交额/万元
2009	1	1 600	1 600	260 000	493 423	25	9 395	7 968	1 421 081	5 224 945
2010	1	1 600	1 600	260 000	619 728	25	9 732	8 756	1 562 711	8 785 707
2011	1	1 600	1 600	260 000	693 184	25	10 766	9 522	1 492 136	10 172 905
2012	1	1 600	1 580	260 000	519 880	24	9 847	9 491	1 527 559	10 295 402
2013	2	2 115	2 056	280 000	592 010	29	11 651	10 815	1 788 793	10 232 333

（三）农产品市场

截至 2013 年年底，重庆市亿元工业消费品交易市场 38 个，总摊位数 23 503 个，年末出租摊位数 21 126 个，营业面积 860 847m²，成交额 7 282 849 万元。其中，亿元综合工业消费品交易市场 21 个，总摊位数 15 929 个，年末出租摊位数 13 973 个，营业面积 471 006m²，成交额 3 443 267 万元；亿元专业工

业消费品交易市场 17 个，总摊位数 7574 个，年末出租摊位数 7153 个，营业面积 389 841m²，成交额 3 839 582 万元。2009～2013 年重庆市工业消费品交易市场发展相关数据如表 8-10 所示。

表 8-10　2009～2013 年重庆市农产品市场总体情况

年份	综合市场					专业市场				
	市场数量/个	总摊位数/个	年末出租摊位数/个	营业面积/m²	成交额/万元	市场数量/个	总摊位数/个	年末出租摊位数/个	营业面积/m²	成交额/万元
2009	11	11 395	8 467	266 256	2 081 778	14	6 258	5 341	316 153	1 233 817
2010	18	17 393	14 459	482 620	2 921 957	14	7 206	6 435	388 923	1 826 762
2011	22	17 643	14 904	472 862	3 398 302	16	9 245	8 078	405 075	2 880 090
2012	23	17 763	15 106	490 935	3 208 320	17	9 102	8 644	476 023	3 642 875
2013	21	15 929	13 973	471 006	3 443 267	17	7 574	7 153	389 841	3 839 582

三、存在问题

重庆市商品交易市场在快速发展的同时仍面临许多问题和挑战。总体上看，市场以数量扩张为主的增长方式未得到实质性转变，传统交易为主的市场格局仍未取得重大突破，市场结构性矛盾依旧突出，提档升级和转型创新之路仍然漫长，尤其是当前市场规划建设中出现的一些突出问题，成为商品交易市场发展中亟待解决的问题。

（一）商品交易市场专业规划问题

迄今，重庆市还没有一个全市商品交易市场建设布局的专项规划。尽管政府购物之都规划和市商业委员会拟定的商贸流通业"十二五"规划对商品市场建设也作了相应布局，但商品市场作为全市经济尤其是商贸物流发展的一个重要支撑和载体，其占地、投资和建设规模之大，涉及范围之广，仅靠一个综合性、指导性规划，难以起到政府科学指导、合理布局和宏观调控作用。

1. 缺少总体规划，市场发展带有随意性

商品交易市场建设规模偏大，投资速度过快。据重庆市商品交易市场协会调查资料显示，目前全市仅专业市场或批发市场，在建项目和未来 5 年内陆续建设的项目超过了 200 个，占地面积 9 万余亩，其形成的市场总量，将是重庆现有市场的 4 倍之多。由于缺少了商品交易市场总体规划，在协调如此庞大的建设规模，与日益稀缺紧张、成本不断攀升的土地供应、市场经营主体的形成和培育及消费需求的增长之间存在着相当大的难度。

2. 空间布局不合理，市场发展压力大

商品交易市场布局不仅要考虑当地的市场结构，注意到周边软硬件结构，同时也要兼顾区域集散能力与社会承受能力。目前，重庆市商品交易市场主要布局在经济繁华地区，尤其是一小时经济圈。这种单从经济角度出发的布局方式已造成城市交通压力和环境压力等问题，限制了商品交易市场自身的发展。同时，经营业态雷同、重复布局现象也普遍存在。一些区县为了局部利益，相继规划了一批市场项目，相邻地区缺乏协调发展，不能充分利用和整合资源，难以发挥规模效应和集群效应，导致各大市场自成体系，推高成本，造成资源浪费。

3. 定位不清晰，市场专业化程度不高

2013 年，重庆市专业市场个数和交易额分别占商品交易市场总量的 70.14% 和 70.19%，但市场专业细分化程度不高，尤其是具有鲜明特色的市场不多，经营商品雷同化现象比较普遍。部分地区追求大而全的综合商品交易市场，相应地出现了一些大规模的商品交易市场，原来的市场正在被占地更大的市场所替代，这些市场投资忽视了市场细分，给市场的可持续发展带来了风险。通过计算重庆商品交易市场专业化指数发现，重庆市场专业化指数远低于商品交易市场发达的北京、天津、上海等直辖市。

（二）商品交易市场建设问题

重庆商品交易市场的建设主要面临投资渠道单一、软环境建设滞后、物流配套不完善等问题。

1. 多元化投资不足，投资多以建为主

商品交易市场的建设需要大量资金，而资金来源应该是多渠道的。但从目前来看，重庆商品交易市场的建设资金还主要是由地方政府承担，多元化投资明显不足，远不能满足重庆商品交易市场的飞速发展要求。这种投资模式会导致经营模式的连锁反应：政府投资一般多以"建造市场"为主，建成之后经营能力薄弱，造成"建市场，卖市场"的恶性发展，同时也造成了管理主体的混杂。重庆商品交易市场在投融资模式上可以引入深圳"布吉模式"，即"企业办市场，企业管市场，市场企业化"。要想进一步加快和改善重庆商品交易市场的发展，改善投融资环境势在必行。

2. 以硬件建设为主，软实力建设不足

重庆商品交易市场信息化和信息网络滞后，标准化建设缺位，在升级改造过程中追求"商店格局"，忽视产品特点和批发市场的特点，存在着模式上的趋同性。首先，加工冷藏技术落后，重庆商品交易市场在食品加工冷藏方面存在技术不到位现象；其次，信息化建设滞后，重庆商品交易市场的信息化建设尚处于起步阶段，信息网络不完善，市场大多不能即时从网上得到所需信息和发布信息，网上交易额较少；同时，标准化建设缺位，集装箱等设备和设施标准化不够，运输单据，条形码等信息标准化亟需提高。

3. 物流环境不配套，配送能力低下

市场经营者对于搞好物流的重要性认识不足，大型商品交易市场普遍存在物流场站建设滞后问题，导致市场发展配套能力不足。一些市场处于城市相对中心位置，市场交易、仓储、运输等与城市日常运转的矛盾日益增加，市场内运输通道供需矛盾突出，市场整体布局和功能已不能适应交易和货物流动的需要，市场发展面临物流系统的改造问题。

（三）商品交易市场运行问题

从总体看，重庆市商品交易市场传统运作方式仍占据主导，市场配套的基础、服务设施都比较滞后，市场经营管理发育水平发展不平衡，市场功能和作用难以得到充分发挥，市场转型升级之路依然漫长。

1. 摊位式交易为主，运作方式落后

重庆绝大数商品交易市场仍采用"摊位式"交易，商品交易市场价格由买卖双方一对一谈判而形成。这种个别协商形成的价格难以保证价格的公正性，不能完全反映供求关系，产地与销地缺乏一种成梯度的有机结合的关系，市场利润分割不透明，价格波动过大。同时，重庆市场主体规模偏小，组织化程度低，以初级交易为主的传统经营方式和经营业态大量存在。大多数市场的结算方式以即期结算为主，而市场集中结算、吸引银行部门进场办公和代理结算的方式仅处于起步阶段，许多先进的结算形式还没有被采用，信用证结算和银行卡结算等方式较少。

2. 物业式管理为主，服务管理滞后

市场经营管理主体缺位，一些市场没有经营管理主体，部分市场建成后投资商商铺卖完即撤离，形成市场经营管理主体空缺。部分市场热衷于招商和出租摊位，将办市场简单地等同于物业经营，重收费，轻管理与服务。市场经营管理主体混杂，政府、社会团体、企业甚至个人都涉及市场经营管理业务，抢夺市场资源，同时管理者对商品交易市场服务不健全，重经营性服务，轻社会性服务。

（四）商品交易市场功能发挥问题

从商品交易市场的发展阶段上来说，重庆市商品交易市场属于中级形态商品交易市场，以发挥产品交易功能为主，商品的展示功能、价格形成功能、品牌培育功能、产业集群功能有待加强。

许多商品交易市场尚未形成价格中心，商品的展示功能也没充分发挥，在促进小城镇建设方面，相对作用小；大多数市场创品牌意识不高，除观音桥农贸市场、朝天门市场、铠恩国际家居名都等市场外，重庆商品交易市场在全国的名声并不大，在全国的排名也较靠后；同时，市场内经营的知名品牌与自主品牌，无论在数量上还是种类上，还有待进一步培育和发展；商品交易市场没有充分发挥促进产业集群的功能。

四、发展趋势

（一）大型化趋势

重庆市商品交易市场向大型化方向发展，规模不断扩大。2013 年，重庆市亿元商品交易市场 144 个，比 2009 年增加了 37 家；亿元市场交易总额达到 33 072 063 万元，比 2009 年增加了 17 244 948 万元；营业面积 7 429 990m²，比 2009 年增加了 2 478 626m²；总摊位数 97 100 万个，比 2009 年增加了 20 439 个。同时，市场单位密集度减少，摊位平均规模不断扩大。2013 年，重庆市商品交易市场摊位平均面积 76.52 m²，摊位平均成交额 340.60 万元，分别比 2009 年增长了 18.49%和 64.97%。

同时，随着商品交易市场向大型化发展，市场层次也将进一步提高。例如，西部国际灯具批发城将建成西部第一的灯具批发集散中心、重庆花木世界将建成中国首家集成式生态文化产业平台等。

（二）专业化趋势

在商品交易市场中，综合型商品交易市场数量、交易规模将呈下降趋势，而专业化商品交易市场数量、交易额则呈增长势头，商品交易市场向深度扩展，专业化市场发展的空间越来越大。在重庆亿元商品交易市场中，综合市场所占比重无论是数量还是成交额、营业面积，均小于专业市场。以 2013 年为例，重庆亿元商品交易市场中，专业市场数量、营业面积、成交额所占比重分别为 70.14%、67.01%、70.19%，远大于综合市场所占比重。

同时，随着市场的细分，专业市场形成了各自不同的特色，特色化趋势明显。例如，商流市场、物流市场、网上市场、现金交易市场、远期和期货交易市场、会员制市场、交易所式市场等商品交易市场具有不同模式，已成为市场核心竞争力的重要内容。重庆专业市场有重庆龙文金属材料电子商务信息平台、重庆金属材料现货交易市场、重庆国际家居建材配送中心等。

（三）现代化趋势

随着计算机和网络技术的普及，商品交易市场将向现代化方向发展，信息化将改变市场的交易模式和管理方式，最明显的就是网上电子交易市场的发展。电子交易市场有两种模式：一种是在传统商品交易市场的基础上建立电子市场（如重庆菜园坝水果市场、重庆外滩摩配交易市场），发展供应链，向生产领域延伸或向零售商店和消费者延伸，扩大交易市场的商圈和辐射范围。这种模式具有较大优势，而且传统的商品交易市场聚集众多人气，有一定的品牌效应。另一种是纯粹的电子交易市场，一般由网络公司建立。

（四）多功能趋势

随着商品交易市场的发展，商品交易市场的功能越来越完善，在国民经济中的地位不断增强。在市场引领产业链的新阶段，商品交易市场正由"传统物业形态"向"商业业态"转变：汇入楼宇经济，运用电子商务，建设生态市场、和谐市场、特色市场、精品市场，发展会展经济，总部经济代理，导向供应链系统，拓展外向型市场，整合产业资源，发展多资本运营。现代商品交易市场将呈现多功能发展趋势。

（五）供应链趋势

商品交易市场在产品供应链中发挥关键性的作用，商品交易市场将成为供应链的主导。例如，积极支持农产品交易市场向生产领域和消费领域延伸，探索多种形式的产业链、供应链、客户关系系统等（图 8-1）。

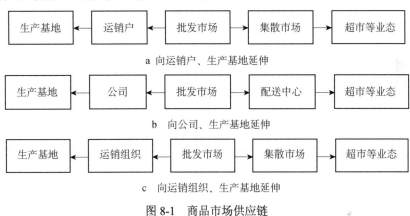

图 8-1　商品市场供应链

除此之外，还可以探索其他形式，形成跨产销区、跨所有制、跨部门的多种产业链条，使农产品交易市场充分发挥作用。

（六）多渠道趋势

农产品交易市场将呈现多渠道趋势（图 8-2），并在许多节点形成物流中心，在多种渠道的选择中，产地竞卖、批发市场、批发商、零售商等传统销售方式所占的比重逐渐减少，通过加工企业、贮藏企业、大型流通企业的销售比重逐渐增大。由于在农贸市场采购，不用大规模投资，又可大批量多品种采买农产品，所以大型流通企业和农贸市场的关系是既相互竞争又相互补充。

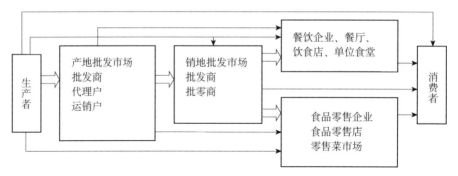

图 8-2　农产品城乡市场联动多渠道

（七）外迁化趋势

近年来，主城大型专业市场和批发市场已开始逐步向外围区域搬迁，这既是城市发展的需要，也是市场自身发展的需要，成为一种必然趋势。随着城市化进程的加快，主城原有大型市场日益受城市环境、交通和土地资源的制约而难有扩容提升的空间，辐射功能将大打折扣。同时，日趋攀高的土地级差地租与低水平的市场租金收入也越来越不成正比。为了实现城市发展和商品交易市场自身提升的双重需要，迫使市场转向外围发展。朝天门市场、观音桥农贸市场、马家岩建材市场等一批大型商品交易市场，都不可避免地面临逐步外迁、功能转移和改造提升的重大抉择。

第三节　重庆市商品交易市场发展重点

为了加快重庆市长江上游商贸物流中心建设步伐，未来重庆市商品交易市场发展应紧抓外环时代和"三基地三港区"现代物流基地建设契机，按照重庆市区域经济发展格局，整合资源，凝练特色，推进市场向规模化、专业化、品牌化、信息化方向发展，在全市范围内形成以重庆主城为核心、六大区域经济中心城市为基点、其他区县为依托的"以点带面"辐射全市的商品交易流通体系和以全国性市场为龙头、区域性市场为骨干、地方性市场为补充的商品交易市场体系，率先在西部地区建立起层次分明、布局合理、流通高效的商品交易市场体系。

一、推进商品交易市场转型升级

引导商品交易市场进行功能创新，推进市场专业化提升和精细化改进，增强辐射影响力。根据重庆商品交易市场的实际情况，重点拓展市场综合服务功能，加强市场的商品展示、物流配送、信息服务、中心结算等功能，拓展研发设计、品牌孵化、价格形成、信息发布等服务功能，提升现代流通服务的能力和水平，带动产业集群发展。建立以市场为依托，以产业为基础，集仓储、物流配送、旅游购物、流行趋势发布于一体的市场服务综合体。

二、发展现代交易方式

电子商务的发展对传统商品交易方式形成了冲击。随着商品交易市场规模的扩大，新型营销方式促使传统市场向现代市场转变，实体市场与网络市场相结合，线上交易与线下体验相融合，交易电商化已成为重庆各类商品交易市场未来发展的重点。因此，应积极引导商品交易市场开展拍卖、招标、期货、电子商务、集中委托上市等现代交易方式，鼓励发展适合商品交易市场自身特点的网上交易模式，改进传统现货对手交易方式，提高商品交易规模和效率，降低交易成本。加强移动互联网、物联网、云计算等技术的应用，完善交易支付安全认证、移动支付、物流配送等支撑体系，推进实体市场与电子商务深度融合。积极培育和引进网商，推行商户同步入驻实体市场与电子商务平台，鼓励商户主动对接网上市场，实现线上与线下融合发展，使商品交易市场成为网商采购平台和实物体验平台。

三、打造大型商品交易市场集群

重庆汽车摩托车、装备制造、石油天然气化工、材料、电子信息等支柱产业发展优势明显。这些产业规模大，产业链长，不但在重庆市具有重要的地位，而且在全国都具有较大的知名度和影响力。应积极利用这些产业的品牌效应和产业基础雄厚的优势，沿产业链的延伸，在供销两个方面找准切入口，发展依托这些产业发展商品交易市场或市场群。根据国内商品交易市场发展的成功经验，依托生产基地或产业群发展成功的市场往往是生产资料类市场，因此，发展方向可重点放在生产资料类商品交易市场方面。同时，可紧密结合并发挥物流业发达的优势,广泛采用现代商贸流通方式,积极打造汽车摩托车、装备制造、石化、材料、电子等生产资料类商品采购物流配送中心。

四、完善商品交易市场物流体系

商品交易市场最基本的功能是商品集散功能,实质上就是物流功能。物流功能实现的好坏,是影响交易市场商业产业集群及与其共生的制造业产业集群竞争力的重要因素。因此,应利用商流和物流不可分割的内在机理,充分发挥重庆区位、交通和物流业发达的综合优势,发展依托相关物流业的专业或综合的商品物流配送中心和展贸物流配送中心,形成商流和物流相互辉映、相互促进,共同发展的商品集散基地。同时,鼓励和引导在建及新建市场与工商产业、各级重点物流园区紧密结合,建立现代物流体系,实现市场与物流园区在展示批发、物流配送、流通加工、信息化等方面的功能一体化和联动发展,实现市场仓储物流信息一体化。

五、提高商品交易市场组织化程度

鼓励商品交易市场完善法人治理结构,建立现代企业制度,鼓励有条件的市场进行股份制改造,通过上市融资、发行债券等途径,增强资本实力,提高市场改造提升、对外拓展、兼并收购的能力。提高进场商户的企业组织化程度,现代商品交易市场应是大中型批发企业的集合,因此,应引导市场积极引进大型、公司组织形式的商户进场,积极扶持市场内龙头商户迅速成长壮大,帮助其提高经营管理水平,向外界和客商大力宣传和推广龙头企业,以龙头商户带动市场内商户组织化程度的提高。

六、优化商品交易市场空间布局

加快内环区域大型批发市场搬迁调整,未来重庆市商品交易市场将重点依托二环、三环、渝汉沪大通道、渝湘闽大通道布局。

都市功能拓展区,依托二环高速公路与十二射节点、"三基地三港区"等国家级物流枢纽,重点布局具有区域辐射带动作用的大市场集群,承接都市功能核心区重点商品交易市场搬迁调整,布局重点向沙坪坝团结村、璧山区新堰村、九龙坡区白市驿-西彭-铜罐驿、江津区双福-珞璜、巴南南彭-界石、南岸迎龙、两江新区果园港-寸滩港-空港等片区集聚；城市发展新区，依托三环高速公路和成渝、渝黔间密集的快速通道，在三环与各快速通道交汇的节点城市构建在区域主体功能片区具有辐射带动作用的重点市场群，主动承接城市发展新区大市场集群的辐射，重点布局工业原材料、产成品现货、要素交易等市场；渝东北生态涵养发展区，依托沪渝高速、沿江高速，在渝汉沪大通道与四联线交汇的节点区县布局满足当地生产生活需求的商品交易市场；渝东南生态保护发展区，依托包茂高速，在渝湘闽大通道与三联线交汇的节点区县，结合各区县特色产业，布局满足生产生活需求的商品交易市场。

第九章
建设特色商业街

特色商业街作为商业空间形态的一种模式，是展示城市商业形象和商业发展水平的重要窗口，是城市竞争力的重要体现。本章对国内外特色商业街典型发展模式、重庆市商业街发展现状及存在的问题进行了分析，在此基础上，结合国内外特色商业街发展的成功经验，指出了重庆市特色商业街发展的方向和重点。

第一节　商业街发展概述

一、商业街的特点

商业街是以大量的零售业、服务业商店作为主体，按一定结构比例规律排列、有一定长度的商业繁华街区，是商业活动集中的街道。商业街是商业发展的重要载体，是一个地区商业的缩影和商业文化的名片，也是城市繁荣的象征，其发展程度直接影响区域经济的增长。商业街的特点如下。

1. 功能齐全

商业街是多功能、多业种、多业态的商业集合体。一般而言，商业街应具有购物、餐饮、休闲、娱乐、文化、旅游等 15 项功能，涵盖 50～60 个业种，最大限度地满足消费者的各种需求。

2. 商品丰富

商业街是商品的荟萃，分工细、专业化程度高是商业街的重要特色。随着消费从社会消费、家庭消费向个性化消费的转变，消费者对商业街经营专业化、品种细分化、品牌多元化的要求越来越高。一般而言，商业街中除少数几家具有各自特色的百货店外，主要由专卖店、专业店组成，汇集国际、国内品牌，成为国内外品牌商品的窗口和展台。

3. 环境舒适

商业街在突出购物、餐饮、休闲、娱乐等基本功能的同时，还应体现环境优美、服务优质的特点。商业街中每一个企业在塑造、培育自身服务品牌、推进特色经营的同时，还应注重商业街服务的整体性、系统性和公用性。通过营造优雅、整洁、明亮、舒适、协调、有序的购物环境，提升商业街的整体素质和形象、塑造街区品牌。

二、商业街的分类

1. 按经营类型分类

按经营类型分类，商业街可分为综合型商业街、混合型商业街、单一型商业街、专业型商业街、特许经营商业街。综合性商业街集"吃、住、行、游、购、娱"等功能于一体，业态丰富、规模较大、综合性强，突出表现为Shopping Mall 和城市商业综合体，能够较好满足人们的各种需求。混合型商业街具备购物、餐饮、娱乐等功能，业态较丰富，但规模有限，综合性不强。单一型商业街，又称特色商业街，业态单一、差异化小，一般走特色化路线，多表现为提供餐饮、购物类服务，如服装一条街、餐饮一条街、婚纱一条街、啤酒一条街、茶叶一条街等。专业型商业街，业态专一且专业性强，突出表现为专业的购物广场和市场，提供"一站式"主题购物，如家居装修街等。特许经营型商业街，政府部门或相关组织对商家的经营范围或类型有一定的限制或特批权限。

2. 按主导功能分类

按主导功能分类，商业街可分为零售主导型商业街、批发主导型商业街和服务主导型商业街。零售主导型商业街以零售购物为主导功能，批发主导型商业街以批发采购为主导功能，服务主导型商业街以餐饮或其他类型服务为主导功能。

3. 按交通组织方式分类

按交通组织方式分类，商业街可分为普通商业街和步行商业街。普通商业街一般不限制车辆通行，或者只允许公交车、小汽车通行。步行商业街内禁止任何车辆通行，消费者以步行形式自由进行购物、餐饮、服务等消费活动及其他娱乐、休闲、社交商务活动。

4. 按辐射范围分类

按辐射范围分类，商业街分为都会级商业街、区域级商业街和社区级商业街。都会级商业街位于都会级商业功能区，商店密度一般不低于 90%，商圈影响面大，辐射全市及周边地区，乃至国内外更大的范围。区域级商业街一般位于区域级商业功能区，商店密度一般不低于 70%，商圈影响面主要在市内某个较大范围的区域。社区级商业街一般位于社区内或社区附近，商店密度一般不低于 50%，商圈影响面主要为社区居民。

5. 按规模等级分类

按规模等级分类，商业街分为大型商业街、中型商业街、小型商业街。大型商业街长度在 1000m 以上，也可以是由若干条商业街相互连接构成的复合形态商业街；中型商业街长度在 500～1000m；小型商业街长度在 100～500m。

6. 按消费层次分类

按消费层次分类，商业街可以分为高级商业街、中级商业街和初级商业街。高级商业街主要由名牌专卖店、专业店和定位高档商品的百货店组成，商业街功能先进，配套设施完善，购物环境优雅，体现时尚特色。中级商业街主要定位中档商品，功能较为齐全，主要设施完备，购物环境一般。初级商业街主要定位低档商品，功能单一，配套设施较为简陋。

7. 按历史演进分类

按历史演进分类，商业街可分为历史延续型商业街、改建扩建型商业街、旧址恢复重建型商业街和新建商业街。历史延续型商业街，是古代商业街的延续，基本保留着原有历史风貌，一般存在于历史积淀深厚的古城中，是人们感受历史的重要场所。改建扩建型商业街，一般具有较为悠久的历史，但由于沿街建筑经年失修、原有基础设施不能满足城市功能需求及商业业态不合理等原因，由当地政府主导对其在原有基础上进行改建、扩建，以适应消费者需求。

旧址恢复重建型商业街，是历史上存在过但没有保留下来的商业街，由地方政府主导在其旧址上进行保护性恢复重建，具有浓郁的复古气息。新建商业街，一般由政府在整合利用当地特定资源的基础上，按照城市规划整体要求新建而成，具有明显的时代气息。

三、国内外商业街案例分析

（一）香榭丽舍大街

1. 香榭丽舍大街简介

香榭丽舍大街又名爱丽舍田园大街，是集高雅与繁华、浪漫与流行于一身的世界上最具光彩与盛名的道路，被称为"世界上最美丽的街道"。香榭丽舍大街位于巴黎市中心商业繁华区，横贯巴黎东西主干道，全长 1800m，东起协和广场，西至戴高乐广场。香榭丽舍大街集购物、休闲、文化、娱乐、餐饮、旅游等功能于一体，东段以自然风光为主，两侧是平坦的英氏草坪，西段是高级商业区，集聚了世界一流品牌、服装店、香水店。

2. 香榭丽舍大街成功经验

（1）浓厚的历史积淀

香榭丽舍大街始建于 1616 年，距今已有近 400 年的历史。18 世纪，香榭丽舍大街成为当时巴黎城举行庆典和集会的主要场所，也是巴黎最有威望、最重要、最具诱惑力的一条街道。19 世纪，在法国资本主义飞速发展的"美好年代"，香榭丽舍西段顺应经济发展的需要，成为重要的商业大道。自 1900 年开始，香榭丽舍大街就成为了法国向世界展示其成就的橱窗。

（2）厚重的文化内涵

香榭丽舍大街是法国最具景观效应和人文内涵的大道，法国人称之为"世界上最美丽的散步大道"，街道两旁的 19 世纪建筑、仿古式街灯、充满新艺术感的书报亭都为香榭丽舍大街增添了浪漫气息。许多关于 18、19 世纪的小说也对香榭丽舍大街的繁华进行了描写，香榭丽舍大街成为文学作品中贵族的娱乐天堂。同时，法国许多重要事件，如每年的国庆游行、环法自行车赛终点冲刺等也在香榭丽舍大街举行。

（3）发达的交通体系

双向八车道的大街及凹凸起伏的地势，使香榭丽舍大街气度非凡。乘坐地铁 1、2、3 号线及 6、9、13 号线等都会到香榭丽舍大街。

（4）优美的购物环境

香榭丽舍大街有着百年以上的历史建筑，汇集着传统和现代的各种零售业态，是巴黎最美丽的街道，以圆点广场为界分成两部分：东段是长约 700m 的林荫大道，以自然风光为主，道路是平坦的英式草坪，是闹市中一块不可多得的清幽之处；西段是长约 1200m 的高级商业区，是全球世界名牌最密集的地方，特别是靠近凯旋门一段集聚了众多的国际知名品牌。沿街两旁，高级时装店、高级轿车展示中心、电影发行公司、影剧院、娱乐品专卖店、高品味餐厅、酒吧和夜总会、好莱坞星球，装点着这条浪漫又时尚的巴黎城最美的道路。

（二）香港铜锣湾商业街

1. 铜锣湾商业街简介

香港铜锣湾商业街集巴黎的奢华、米兰的典雅、伦敦的经典和纽约的简约风格于一身，是香港十大景点之一。铜锣湾商业街不同于其他商业街，并不是笔直的一条街道，而是由大小路纵横交错构成的商业集聚区。该商业街集现代与市井的景观于一体，汇集琳琅满目的商品，小巧精致的街道、雕塑喷泉、精致的户外咖啡店体现着都市的魅力和商业街的欧陆风情，是最人性化、最具个性魅力的商业街之一。

2. 铜锣湾商业街成功经验

（1）独特的民俗体验

铜锣湾商业街是香港最繁华的购物和饮食区，也是香港的不夜市区之一。入夜后，穿唐装样式衫裤的艇妹接送游客往来于海鲜艇、酒吧艇和歌艇之间，游客在船上品尝海鲜的同时可以观赏海港夜景，领略舢板风光。

（2）娱乐购物的天堂

铜锣湾是香港主要的商业及娱乐场所集中地，汇集了崇光百货、时代广场、三越百货、利舞台广场、世贸中心等多家大型百货公司及大型商场，集聚了世界各地的名牌时装、首饰精品、家私电器，时尚潮流奢侈品琳琅满目。铜锣湾商业街仅是世界顶级名牌的集聚区，也是富有港岛特色的本地自主品牌与明星自创品牌店面的集聚区，能够满足不同层次的购物需求，是香港最著名的流行服饰采购天堂。

（3）便利的交通条件

铜锣湾位于香港最繁华的港岛北岸，湾仔与北角之间的心腹地带。从香港岛北恻的任何一条街道，都有电车、地铁和其相连，交通便利、四通八达。

（4）独特的空间设计

铜锣湾商业街是世界上建筑密度最大的城市商业中心之一，维多利亚公园则是香港面积最大的城市公园，铜锣湾商业街与维多利亚公园相辅相成，实现了商业与休闲的完美结合，使这一商业地段更加具有活力。维多利亚公园打破了商业街高强度商业资本的垄断，解决了高密度商业环境中人们对休憩环境和公共空间的需求。铜锣湾商业街与维多利亚公园的融合，成为城市中心区绿色、高效、活力、动感的空间设计典范。

（三）哈尔滨中央大街

1. 中央大街简介

中央大街北起松花江防洪纪念塔，南至经纬街，全长 1450m，被誉称"东北一街"。中央大街集旅游、购物、娱乐、休闲等功能于一体，独特的欧式建筑、鳞次栉比的精品商厦、异彩纷呈的文化生活，成为一道亮丽的城市风景线。

2. 中央大街成功经验

（1）悠久的历史

中央大街历史悠久，始建于 1898 年，距今已有 100 多年的历史。1900 年，中东铁路在哈尔滨破土动工，因为有数千名中国筑路劳工在这一带落脚，称之为"中国大街"。1924 年，俄国工程师科姆特拉肖克设计并监工，为"中国大街"铺上了花岗岩石块，成为今日中央大街的一道独特风景。"中国大街"上汇聚了大量的外国商店、药店、饭店、旅店、酒吧、舞厅。1928 年"中国大街"改称"中央大街"，并发展成为哈尔滨最为繁华的商业街和中国十大商业街。

（2）独特的建筑风格

中央大街是中国独一无二的艺术大街，充实的历史感和各式建筑风格共同构成了中央大街独特的风格与别致的特色。中央大街步行街是全国第一个开放式、公益型建筑艺术博物馆，被称作"汇百年建筑风格聚世界艺术精华"，有欧式、仿欧式建筑 75 栋，各类历史建筑 61 栋，汇集了文艺复兴、巴洛克、折衷主义及现代多种风格，涵括了西方建筑史上最具影响的四大建筑流派，展现了欧洲最具魅力的近 300 年文化发展史，使中央大街成为一条建筑的艺术长廊。

（3）与文化相融合的商业格局

中央大街集旅游、购物、娱乐、休闲等功能于一体，在商业业态布局上尊重历史文化，充分考虑了地理方位及中西合璧优势，在历史建筑保护中注入文化时尚的商业业态及西餐咖啡酒吧等休闲时尚业态，业态布局突出高端化、多样化、特色化，是名副其实的旅游文化时尚商业聚集地。

（4）愉悦的购物环境

中央大街围绕欧陆风情特色，突出了百年老街的时尚品位和休闲浪漫情调，将音乐演出位置设置与时尚巡游路线贯穿于整条主街，使音乐艺术在空间上延伸辐射整个街区，诠释音乐的文化魅力，带动街区业态发展。

第二节　重庆市商业街发展现状

一、发展概况

（一）总体发展情况

重庆市商业街，重点是指商业特色街。根据《重庆市商业特色街建设规范（试行）》，特色商业街被界定为"以带状街道建筑或岛状商业建筑形态为主体，有统一管理，并有一定规模的区域性商业集群"。该试行规范中要求带状街区总长度一般为 500～1000m，岛状街区营业总面积一般为 1 万 m² 以上，街区内经营店铺应达 50 个以上，年营业额在 1 亿元以上。重庆市特色商业街按照营业范围可以分为美食街、特色商品专业街、综合型商业步行街、历史民俗文化街四大类，其作用主要是传承历史文化，强化旅游、休闲、娱乐和其他服务功能。

截至 2013 年，重庆市已建成特色商业街 130 条，拥有市级商业特色街 43 条。其中，中华美食街 12 条、市级美食街 17 条、其他市级特色街 7 条，特色街覆盖了全市 19 个区县，不仅聚集了大量人气，而且成为拉动地区经济发展的一大动力。重庆市部分市级特色商业街名单如表 9-1 所示。

表 9-1 部分重庆市级特色商业街名单

序号	区位	名称
1	渝中区	洪崖洞民俗风貌商业街
2	渝中区	东水门湖广会馆民俗文化特色街
3	渝中区	川道拐文觉寺片区传统商业街
4	渝中区	化龙桥新天地商业街
5	渝中区	新华路小家电一条街
6	渝中区	泰古古玩商业街
7	渝中区	鹅岭汽车贸易特色街
8	渝中区	南纪门医药用品特色街
9	江北区	北城天街
10	江北区	金源不夜城
11	江北区	梦里茶乡品茶商业街
12	江北区	北滨路动感风情美食一条街
13	南岸区	南滨路商业特色街
14	南岸区	重庆映像巴渝文化特色街
15	渝北区	嘉州美食街
16	渝北区	冉家坝酒吧一条街
17	九龙坡区	直港美食街
18	九龙坡区	巴国城步行街
19	高新区	南方花园美食街
20	高新区	石桥铺 IT 商业特色街
21	沙坪坝区	磁器口古镇民俗风情一条街
22	巴南区	巴渝文化滨江风情街
23	北碚区	嘉陵风情美食娱乐休闲一条街
24	万州区	兴茂美食城特色街

序号	区位	名称
25	涪陵区	滨江画廊休闲商业一条街
26	黔江区	解放路民俗风情商业街
27	合川区	北城滨江路餐饮服务一条街
28	江津区	滨江路美食文化街
29	永川区	中河坝广厦商城休闲美食一条街
30	开县	民俗风貌商业街
31	丰都县	县旅游文化商品一条街

资料来源：重庆市商业委员会资料

重庆美食在全国具有一定的知名度，因此，美食街成为重庆特色商业街的重要组成部分，具有重要的地位。在重庆已有的 43 条市级特色商业街中美食街达 29 条，占总数的 67.44%。目前，重庆全市美食街总长度达 5 万多米，店铺总数达 4200 多家，营业面积 163 万 m^2。目前，重庆市拥有中华美食街 13 条，重庆市级美食街 42 条。中华美食街及市级美食街名单如表 9-2、表 9-3 所示。

表 9-2 重庆市中华美食街一览表

序号	区位	名称
1	九龙坡区	重庆直港美食街
2	九龙坡区	重庆巴国城美食街
3	九龙坡区	直港大道美食街
4	南岸区	重庆南滨美食街
5	南岸区	重庆南山美食街
6	渝北区	重庆嘉州美食街
7	渝北区	金港国际美食大道
8	渝中区	重庆洪崖洞民俗风貌区
9	江北区	江北区北城天街美食乐园
10	沙坪坝区	磁器口老重庆民俗风情餐饮街
11	万州区	重庆万州美食城
12	永川区	永川棠城公园美食街
13	云阳县	云阳外滩美食街

资料来源：重庆市商业委员会资料

表 9-3　重庆市级美食街一览表

序号	区位	名称
1	南岸区	重庆南滨美食街
2	南岸区	重庆南山美食街
3	南岸区	重庆回龙湾美食街
4	南岸区	南岸南湖美食休闲街
5	南岸区	百联上海休闲美食街
6	南岸区	南岸长生滨河美食街
7	渝北区	重庆嘉州美食街
8	渝北区	金港国际美食大道
9	渝北区	渝北冉家坝美食街
10	渝北区	上品源美食街
11	江北区	江北区北城天街美食乐园
12	江北区	北滨美食街
13	江北区	鸿恩大观园美食街
14	九龙坡区	重庆直港美食街
15	九龙坡区	重庆科园美食街
16	九龙坡区	巴国城美食街
17	沙坪坝区	磁器口老重庆民俗风情餐饮街
18	沙坪坝区	凤天美食大道美食街
19	渝中区	重庆洪崖洞民俗风貌区
20	大渡口区	大渡口春晖美食街
21	万州区	万州西山移民广场美食休闲街
22	万州区	重庆万州美食街
23	长寿区	长寿黄桷湾美食休闲街
24	长寿区	长寿古镇美食街
25	合川区	合川瑞山西路美食街
26	合川区	合川金马美食城
27	彭水县	彭水滨江路美食街
28	彭水县	彭水商贸园北滨路美食街
29	江津区	江津滨江美食文化街
30	涪陵区	涪陵滨江路美食街
31	黔江区	黔江迎宾大道美食街

续表

序号	区位	名称
32	永川区	棠城公园美食街
33	铜梁县	铜梁淮远古交韵美食街
34	荣昌县	荣昌昌州故里美食街
35	璧山县	璧山宏宇大道美食街
36	丰都县	丰都滨江美食街
37	垫江县	垫江华都美食街
38	武隆县	武隆芙蓉西路美食街
39	开县	开县滨湖美食街
40	云阳县	云阳县外滩美食街
41	秀山县	秀山花灯美食街
42	酉阳县	酉阳桃花源美食街

资料来源：重庆市商业委员会资料

（二）部分特色商业街发展情况

1. 解放碑商业步行街

（1）解放碑商业步行街简介

解放碑商业步行街位于重庆市渝中区，是解放碑商圈的核心组成部分，由民权路、民族路、邹容路围合而成，西起现代书城，东至金禾丽都，北至朝天门鞋城，南至较场口得意世界，占地 2.24 万 km²，汇集了百货店、品牌专卖店、酒店、书店、影剧院、酒吧、饭店等商业设施，拥有重庆市内最大的小吃街——好吃街，是中国西部第一条商业步行街，也是中国西部最大的步行街，被称为"中国西部第一街"。

（2）商业网点基本情况

解放碑商业步行街汇集了众多购物中心、百货店、超市、品牌专卖店及小型商铺，网点密度大。商业街拥有 4400 多家商业网点，20 多家大型商场。除了发达的商贸业外，与购物观光休闲配套的饮食、旅馆、金融、娱乐等服务行业也较发达，汇集了大量的餐饮宾馆、休闲娱乐、信息中介等社会服务网点。商业街内拥有饮食业网点 340 家，能提供的饮食品种达 1000 多种，星级宾馆、酒店 10 余家，金融网点证券交易场所 65 个，邮电、娱乐、咨询、信息、技术服务等服务行业的经营网点 300 多个，第三产业发达程度在西南地区屈指可数。

（3）商业业态基本情况

解放碑商业步行街具备完善的业种配置，商业业态丰富。拥有综合百货、家电商场、综合超市、专业市场、服装商场等各种业态，主要业态网点情况包括：①综合百货，如解放碑重百大楼、大都会广场、重庆太平洋百货大都会店、日月光中心广场、王府井百货等；②家电商场，如苏宁电器解放碑步行街店、苏宁电器七星岗店、商社电器解放碑商场、诚泰通信解放碑旗舰店等；③综合超市，如重百超市临江店、重百超市新华店、永辉超市较场口店等；④专业市场，如重庆书城、永缘汽车用品市场、中天装饰广场、恒泰家具商场、赛博数码广场等；⑤服装商场，如轻轨名店城、金鹰女人街、银座主题购物广场等，拥有瑞皇名表、劳力士解放碑店、老凤祥银楼重庆专卖店、金夫人解放碑店、精益高登眼镜解放碑旗舰店、美特斯邦威解放碑店等各类门市 4458 户。

2. 重庆民国街主题商业街

（1）重庆民国街简介

重庆民国街位于重庆市渝北区两江国际影视城，是以"民国历史""巴渝特色"为主题的特色街区，重现了民国时期重庆的著名建筑和景致，如国泰戏院、新华日报、馨雅咖啡、皇宫照相馆，拥有一些具有旧重庆特色的博物馆、酒吧、商店、火锅博物馆、相机博物馆、民国主题酒吧等。该商业街采用"影视+文化创意+游乐休闲"的商业模式，打造集影视拍摄、后期制作、营销展示、文化创意、休闲娱乐、旅游观光、商业购物于一体的影视文化主题商业街。

（2）商业网点基本情况

目前，民国街仅完成一期主街建设，拥有商业网点 24 家。其中，零售网点 7 家，餐饮网点 11 家，娱乐网点 3 家，其他商业网点 3 家。

在现有商业网点中，餐饮网点覆盖面较广，拥有饭店 4 家，特色餐饮店 3 家，咖啡店 1 家，小吃店 1 家，西餐店 1 家，面包屋 1 家；零售网点相对较多，拥有服饰店 1 家，烟酒店 1 家，土特产店 4 家，乐器店 1 家；娱乐网点包括电影院 1 家，酒吧 2 家；此外，拥有便利店 1 家，酒店 2 家。

（3）商业业态基本情况

民国街一期主街商业业态以餐饮业为主，餐饮业态占比 45.83%，其次为零售业态，占比 29.17%，休闲娱乐业及其他业态各占 12.5%。民国街建设完成后，总体量将增至 5 万 m²，涵盖创意商业、休闲娱乐、高端商务、星级酒店、艺术博览、会展论坛等主要业态，形成集民国文化、温泉旅游文化、商务时尚文化为一体的特色主题商业街。

3. 重庆嘉州美食街

（1）重庆嘉州美食街简介

重庆嘉州美食街位于重庆市渝北区龙溪街道，北连松牌路，南接金龙路。自 1994 年嘉州片区建设完成以后，餐饮业发展迅猛，成为以餐饮为主、娱乐和休闲为辅的重庆美食天地。2004 年被命名为重庆四大美食街之一。2007 年获得"中华美食街"称号。

（2）商业网点基本情况

重庆嘉州美食街现有商业网点 203 家，其中，餐饮网点 150 家、零售网点 13 家、娱乐网点 15 家、其他商业网点 25 家。餐饮网点中，特色餐饮店 54 家，饭店、大排档、快餐店各 20 家，西餐厅 3 家，中高档餐厅 36 家。百货网点中，服装及烟酒茶网点较多，占零售网点的 53.8%，鞋皮具网点占总量的 7.69%。娱乐业网点以美发店、美容店为主，占娱乐网点的 86.7%。

（3）商业业态基本情况

重庆嘉州美食街总长 1500 m，商业总建筑面积约 5.5 万 m²，经营面积 5.5 万 m²。商业业态以特色餐饮为主，以购物、休闲、娱乐为辅。其中，餐饮占 73.89%，零售占 6.41%，娱乐占 7.39%，其他商业业态占 12.32%。

4. 北滨路商业街

（1）北滨路商业街简介

北滨路为嘉陵江滨江路和长江滨江路的统称，西接大川水岸，东临江北区行政中心，横跨西南地区最大的购物广场世纪金源时代购物广场和新兴的重庆市中央商务区"江北嘴"。北滨路商业街位于其中最繁华的地段，以滨江休闲活动为特色，是集商务、餐饮、休闲、娱乐、购物、居住于一体的滨江商业街。

（2）商业网点基本情况

北滨路商业街拥有商业网点 80 家，其中，零售网点 20 家，餐饮网点 31 家，娱乐网点 13 家，其他商业网点 16 家。零售网点中，家饰电器及烟酒茶网点较多，占零售网点总量的 45%。餐饮网点以地方特色餐饮店为主，占餐饮网点的 61.29%。休闲娱乐网点以 KTV、足浴桑拿等为主。

（3）商业业态基本情况

北滨路商业街集方特科技园、滨江高级酒店、高端会所、餐饮美食、休闲娱乐、旅游观光于一体，是重庆滨江商业的代表。现有商业业态中，以餐饮为主，占总量的 38.75%，零售占比为 25%，娱乐占比为 16.25%，其他商业网点占比 20%。

5. 北城天街商业街

（1）北城天街商业街简介

北城天街商业街位于观音桥商圈东北部，是观音桥商圈的核心组成部分，西起建新北路，东接洋河东路，比邻城市主干道洋河路、兴隆路。北城天街商业街集购物、休闲、餐饮、娱乐于一体，是重庆时尚人群休闲、购物的首选之地。2005 年，北城天街被评为"中国著名步行商业街""重庆八大地标"，2009 年，北城天街再次荣获"重庆十大时尚地标"，与解放碑、重庆大剧院齐名。

（2）商业网点基本情况

北城天街商业街长 1600m，商业建筑面积 525 000 m^2，按照国际顶尖标准规划打造。商业街共有商业网点 126 家，其中，零售网点 30 家，餐饮网点 30 家，娱乐网点 23 家，其他商业网点 43 家。零售网点中服饰店较多，占百货网点总数的 37%。餐饮网点中地方特色餐饮店占比较高，而西餐厅和小吃店占比较低。休闲娱乐网点中休闲茶楼占比较高，占休闲娱乐网点的 27%。

（3）商业业态基本情况

北城天街商业街包括龙湖·北城天街、茂业百货、星光 68 三个大型综合购物中心，且三个大型综合购物中心相对而建，形成集聚效应，是观音桥商圈的核心购物区。商业街配套完善，购物、餐饮、休闲、娱乐等业态齐全，功能完善。现有商业业态中，零售业态占 23.81%，餐饮业态占 23.81%，休闲娱乐业态占 18.25%，其他商业业态占 34.13%。

6. 巴国城商业街

（1）巴国城商业街简介

巴国城商业街位于重庆高新九龙园区，建筑风格传承了巴国历史文化，吸纳了中国汉唐时期的建筑精华，是重庆唯一纯商业大型宫廷建筑的生态旅游古城，是国家 3A 级景区、巴文化教育基地、研究基地、传播基地，也是集文化、观光、旅游、休闲、餐饮、娱乐、商务、商贸于一体的商业集聚区。

（2）商业网点基本情况

巴国城商业街长 800 m，占地面积 23 万 m²，现有商业网点 181 家，其中，零售网点 29 家，餐饮网点 58 家，休闲娱乐网点 63 家，其他商业网点 31 家。零售网点中，烟酒茶网点比较多，占百货网点总数的 48.28%。餐饮网点以特色餐饮店为主，占餐饮网点总数的 70.69%。休闲娱乐网点以休闲茶楼为主，占休闲娱乐网点总数的 57.14%。

（3）商业业态基本情况

巴国城商业街集特色餐饮、商贸、休闲、娱乐、文化于一体，包括生态文化公园、巴国文化广场、庭院式五星酒店、会务中心、商务会所、水疗中心、巴国歌剧院、巴国博物馆、名人长廊等。现有商业业态以休闲娱乐业态和餐饮业态为主，休闲娱乐业态占 34.81%，餐饮业态占 32.04%，零售业态占 16.02%，其他商业业态占 17.13%。

7. 龙兴古镇民俗街

（1）龙兴古镇民俗街简介

龙兴古镇民俗街位于重庆市渝北区龙兴古镇。龙兴古镇是重庆市历史文化名镇，距今有 600 多年的历史，文化遗产丰富，保留着许多文化遗址和传统民俗活动。龙兴古镇民俗街是集文化、旅游、休闲、娱乐、购物于一体的民俗风情商业街，具有鲜明的巴渝特色、人文精神和民俗历史，具有很高的旅游观光价值和艺术欣赏价值，是国家 3A 级景区。

（2）商业网点基本情况

龙兴古镇民俗街现有商业网点 64 家，其中，零售网点 34 家，餐饮网点 15 家，休闲娱乐网点 5 家，其他商业网点 10 家。零售网点以服饰店、精品、土特产店为主，服饰店占百货网点总数的 50%，精品店占零售网点总数的 8%，土特产占零售网点总数的 8%。餐饮网点主要为地方特色餐饮店。休闲娱乐网点以休闲茶楼为主，占休闲娱乐网点总数的 60%。其他商业网点以古玩店等文化商业网点为主，让游客感受民俗街的人文风情和民俗历史。

（3）商业业态基本情况

龙兴古镇民俗街集文化、旅游、休闲、娱乐、购物于一体，商业业态以休闲、娱乐、购物、餐饮为主，其中，零售业态占 53.13%，餐饮业态占 23.43%，休闲娱乐业态占 7.81%，其他商业业态占 15.63%。

8. 万州太白路商业街

（1）万州太白路商业街简介

太白路商业街位于重庆市万州区，北连万州名山太白岩，南接长江，比邻城市主干道白岩路、沙龙路，是高笋塘商圈的核心组成部分和标志性项目。该商业街按照市级标准规划打造，周边不但有大型购物广场、万州第二中学、万州第三中学等学校资源，还有具有"白岩仙迹"之称的太白岩公园和历史悠久的西山公园。

（2）商业网点基本情况

太白路商业街总长 500m，商业建筑面积约 6000 m^2，现有商业网点 264家，其中，百货网点 69 家，餐饮网点 81 家，休闲娱乐网点 54 家，其他商业网点 60 家。百货网点以服饰、皮具为主，服饰占零售网点总数的 44.93%，皮具占零售网点总数的 23.19%。餐饮网点以一般饭店为主，占餐饮网点总数的 22.22%。休闲娱乐网点以美容美发网点为主，占休闲娱乐网点的 29.63%。其他商业网点主要为快捷酒店和小型便利店。

（3）商业业态基本情况

太白路商业街集购物、餐饮、休闲、娱乐功能于一体，突出购物、餐饮功能，其中，零售业态占 26.14%，餐饮业态占 30.68%，休闲娱乐业态占 20.45%，其他商业业态占 22.73%。

二、存在问题

近年来，重庆市商业街建设力度进一步增强，商业街环境显著改善，客流量、成交额、吸引力、辐射力均有不同程度的提高。但客观地看，由于商业街建设缺少统一规划，一定程度上导致了商业街特色不突出、配套设施不齐全等问题的出现。

1. 特色定位不突出

重庆特色商业街建设同质化现象严重，从现有的 43 条市级特色商业街中美食街占据总数的 67.44%便可窥见一斑。通过对重庆市现有商业街的调查可以发现，部分商业街在建设、整治改造过程中未能结合本地的自然、历史、区位条件等形成自身特色，导致商业街趋同发展。同时，由于政府在加快商业街发展过程中缺乏对商业街发展的系统性规划建设和管理，进一步加剧了商业街的趋同现象，导致商业街发展定位不明确，特色不突出，同质化现象严重。

2. 规划布局不合理

近年来，重庆市城市整体定位发生了变化，但商业街的建设发展尚未跟上规划调整的节奏，大部分区县的商业街仍主要分布在老城区，导致布局过于集中，不利于综合利用城市资源，打造特色商业形象。同时，也对交通组织、基础设施配套、旅游资源开发等方面造成了较大压力。

3. 配套服务不完善

重庆市商业街建设的软硬件设施不完善，尚未形成系统的综合配套服务体系，一定程度上制约了商业街的发展。例如，商业街普遍存在缺乏大型停车场所问题，绿化、休闲娱乐设施、标牌指示、货物托管站等街区公共服务设施落后等问题也普遍存在，影响了商业街的纵深发展。

4. 经营业态不匹配

部分商业街存在业态组合不合理，经营业态与特色不衔接等问题。例如，部分古镇历史文化街重商业、轻历史、轻文化，在餐饮、旅游纪念品、住宿等业态经营上缺乏特色和文化底蕴，导致街区缺乏经营活力。

第三节　重庆市商业街发展重点

一、规范商业街建设

对商业街建设实行分类指导，针对不同类型的商业街制定分类指导规范和建设标准，明确各类商业街的空间规模、业态特点、服务特色、配套设施等，并依据标准进行规范化建设，指导各类商业街有序发展。综合型商业街应注重规模、经营、文化、特色、功能等要素的整合，充分发挥商业街的集聚作用；专业型商业街应强调特色化、专营化、规模化，集聚特色品牌；新建商业街，应注重市场定位清晰和个性化设计，强调业态结构合理和服务功能互补。

二、培育特色商业街

做好特色商业街培育工作，充分利用重庆的区域优势、产业优势、历史文化优势和经济优势，打造一批各具特色的品牌商业街，通过特色培育，提升商业街的知名度和美誉度。同时，通过挖掘各类商业街的历史文化内涵，保护传统风貌商业建筑，强化商业街的独特性和差异性。

三、注重消费环境建设

在满足购物需求的同时，增强商业街的休闲和旅游功能，充分发挥商业街的集聚效应。注重商业街软环境建设，美化街景，精心布置绿地、花坛，铺设色彩鲜艳、材质讲究的步行道；完善饮水机、艺术座椅、观光车、触模式导视屏、监控系统、公共厕所等人性化、无障碍公共服务设施，为顾客提供方便的购物环境；增设休闲小广场、艺术走廊、雕塑、路牌与导向标志、广告灯箱等，提升购物的趣味性。

四、完善交通配套设施

增强商业街及其周边区域的交通便利功能，营造便利的消费环境。便捷完善的交通设施是顾客连续性和完整性的保障，商业街的建设可从以下几个方面完善交通配套：完善公交系统，在商业街附近设有公交站点，保证各类消费者能够顺畅到达商业街；建设停车系统，目前，大部分消费者会选择使用私人交通工具出行，因此，完善便捷的停车系统成为吸引客流和扩大销售的重要手段，已建商业街可考虑采取建设立体停车场方式，新建商业街在建设初期应规划充裕的停车位，可考虑建设地下停车场方式，确保交通组织的完善。

五、实施街区错位发展

商业街在布局功能上要错位发展。首先，商业街的发展定位要错位，应根据其特有的区位环境和文化历史确定特色定位，实现街街有特色，并根据街区的特色定位合理确定业态组合，进行有效的功能分区；其次，注重商业街内店与店业态之间的错位，确保各种业态组合错位合理；最后，商业街内店与店之间经营的商品要错位，主力商品特色要鲜明，店与店之间服务要错位，突出服务特色，实现服务错位。

第十章

发展会展经济

随着经济发展，会展业发挥着越来越重要的作用。一个城市要跻身于国际大都市，一个重要标志就是召开国际性会议的数量和规模。重庆市会展业发展迅速，朝着市场化、品牌化、国际化、专业化、信息化、专业化方向转型升级，长江上游地区会展之都逐步显现。

第一节　会展经济概述

一、会展经济及其相关概念

（一）会展的概念

国外对会展的概念界定，可划分为三大典型流派：一是欧派，他们一般把会展称为 C&E（convention and exposition）或者 M&E（meeting and exposition），即把会展当作会议与展览的总和，这是最早对会展的定义；二是美派，他们认为会展即 mice，包括公司会议（meeting）、奖励旅游（incentive tour）、协会或社团组织的大会（convention）、展览会（exhibition or exposition）四部分；三是综合派，他们将美派的 mice 逐步发展为 micee，即在 mice 的基础上加入节事活动（event）。如今，综合派的观点成为国际统计标准口径和专业会展行业协会划分标准。

国内学者基于不同的侧重点对会展进行了概念界定，大致可划分为内涵型、外延型、内涵-外延型三种类型。本书采纳内涵-外延型的观点，认为"会展是会议、展览、展销、体育等集体性活动的简称，是指在一定地域空间，由许多人在一起形成的、定期或不定期的、制度或非制度的、传递和交流信息的群众性社会活动。它包括各种类型的大型会议、展览展销活动、体育竞技运动、大规模商品交易活动等，诸如各种展览会、博览会、体育运动会、大型国内外会议和交易会等，其中展览业是会展的重要组成部分"（刘松萍和梁文，2004）。

（二）会展产业的概念

会展产业，是指以会展行业为中心和支撑，形成提供专门支持和服务的附属配套行业和企业，由核心层、辅助层和配套三部分构成。其核心层是为会展活动提供场馆、设施、服务的企业组织，通常由会展组织者、会议中心及展览场馆、会展设计及搭建公司、会展服务机构等组成，为会展的策划、招商、营销、设计、场馆租赁、运输物流和现场服务等提供专业化的行业服务。辅助层包括住宿业、餐饮业、交通业、通信业、物流业、旅游业、零售业等。配套层范围最广，能直接或间接为会展活动主办单位、参与方和观众提供服务的部门，都可以包括在此范围内，如法律咨询、媒体广告、印刷票等（史国祥，2009）。

（三）会展经济的概念

会展经济是指以会展产业为支撑点，通过开展会展活动，引发关联效应，带动交通、通信、餐饮、娱乐、旅游、零售、广告、印刷、物流等相关产业发展的一种综合经济，创造出高额的经济价值，提供广泛的就业机会和对社会综合经济增长起拉动作用，表现为一种经济现象的多种形态。

二、会展经济活动

（一）会议

这是会展经济活动最重要的内容之一，会议是组织内或组间最直接、最快捷、最有效的沟通方式。常见的会议形式包括行政会议、培训会议、交易会和学术研讨会，承载着决议命令的下达、素质技能的传授、市场信息的共享、学术思想交流等功能，产生出非常具有价值的信息。不同的会议级别对会议场地档次、会务工作流程、会议工作人员提出不同的要求和标准，需要专业化的"会议公司"提供专门的会议场地和会务服务。

（二）展览

展览是信息、通信和娱乐综合信息的传递与沟通，是充分挖掘五官感觉的营销媒介。展览会是展览活动中最直接、最专业、最有效的传递媒介。展览会由参展商、展览组织者、展览场所、展览服务商、观众五大组织者构成。展览会按照项目内容可分为综合类展览项目与专业类展览项目，按照展览项目的性质可分为贸易类会展项目和消费类会展项目。从展览的发展趋势看，"展中有会"成为新模式，现代展览不再仅仅是商品展示和交易的平台，同时配合专业会议与专业活模式，现代展览不再仅仅是商品展示和交易的平台，同时配合专业会议与专业活动，以提高展览会的展示和交易效果。

（三）会展旅游

会展旅游是借助举办会议、研讨、论坛等会务活动及各种展览而开展的旅游形式，是一种商务旅游形式。它有广义和狭义之分。广义的会展旅游是以会议和展览为目的的旅游，包括会议旅游和展览旅游等各种出于工作需要的旅游和奖励旅游。狭义的会展旅游是为会议和展览活动的举办提供展会场馆之外的、与旅游业相关的服务，并从中获取一定收益的经济活动。会展旅游是一种高级的、特殊的旅游活动形式。根据不同的会展活动形态，会展旅游一般可以分为会议旅游、展览旅游、节事旅游和奖励旅游四种类型。

（四）节事活动

节事活动是指依据节庆、事件等精心策划的各种活动。节事活动的形式包括某个特定的仪式、演讲、表演和节庆活动，各种节假日及传统节日及在新时期创新的各种节日和事件活动。节事活动的内容应具有浓郁的文化韵味和地方特色，比如依据地方产业形成的啤酒节、泼水节等；依据地方民俗形成的泼水节、风筝节；依据地方自然景观形成的冰雪节、森林节等。节事活动的实质就是商业活动，使得参与节事活动的服务行业收入增长，并带动相关行业的发展。

（五）特殊活动

特殊活动是指没有固定会展时间、固定会展地点的会展活动，如歌星的演唱会、足球邀请赛、影星见面会等。

三、会展经济的特点

1. 拉动性

会展经济拉动国家和地区经济增长的作用十分显著。根据统计，会展经济的平均利润率一般在 20%~25%，是一种高效型经济。据不完全统计，美国一年举办 200 多个商业会展，带来的直接经济效益就超过 38 亿美金，会展经济年消费额达 828 亿美元，并产生 1230 万美元的直接税收。如果按照美国 1∶10 的会展经济乘数效应计算，会展经济每年为美国创造了 2464 亿美元的 GDP 产值（施昌奎，2006）。

2. 带动性

会展业是关联性很高的产业，它以房地产、宾馆、餐饮、旅游、交通、传媒等产业为基础设施产业。会展业具有很强的辐射作用，体现为会展业具有很高的产业关联效应和产业扩散效应。

由于会展业是一个产业关联度很高的产业，所以会展经济的带动性是非常显著的。会展经济的发展不仅能极大地促进一个城市和地区房地产、宾馆、餐饮、旅游、交通、商业、广告、传媒和信息等相关产业的发展，增加就业机会，减轻城市的就业压力，而且还可以提高城市的国际知名度和美誉度，是展示城市风采和形象，扩大城市影响最有效的方式和途径。

综合性强的产业对大都市来说是值得发展和重视的重点产业，综合性强的产业辐射和带动能力必然强，"一业兴而百业兴"就是这个道理。但是，发展综合性强的产业所需要的条件又很苛刻，所以说，发展综合性强的产业并不是一件容易的事情。具体到会展经济，交通、酒店、通信、信息、传媒等硬设施固然重要，更重要的是要创造适合会展经济发展的软环境，形成会展经济商业氛围和会展经济文化。创造会展经济硬环境并不难，有强大的财政支持就能完成，但营造会展经济商业氛围和会展经济文化却不是一朝一夕就能完成的，也不是靠金钱就能买到的，它是需要全市人民共同努力，通过一个系统工程来逐步完成的。

3. 融合性

会展经济是商流、物流、信息流、资金流的高度汇集，是为商流、物流、信息流、资金流服务的关联行业在功能上的融合，而并非简单加总。包括为商流服务的酒店业、餐饮业、旅游业、零售业、娱乐业等；为物流服务的交通业、运输业、仓储业等；为信息流服务的邮电业、通信业、广告业等；为资金流服务的银行业、保险业、信托业等。可以看出，会展经济是一个复杂性系统，每一个关联行业都是该系统中的子系统，不仅要求子系统内部要正常运转，子系统之间还要协调有序地运行。

4. 集聚性

由于规模经济效应，会展经济呈现出集聚发展的特点，即会展企业与关联行业企业在一定空间范围内集中。这样可以进一步深化关联行业间的专业化分工、提升服务的专业化水平、完善区域内相关专业化配套服务，进一步降低了会展企业的成本，同时提高了工作效率。

四、会展经济的功能

1. 匹配交易功能

会展市场是典型的双边市场，会展企业是典型的双边市场企业，它们为会展市场中的供给方与需求方提供交易匹配的便利。通过展览会特有的近距离感受产品和特有的商业气氛，发挥独特的产品展示的作用；通过展览会独特的高科技手段和促销公关活动，使客户深入了解企业的品牌和理念；通过培育供需双边客户规模，提供双边用户认识、洽谈、交易的机会，提升交易成功的概率。一般通过展览会达成的购销合同数来作为展览会成功与否的标志。

2. 传播信息功能

会展经济活动在一定的时间和空间内，聚集大量的商流、物流、信息流和资金流，使得显、隐形知识，内、外部知识在行业内与行业间充分流动。丰富的信息、知识传播极大降低了商业活动中的不确定性，提高了生产与贸易效率和人们生活品质，产生了高效低耗的经济功能，创造了经济均衡的巨大可能性。

3. 调节供需功能

会展经济是信息充分披露的经济,刺激供需结构的优化。首先,会展平台充分展示新产品、新技术、新成果的功能、特性,可以有效吸引需求方的注意,丰富需求方的购买选择,优化需求结构。其次,会展平台使有竞争关系的厂商汇集在一起,为综合比对竞争性产品在性能、质量、价格、售后服务上的差异提供了可能,有利于供给方充分、全面、准确地把握市场竞争态势,改进企业生产经营决策,优化供给结构。最后,会展活动为产品的跨区域、跨文化、跨民族、跨环节的流通创造条件,有利于供需结构的调节。

4. 整合资源功能

由于会展经济的产业关联效应和扩散效应很强,因此,会展经济对关联产业具有极强的资源整合能力。优先发展会展业,可以带动餐饮业、旅游业、零售业、交通业、运输业、仓储业、通信业、广告业、银行业、保险业、信托业等商贸服务业的发展,将这些资源整合在一起,产生规模经济与范围经济效应,形成会展业与关联行业的正反馈机制,构筑起共生共荣的产业生态圈,不仅带动相关产业和行业的发展,还要带动区域经济的发展。

五、会展经济的发展趋势

1. 市场化

在欧美发达国家,政府不直接参与会议或展览会的组织和管理,而是为会展业的发展提供必要支持,除了提供优惠政策、投资兴建场馆、资助企业出国参展外,还协助、促进会展公司开展会议或展览会的推广工作。我国的会展业随着市场经济的继续发展和企业市场意识的不断增强,政府也将从会展的前台退至后台,对会展的管理将由直接和微观管理向间接和宏观管理转变,政府不直接参与会展活动的经营,而转向加强对会展基础设施建设的投入,并通过制定相应的政策和法律法规来规范会展市场行为。会展营销主体将完全市场化,政府将逐步退出办展主体,民营、合资等性质的会展公司和专业会展协会将逐步成为会展营销主体。

2. 多元化

在坚持品牌建设的基础上实施多元化的营销策略,除了采用传统的广告、邮寄等手段以外，还应积极加入国外会展市场，如在国外设立代表处，寻求代理商，最主要的是在降低经营成本的同时实现规模效应。除通过收购与兼并实行展览项目的集中和集团化经营外，国外大型展览公司还拥有报纸、杂志、网站等媒体，以便综合利用各种手段和渠道。而且，是否有专业媒体的参与和支持成为展览会能否被称为世界级专业展览会的标准和重要构成要素之一。

3. 规范化

众多会展业发达国家的成功实践都已证明，顺畅的行业管理体制是城市会展业健康发展和整体促销的基础条件。目前我国会展业发展过程中产生的一些问题在很大程度上是由于会展法规的不完善和体制的不健全，行业多头管理、企业单纯利润导向等局限性使政府在组织会展公司和旅游企业开展联合促销时存在很大障碍。这方面可借鉴法国专业展览会促进委员会的成功模式，本着平等自愿、投资多、受益大的原则，成立全国范围内的促销联合体，使得面向全球开展联合促销成为可能。因为单个的展览公司，哪怕是实力雄厚的展览集团，都没有足够的实力在世界上几十个国家建立属于自己的办事机构网络，而属于不同展览公司的几十个展览会把各自的营销经费集中到一起，就能组成一个有效的国际促销网络，对展览会进行统一规划、管理和促销。

4. 细分化

目前，国际会展业已经形成了非常细致的市场分工。例如，会展业分为会议、展览、奖励旅游和节事活动。在会议市场中，可按会议组织者将会议市场分为公司会议市场、协会会议市场及非盈利组织会议市场；在国际会议市场上，可按人数将国际会议市场分为 ICCA 的 50 人以上的国际会议和 UIA 的 300 人以上的国际会议。相比之下，我国的会展公司仍处于发展初期，还没形成细分市场，但今后随着我国会展业的发展和成熟，必将产生细化的分工，形成专门经营展览业、会议业、奖励旅游、节事活动及更细分市场的格局。

第二节　重庆市会展经济发展基本情况

一、发展概况

（一）发展历程

第一阶段：起步阶段（1988～1997 年）。早在 1988 年，重庆市就建立了工贸中心，标志着重庆会展经济的起步。1989 年，市政府举办了重庆市第一届商品展销会，来自云南、四川、贵州的 18 个市、地、州的 500 多家企业，2000 多名展商参加了此次会议，签约达 3.6 亿元。

第二阶段：成型阶段（1998～2005 年）。以 1998 年重庆市展览中心的建成为标志。1999 年，重庆成功举办了"一会一节"（首届"中国重庆投资贸易洽谈会"和第四届中国重庆"三峡国际旅游节"），随后每年举办一次。2004 年成功举办了首届中国重庆火锅美食文化节，2005 年又相继举办了亚太城市市长峰会、第 54 届全国药交会、房交会等大型会议及展览。其中，亚太城市市长峰会规模创历届峰会之最，会议质量达到了国际水准，向国内外立体展示了新重庆的社会经济发展水平，加强了重庆与世界各地特别是亚太地区的经济文化交流，达到了"外树形象交朋友、内聚人心促发展"的目的。

第三阶段：提升阶段（2005～2008 年）。以 2005 年重庆市国际会议展览中心的建成为标志。2006 年 10 月 10 日至 20 日期间，"第 98 届中国日用百货商品交易会""第 2 届中国重庆火锅美食文化节""第 8 届重庆美容美发化妆品博览会"在重庆主城区同时举行，参加"三会"的客商达 5.9 万人，在"三会"的影响下，50 多万城乡居民被吸引到会展中来，给重庆的商业、餐饮、住宿、交通、旅游等带来巨大商机，以此拉动消费 4 亿多元，其中市外客商消费总额达 1.37 亿元。特别是 2007 年 3 月在重庆举办的第 76 届全国糖酒商品交易会，有 17.7 万外地客商参会，6334 家企业参展，成交额 147.26 亿元，创历届糖酒会新高。糖酒会期间，重庆的住宿、餐饮、旅游、交通、娱乐等 10 多个行业生意兴隆，增加消费额 25.9 亿元，增加税收 1.2 亿元。

第四阶段：跨越发展阶段（2009 年至今）。以 2009 年出台的《国务院关于推进重庆市统筹城乡改革和发展的若干意见》为标志，明确提出要将重庆市会展业打造长江上游地区"会展之都"。2012 年，重庆市举办的老年产业博览会、中国金属冶金展等成为全国同行业的标杆展会，而且老年产业博览会已和德国杜塞尔多夫建立了长期战略合作关系，汽车用品展、立嘉国际机械展览会、休闲产业博览会等居西部地区同行业首位。同时，各区县也涌现了一批知名展会和节事活动，如大足五金博览会、渝西川东建博会、武陵山文化节、巫山红叶节等展会，初步形成了国家级、市级、区县三级品牌展会体系。

（二）发展现状

1. 经济规模持续增长

重庆市会展经济规模持续稳定扩大。一是举办的各级各类展会数量不断增加（表 10-1）。2014 年全市举办展会 662 个，比 2013 年增加 59 个，同比增长 9.7%，增长数量减少 23 个（2013 年增加 82 个），增速回落 6 个百分点。与 2011 年相比，增加 187 个，同比增长 39%，平均每年增长 9.75%，2014 年增速与近 4 年平均增速相比降低 0.05 个百分点，在合理浮动区间范围内，仍处于高速增长阶段。二是展览面积匀速增长（表 10-2）。2011 年展出总面积 382.8 万 m^2，同比增长 30.8%；2012 年展出总面积 441.4 万 m^2，同比增长 15.2%；2013 年展出总面积达到 514.8 万 m^2，同比增长 16.6%；2014 年展出总面积 601.3 万 m^2，与 2013 年相比，扩大 86.5 万平方米，增长 16.8%。

表 10-1　2011～2014 年重庆市展会数量统计表

年份	2011	2012	2013	2014
数量/个	475	521	603	662
增加数/个	66	46	82	59
增速/%	13.8	9.7	15.7	9.7

资料来源：根据重庆市商业委员会官方网站数据整理

表 10-2　2011～2014 年重庆市展出面积统计表

年份	2011	2012	2013	2014
展出面积/万 m^2	382.8	441.4	514.8	601.3
增速/%	30.8	15.2	16.6	16.8

资料来源：根据重庆市商业委员会官方网站数据整理

2. 经济效益显著提高

近年来，重庆市会展产业经济效益显著提高（表10-3）。2011年创造直接收入43.6亿元，同比增长57.9%；拉动消费360亿元，同比增长49.5%；2012年创造直接收入53.1亿元，同比增长24.5%，超额完成目标任务6.2%；拉动消费426亿元，同比增长20.8%，超额完成目标任务6.5%；2013年会展产业直接收入65.7亿元，同比增长23.7%；拉动消费520.2亿元，同比增长22.1%；2014年会展产业直接收入85.3亿元，同比增长29.8%，拉动消费682.4亿元，同比增长31.1%。

表10-3 2011～2014年重庆市会展产业收入统计表

年份	2011	2012	2013	2014
直接收入/亿元	43.6	53.1	65.7	85.3
收入同此增长/%	57.9	24.5	23.7	29.8
拉动消费/亿元	360	426	520.2	682.4
消费同比增长/%	49.5	20.8	22.1	31.1

资料来源：根据重庆市商业委员会官方网站数据整理

3. 社会影响不断扩大

2014年，重庆有会展企业近200家，专业会展公司30家。全国汽车配件交易会成功落户重庆3年，中国汽车用品暨改装汽车展览会实现了引进后的永久落户，社会经济效果明显。另外，重庆相继当选为"2014金五星—优秀会展城市奖""2014中国十佳会展城市"，重庆市人民政府会展办公室荣获了"2014金五星—优秀会展管理机构奖"；连续五年获评"中国十大影响力会展城市""中国节庆名城""中国最佳会展目的地城市"。重庆会展经济发展水平在西部居首。

4. 品牌培育成效显著

近年来，重庆市会展品牌培育成效显著。自主培育了中国（重庆）国际投资暨全球采购会、中国国际摩托车博览会、中国（重庆）国际汽车工业展、中国（重庆）高新技术成果交易会和中国重庆老年产业博览会等一批有影响力的品牌展会，以及重庆火锅美食节、中国（重庆）国际马拉松比赛等知名度较高的节事活动。另外，本土专业化展会规模进一步扩大，市场化水平逐步提升。

例如，第十六届中国重庆国际汽车工业展展会规模扩大至 16 万 m^2，吸引观众超过 50 万人次，1200 多家新闻媒体争相报道，成为西部地区具有相当规模的汽车专业展览。

5. 场馆建设成效明显

场馆建设成效明显，先后建成重庆展览中心、重庆国泰艺术中心、重庆国际会展中心、重庆国际博览中心等。尤其是重庆国际博览中心是一座集展览、会议、餐饮、住宿、演艺、赛事等多功能于一体的现代化智能场馆，位于重庆两江新区的核心——悦来会展城，总建筑面积达 60 万 m^2，其中室内展览面积 20 万 m^2。展馆共设 16 个展厅，南北各布置 8 个，为全国第二、西部第一，是西部最大的专业化场馆。

6. 人才建设不断加强

一是会展院校稳步增加，市内共有 14 所高校开办会展专业，在校学生规模达到 1000 余人。二是人才培训不断加强，2014 年举办一期会展高级策划师培训班，培训会展从业人员 150 余人。目前，全市取得国家级会展高级策划师证书的人数已超过 250 人。三是技能大赛成效良好，举办的第四界重庆市高校大学生会展职业技能大赛及会展教育论坛，有效促进了重庆会展行业"四位一体"（政府、行业、企业、高校）的联动机制建设和重庆市高校大学生阶梯式人才储备模式、重庆会展人才"智库"的构建。

二、存在问题

（一）市场化水平不高

重庆市会展经济虽然实现了跨越式发展，但相较于我国北京、上海、广州等会展业发达地区，仍然处于探索阶段。政府在会展资源的配置中仍然占据主导地位，财政出资与行政参与过多、社会购买服务力度不够、审批程序过繁等问题突出。同时，重庆市会展业的高速发展，使众多投资者看到会展行业的潜在商机，吸引中国投资者纷纷涌入会展领域，其中包括很多专业化水平较低的企业，影响了展会的质量和水平。

（二）专业化水平不高

办展模式单一，没有运用 B2B 等先进办展模式，会展项目专业化不强，很多展会均是承接外地或国外项目，没有充分发挥重庆本土优势产业的支撑优势，没有利用汽摩、现代装备制造业、资源加工业等传统支柱产业，没有与电子、IT、物联网等新型产业的引导会展项目走专业化发展道路，没有实现"一行业一专业展"。

（三）品牌化水平不高

虽然目前重庆市自主培育了中国（重庆）国际投资暨全球采购会、中国国际摩托车博览会、中国（重庆）国际汽车工业展、中国（重庆）高新技术成果交易会和中国重庆老年产业博览会等一批有影响力的品牌展会，但会展项目的国际招商水平较低，会展项目的国际参展商和采购商比重不高。本土会展企业缺乏参加国际展览协会（UFI）、国际大会与会议协会（ICCA）等国际性组织认证的意识，也没有建立起品牌评价机制，开展重点会展品牌绩效综合评估。

（四）集群化水平不高

目前，以渝北区国际博览中心为中心的会展经济核心区，以南岸区重庆国际会议展览中心、陈家坪重庆展览中心和白市驿重庆农业展览中心为中心的会展经济中心区，以万州、黔江、涪陵、大足、荣昌、璧山会展场馆为中心的六大会展经济特色区的"一核心三中心六特色"会展空间集聚布局持续推进。但与会展业紧密相关的策划、设计、执行、加工、搭建等要素与吃、住、行、游、娱等关联行业并没有实现集聚，会展策划企业、会展主板企业、会展招商企业、会展搭建企业入驻数量仍然偏少。

（五）信息化水平不高

一是会展信息化缺乏广度和深度，从广度上看，大多数企业并没有实现会展营运信息化、会展营销信息化、会展服务信息化、会展客户信息化、会展产品信息化；从深度上看，大多数企业的信息化水平仅仅停留在展会动态、咨询发布的低端阶段。二是缺乏会展专业复合型人才，虽然重庆市各高校每年为社会输送大批会展人才和信息技术人才，但同时精通会展管理与信息技术的复合型人才匮乏。

（六）市场管理不规范

一是缺乏会展业标准体系，没有形成面向市场、服务产业、主次分明、科学合理的会展业标准化框架体系；二是行业诚信体系还有待完善，包括覆盖会展场馆、办展机构和参展企业的会展业信用体系，信用档案和违法违规单位信息披露制度尚未建立；三是打击侵权和假冒伪劣的机制与制度仍需完善，包括重点参展产品追溯制度、企业质量承诺制度与举报投诉受理处置机制。

（七）专业人才匮乏

重庆市会展业发展时间不长，导致会展人才储备不足。一方面，会展属于新兴前沿领域，理论研究成果还不充足，学科建设与教育教学仍处于探索阶段；另一方面，会展的综合性极强，要求从业人员既要具备会展专业理论知识，又要熟练掌握会展实践操作技巧，涉及经济学、管理学、计算机信息工程等多学科知识的融合，在人才培养上，需要政府、高校、企业、中介机构、行业协会的紧密协作，人才培养难度大，这些原因导致重庆会展专业人才匮乏。

第三节　重庆市会展经济发展重点

预计到 2020 年，重庆会展总面积达到 800 万 m^2，直接收入 120 亿元，拉动消费 1000 亿元，会展主营业务收入 1 亿元以上的企业 3 家，会展活动专业化率达到 70% 以上，5 个规模 15 万 m^2 以上具有国际影响力的展会活动，会展活动市场化率达到 95% 以上。国际化、市化、信息化水平不断提高，长江上游地区会展之都基本建成。

一、推进会展市场化进程

严格规范政府办展行为，严格控制政府及部门对展会冠名，减少财政出资和行政参与，逐步加大政府向社会购买服务的力度，探索建立政府办展退出机制。加快推进政府主导型会展活动改革，简化审批程序，优化政务服务，强化市场监管，形成平等参与、竞争有序的市场环境。

二、推动会展专业化发展

鼓励支持 B2B 办展模式，引导会展项目走专业化发展道路，依托重庆优势产业，支持策划举办与汽摩、现代装备制造业、资源加工业等传统支柱产业和电子、IT、物联网等新型产业相关的专业题材展会，实现"一行业一专业展"，利用专业展会对产业的凝聚力和带动力，集聚、优化市场要素，助推产业发展。

三、推动会展品牌升级

鼓励支持渝洽会、渝交会、旅交会、高交会、西部农交会、立嘉机械展、摩托车博览会、国际汽车展等会展项目与国内外的行业组织或中介机构建立长期战略合作关系，逐步实现会展项目的国际招商，提高会展项目的国际参展商和采购商比重，提高展会品牌影响力。支持鼓励会展企业积极参与国际展览协会（UFI）、国际大会与会议协会（ICCA）等国际性组织的认证。建立品牌评价机制，完善品牌扶持政策，开展重点会展品牌绩效综合评估。

四、推动会展集群化发展

围绕与会展业紧密相关的策划、设计、执行、加工、搭建等要素和吃、住、行、游、购、娱等关联行业，集聚会展业发展要素，打造培育会展业集群。依托重庆国际博览中心，吸引会展策划企业、会展主办企业、会展招商企业、会展搭建企业等入驻，建设以会展业为支撑的新型会展商务区，形成具有国际商务、会议展览、文化创意和休闲游憩功能的悦来两江现代国际商务中心体系，打造国内外大型会展项目最佳承接地和建设长江上游地区会展之都的核心平台。依托重庆国际会展中心和重庆展览中心，完善会展配套服务，形成会展业集聚区。

五、加快信息化进程

鼓励支持会展企业利用互联网思维及信息集成技术，开展会展营运互联网化、会展营销互联网化、会展服务互联网化、会展客户互联网化、会展产品互联网化，提升会展综合竞争实力，降低会展活动综合成本，提高会展活动抗风险能力，推动会展业快速融入市场化领域，促进会展业创新发展。

六、促进市场管理规范化

促进市场管理规范化，一是要完善会展业标准体系，逐步形成面向市场、服务产业、主次分明、科学合理的会展业标准化框架体系；二是要完善行业诚信体系，加快建立覆盖会展场馆、办展机构和参展企业的会展业信用体系，建立信用档案和违法违规单位信息披露制度，推动部门间监管信息的共享和公开；三是要打击侵权和假冒伪劣，完善重点参展产品追溯制度，推动落实参展企业质量承诺制度，加强会展维权援助举报投诉和处置能力建设，完善举报投诉受理处置机制。

七、加强人才体系建设

鼓励高等院校联合成立会展业研究机构，开展会展前沿理论研究，强化会展学科建设，深化教育教学改革，培养适应会展业发展需要的技能型、应用型和复合型专门人才。创新人才培养机制，积极引导校企合作，鼓励中介机构、行业协会与相关院校和培训机构联合培养、培训会展专业人才。开展会展人才队伍大培训活动，举办全国会展策划管理师认证培训、会展技能培训，提高从业人员素质。

第十一章
发展住宿餐饮业

住宿餐饮业作为传统商贸服务业的主力军，在促进区域经济发展、扩大居民消费等方面具有重要作用。住宿餐饮业的发展对于重庆建设长江上游地区"美食之都"具有重要的促进作用。本章在对重庆市住宿餐饮业发展现状考察的基础上，指出了目前重庆住宿餐饮业发展存在的问题，并结合其发展趋势，提出了重庆市住宿餐饮业未来发展的重点。

第一节　住宿餐饮业概述

一、餐饮业概述

（一）餐饮业的定义和分类

根据《国民经济行业分类注释》的定义，餐饮业指通过即时制作加工、商业销售和服务性劳动等，向消费者提供食品和消费场所及设施的服务，包括正餐服务、快餐服务、饮料及冷饮服务和其他餐饮业。

（二）餐饮业的基本特征

1. 属于劳动密集型产业

餐饮业产品以提供菜肴及其他食品、酒水、消费场所及与餐饮相关的劳务服务为主，属于第三产业、劳动密集型产业。

2. 具有生产和交易双重属性

餐饮业既有生产加工产品（如菜肴、酒水、小吃、糕点）的工业生产属性，又有提供有偿劳务服务、方便顾客购买、消费的商业交易属性。

3．具有严格的行业准入标准

餐饮业具有严格的行业准入标准，食品、卫生、防疫、环保、节约、消防、安全生产方面都有相关法律法规的具体要求

4．更加注重软环境建设

餐饮场所设施设备、就餐环境及文化氛围也是餐饮产品的一个重要组成部分，直接影响到顾客的满意度和餐饮产品的市场竞争力。

5．属于分散型行业

餐饮业在空间分布上一般不会过于集中，产业性质属于分散型行业，而生产、服务与经营活动在时间上则比较集中。

（三）餐饮业的发展趋势

1．餐饮 O2O 趋势

随着互联网对餐饮业的渗透不断加强，餐饮电子商务将成为未来餐饮业发展的一大趋势。利用电子商务开展销售，对餐饮企业降低成本、提高效率、扩大销售额具有重要的意义。目前，越来越多的餐饮企业意识到微信营销的重要性，并开始利用团购模式进行促销，如何利用微信等工具拓展营销渠道已成为餐饮企业迫切需要学习营销策略。电子商务的发展将会促进更多的餐饮电子商务模式出现。

2．餐饮智能化趋势

在餐饮业快速发展的同时也面临着原材料成本上涨、劳动力成本提升、管理人才匮乏等问题，传统的经营管理模式面临着挑战。信息技术的发展能够有效解决企业内部管理问题，提升人员效率，降低运营成本，提高经济效益。目前使用的 iPad 点餐、微信点餐及已经出现的机械人餐厅等表明餐厅智能化将成为未来餐饮业发展的趋势。

3．经营连锁化趋势

连锁经营具有成本优势、价格优势、品牌优势，不仅可以提高效率、降低成本，更能帮助餐饮企业突破发展中的管理瓶颈，是餐饮业经营模式的主要发展方向。同时，随着人们对就餐环境、消费体验等要求的提高，餐饮业的竞争

将回归为品牌竞争，连锁企业的品牌优势将成为其市场激烈竞争的制胜法宝。

4. 企业并购趋势

经济环境的变化使餐饮业发展面临多重挑战，特别是商务餐饮的下降对餐饮消费的影响加速了餐饮业的优胜劣汰。部分餐饮企业在当前市场环境下举步维艰，转型不及时或不到位的餐饮企业将被市场淘汰，并购联盟行为将会逐渐增多，行业的市场集中度将不断提高。

二、住宿业概述

（一）住宿业的定义和分类

住宿业是指有偿为顾客提供短期住宿场所的服务活动，不含提供长期住宿场所的活动，包括旅游饭店、一般旅馆和其他住宿业。

（二）住宿业的基本特征

1. 有形要素和无形要素的结合

住宿业的有形要素包括周围环境、设备设施、装修、地理位置及为客人提供的餐饮产品，无形要素包括酒店所营造的氛围和顾客在酒店住宿过程中所享受到的服务。大多数住宿产品是由有形与无形的多种因素组合而成的。

2. 生产和消费的不可分割性

住宿产品的生产和消费过程中，顾客必须到服务现场进行参与。这种不可分割性意味着顾客在购买和消费产品之后，该产品的所有权并不属于顾客，顾客只购买了住宿产品一段时间内的使用权。

3. 住宿产品具有即逝性

与大多数物质产品不同，住宿产品是不可以储存的，具有高度的即逝性。因此，客人的需求在住宿产品的提供中起到相当大的作用。

（三）住宿业发展趋势

1. 绿色环保趋势

随着绿色环保、节能减排的深入发展，国家对住宿业节能减排的要求不断提高，消费者对绿色环保产品安全要求也越来越高，必将进一步推动绿色环保和节能减排在住宿业中的深入发展。

2. 信息化趋势

随着信息产业的发展，住宿业将与信息化深度融合。以互联网为依托的技术手段，如提升行业运营效率的管理软件、提高客人舒适度的核心设备、替代劳动力的智能技术和设施、帮助企业节能减排的新材料新能源将在住宿业中广泛应用。

3. 品牌化趋势

消费环境、服务质量、企业文化、人力资源是影响住宿企业竞争的主要因素。随着人们生活水平的提高，住宿业将进入品牌消费时代，品牌建设将成为住宿企业的核心竞争力。住宿企业只有实施多品牌、多业态战略，才能满足市场细分后带来的差异化需求。

4. 大众消费趋势

居民消费水平的提升使大众化消费成为未来消费的热点。因此，面向大众消费市场的住宿业态，如经济型酒店、青年旅馆、农家乐、汽车旅馆、温泉酒店等休闲住宿产品快速发展，大众化住宿消费需求将是未来住宿业发展的重点。

第二节　重庆市住宿餐饮业发展现状

一、发展概况

（一）住宿餐饮业发展情况

本章中住宿餐饮业相关数据均来源于《重庆统计年鉴》，对住宿餐饮企业的分析主要指限额以上住宿和餐饮业法人企业。

1. 住宿餐饮业产出情况

2009 年至今，重庆市住宿餐饮业在扩大内需、刺激消费的宏观环境下总体保持快速增长态势，但占商贸物流业增加值比重呈现下降趋势。住宿餐饮业增加值从 2009 年的 132.88 亿元增加到 2013 年的 229.79 亿元，增长了 0.73 倍。从增长速度来看，住宿餐饮业总体保持快速增长态势，除 2010～2011 年外，住宿餐饮业增长速度均快于商贸物流业增长速度，对重庆市商贸物流业的发展具有较强的带动作用。从产业结构看，住宿餐饮业占商贸物流业增加值的比重表现为先下降后上升的趋势，反映了住宿餐饮业在产业结构中地位的调整。重庆市 2009～2013 年住宿和餐饮业增加值变化情况如表 11-1 所示。

表 11-1　2009～2013 年住宿和餐饮业增加值

年份	商贸物流业增加值		住宿餐饮业		
	绝对值/亿元	增速/%	绝对值/亿元	增速/%	占比/%
2009	1005.22	15.47	132.88	19.04	13.22
2010	1155.99	15.00	142.11	6.95	12.29
2011	1369.86	18.50	166.31	17.03	12.14
2012	1553.12	13.38	189.98	14.23	12.23
2013	1795.12	15.58	229.79	20.95	12.80

从住宿餐饮业实现的社会消费品零售总额变化情况看，其实现的社会消费品零售总额不断增加且增长速度较快，但增长速度有所放缓。住宿餐饮业实现的社会消费品零售总额从 2009 年的 3 812 727 万元增加到 2013 年的 6 675 749 万元，增长了 0.75 倍。从增长速度来看，住宿餐饮业总体保持快速增长态势，但增速呈现明显下滑趋势，由 2009 年的 24.19%下降为 2013 年的 11.21%，自 2010 年开始，增速连续 4 年低于社会消费品零售总额增速。从结构看，住宿餐饮业占社会消费品零售总额的比重逐年下降，反映了消费升级过程中，住宿餐饮消费在消费结构中的调整，表明住宿餐饮业相对于其他商贸物流行业发展面临更多的挑战。重庆市 2009～2013 年住宿和餐饮业实现社会消费品零售总额变化情况如表 11-2 所示。

表 11-2　住宿和餐饮业实现社会消费品零售总额

年份	社会消费品零售总额		住宿餐饮业		
	绝对值/万元	增速/%	绝对值/万元	增速/%	占比/%
2009	24 790 110	15.46	3 812 727	24.19	15.38
2010	29 386 000	18.54	4 472 923	17.32	15.22
2011	34 878 070	18.69	5 217 341	16.64	14.96
2012	40 337 046	15.65	6 002 595	15.05	14.88
2013	45 997 683	14.03	6 675 749	11.21	14.51

2. 住宿餐饮业投入情况

由表 11-3 可以看出，重庆市住宿餐饮业从业人数不断增加，但占商贸物流业从业人数的比重逐年下降。住宿餐饮业从业人员数从 2009 年的 82.64 万人增加到 2013 年的 92.94 万人。从增长速度来看，住宿餐饮业从业人员增速在 2010 年前快于商贸物流业从业人员增速，表明其对就业的吸纳能力较强，但 2010 年以后，在商贸物流业从业人员快速增长的同时，其增速不断放缓且连续 3 年慢于商贸物流业从业人员增速，这一现象从另一侧面反映了宏观环境变化给住宿餐饮业发展带来的挑战。

表 11-3　住宿和餐饮业从业人员

年份	商贸物流业		住宿餐饮业		
	绝对值/万人	增速/%	绝对值/万人	增速/%	占比/%
2009	265.8	2.63	82.64	2.94	31.09
2010	273.4	2.86	85.07	2.94	31.12
2011	284.0	3.88	88.22	3.70	31.06
2012	295.3	3.98	91.19	3.37	30.88
2013	307.6	4.17	92.94	1.92	30.21

从住宿餐饮业固定资产投资额变化情况看，其固定资产投资总额不断增加且占全社会固定资产投资总额的比重不断提高。住宿餐饮业固定资产投资总额由 2009 年的 184 368 万元增加到 2013 年的 1 102 447 万元，增长了 4.98 倍。从增长速度来看，除 2009 年出现负增长外，住宿餐饮业固定资产投资保持快速增长态势，且增速均超过商贸物流业固定资产投资增速。从结构看，住宿餐饮业固定资产投资额占商贸物流业固定资产投资额比重不断上升，一定程度反映了住宿餐饮设施的完善。重庆市 2009～2013 年住宿和餐饮业固定资产投资额变化情况如表 11-4 所示。

表 11-4　住宿和餐饮业固定资产投资-

年份	商贸物流业		住宿餐饮业		
	绝对值/万元	增速/%	绝对值/万元	增速/%	占比/%
2009	7 463 253	49.44	184 368	−6.51	2.47
2010	9 200 688	23.28	368 653	99.95	4.01
2011	9 594 150	4.28	459 208	24.56	4.79
2012	12 369 345	28.93	649 255	41.39	5.25
2013	16 433 451	32.86	1 102 447	69.80	6.71

（二）住宿餐饮企业发展情况

1. 总体发展概况

重庆市限额以上住宿和餐饮业法人企业数不断增加，由 2009 年的 942 个增加到 2013 年的 1362 个，其中，餐饮业法人企业数由 2009 年的 686 个增加到 2013 年的 1015 个，住宿业法人企业数由 2009 年的 256 个增加到 2013 年的 347 个。主营业务收入由 2009 年的 1 105 015 万元增加到 2013 年的 2 272 954 万元，餐饮企业主营业务收入增长速度快于住宿企业，同时住宿企业主营业务收入增速出现放缓趋势。营业利润由 2009 年的 93 690 万元增加到 2013 年的 248 374 万元，其中，餐饮业营业利润不断增加，住宿业营业利润 2009～2012 年不断减少，并在 2012 年出现了亏损。总体而言，餐饮企业的发展情况好于住宿企业。重庆市 2009～2013 年限额以上住宿和餐饮业法人企业基本情况如表 11-5 所示。

表 11-5　限额以上住宿和餐饮业法人企业基本情况

年份	餐饮业			住宿业		
	法人企业数/个	主营业务收入/万元	营业利润/万元	法人企业数/个	主营业务收入/万元	营业利润/万元
2009	686	722 237	88 248	256	382 778	5 442
2010	554	816 158	85 728	279	496 674	3 266
2011	762	1 149 968	111 711	298	596 991	473
2012	769	1 402 449	123 098	304	635 150	−29 661
2013	1 015	1 595 193	220 387	347	677 761	27 987

从营业额看，由表 11-6 所示，限额以上住宿和餐饮业法人企业营业额由 2009 年的 1 123 830 万元增加到 2013 年的 2 326 820 万元，其中，餐费收入所占比重最大，达 75%以上，客房收入占 17%左右。

表 11-6　限额以上住宿和餐饮业法人企业营业额

年份	营业额	其中							
		客房收入/万元	占比/%	餐费收入/万元	占比/%	商品销售收入/万元	占比/%	其他收入/万元	占比/%
2009	1 123 830	189 639	16.87	842 759	74.99	43 379	3.86	48 053	4.28
2010	1 343 668	250 639	18.65	979 787	72.92	45 707	3.40	67 535	5.03
2011	1 825 091	339 128	18.58	1 344 744	73.68	59 900	3.28	81 319	4.46
2012	2 125 980	351 948	16.55	1 612 203	75.83	86 784	4.08	75 045	3.53
2013	2 326 820	402 526	17.30	1 748 170	75.13	87 556	3.76	88 568	3.81

2. 住宿餐饮设施情况

表 11-7 表明，2009 年以来，重庆市住宿餐饮设施不断完善且增速较快，床位数由 2009 年的 67 460 个增长到 2013 年的 93 071 个，增长了 37.96%，餐位数由 2009 年的 559 282 位增长到 2013 年的 738 094 位，增长了 31.97%，

表 11-7　限额以上住宿和餐饮业法人企业住宿餐饮设施

年份	床位数/个	餐位数/位
2009	67 460	559 282
2010	77 351	585 061
2011	80 269	595 402
2012	89 816	673 272
2013	93 071	738 094

3. 餐饮百强企业情况

据中国烹饪协会发布的"2014 年度中国餐饮企业百强名单"，重庆餐饮企业有 15 家上榜，分别为重庆刘一手餐饮管理有限公司、重庆德庄实业（集团）有限公司、重庆朝天门餐饮控股集团有限公司、重庆陶然居饮食文化（集团）股份有限公司、重庆顺水鱼饮食文化有限公司、重庆巴将军饮食文化发展有限公司、重庆秦妈餐饮管理有限公司、重庆骑龙饮食文化有限责任公司、重庆市巴江水饮食文化有限公司、乡村基（重庆）投资有限公司、重庆佳永小天鹅餐饮有限公司、重庆奇火哥快乐餐饮有限公司、重庆和之吉饮食文化有限公司、重庆武陵山珍经济技术开发（集团）有限公司、重庆家全居饮食文化有限公司。在 15 家上榜企业中，以火锅为主的企业有 8 家，可以看出在重庆餐饮企业中火锅企业占据绝对主导地位。

二、存在问题

1. 经营成本不断增加

随着市场竞争加剧，劳动力成本、租金成本、原材料加个的快速上涨，重庆市住宿餐饮业运营成本不断增加，盈利能力减弱，住宿餐饮业企业基本处于微利甚至走向亏损的经营状况。2009～2013 年，重庆市住宿餐饮企业主营业务收入虽有所增加，由 1 105 015 万元增加到 2 272 954 万元，但增速却有所放缓，特别是住宿业营业利润逐年递减并于 2012 年出现了亏损。住宿餐饮业属于

劳动密集型产业，劳动成本的增加使企业面临招工贵、招工难问题。同时，随着城镇化进程的推进，城市中心商业地产的租金也将呈现不断上涨趋势，经营成本的增加使企业陷入微利或亏损的困境，生存和发展遇到前所未有的挑战。

2. 粗放式增长问题严重

高速粗放增长是重庆市住宿餐饮业发展的特征之一。在以扩大内需为主要任务的宏观经济环境下，重庆市住宿餐饮业规模不断扩大，由 2009 年的 132.88 亿元增加到 2013 年的 229.79 亿元，但其实现的社会消费品零售总额增速则呈现放缓趋势，增速由 2009 年的 24.19%下降到 2013 年的 11.21%，住宿餐饮业的产业能力没能跟上产业规模的增长，住宿餐饮业粗放式增长模式正面临严峻的挑战。

3. 市场集中度低

重庆市住宿餐饮业虽然市场容量不断扩大，但行业集中度仍然偏低，总体还处于规模小、分布散、竞争弱的状态，尚未形成规模效应。2013 年，重庆市限额以上住宿企业 347 个，仅占全国限额以上住宿企业总数的 1.88%；限额以上餐饮业企业 1015 个，仅占全国限额以上餐饮企业总数的 3.79%。市场经营主体以小规模企业和个体经营户为主，产业化程度低，限额以上住宿餐饮企业对消费的拉动能力有限。

4. 产品同质化严重

重庆市住宿餐饮业以传统经营为主，市场雷同程度较高，创新能力不足，"千点一面"是住宿餐饮市场存在的普遍问题。例如，重庆的特色餐饮火锅绝大部分的火锅店店面装修趋同，各宾馆、酒店内装修和外店面装饰也大同小异，缺少独特的地方风情和文化色彩。菜品雷同现象严重，传统菜品"水煮鱼""辣子鸡"等随处可见，缺少店内特色菜品。市场产品的高度雷同已不能满足人们对住宿餐饮多样化、个性化的需求。

第三节　重庆市住宿餐饮业发展重点

围绕长江上游地区"美食之都"建设，突出巴渝文化底蕴，积极推进重庆住宿餐饮业集聚化、规模化、标准化、品牌化发展，实现住宿餐饮业的转型升级。

一、深入挖掘巴渝美食文化

深入挖掘重庆美食文化内涵，提升"美食之都"文化底蕴。加快渝菜博物馆、火锅博物馆、美食期刊、美食网络信息平台等饮食文化载体建设。加强美食街（城）整体环境文化塑造，营造餐饮文化氛围，培育、认定一批具有深厚文化底蕴、鲜明文化特色的美食名城、名街、名镇（乡）、名企、名店及名宴、名菜、名火锅、名点、名小吃。积极推进火锅、渝菜等重庆经典菜品、烹饪工艺集体商标注册及非物质文化遗产申报等工作，定期举办中国火锅美食文化节，促进饮食文化的交流合作和宣传推广。加强巴渝饮食文化宣传，通过建筑、雕塑、诗歌、小说、影视等艺术创作，提升、宣传渝菜品牌，不断丰富渝菜文化内涵，提升渝菜在国内外的知名度和美誉度。

二、打造美食产业集聚区

大力推进美食集聚区及农家乐休闲片区建设，支持、引导各区县因地制宜，突出地方特色，集中规划建设规模化的餐饮原辅材料基地、美食产业园，积极培育特色美食街（城），打造具有地方民俗特色的农家乐休闲片区，培育形成一批地方特色突出、文化底蕴深厚、内部管理规范、发展前景向好的美食文化名城、名街、名镇及农家乐示范镇、示范村，逐步实现餐饮住宿业产业化、规模化、集群化发展。

三、扩大住宿餐饮经营规模

积极整合现有资源，培育一批大型住宿餐饮龙头企业，通过政策引导和扶持，推进住宿餐饮业集团化、产业化、国际化发展。走规模化、连锁化发展道路，对于"陶然居""秦妈""小天鹅"等已形成一定知名度，有一定经营规模的住宿餐饮企业，引导其利用自身优势发展连锁经营，扩大和延伸行业服务链条，通过直营、加盟、特许等连锁形式，发展培育一批品牌知名度和美誉度高、管理水平和运营效率高、市场竞争力和持续发展能力强的大型餐饮、住宿企业集团，提升服务层次，增强对外市场的辐射力，提高全市住宿餐饮业整体核心竞争力。

四、提高住宿餐饮业标准化水平

建立健全住宿餐饮业服务标准体系。加大国家标准、地方标准贯彻力度，推行国际质量标准体系认证，开展餐饮企业、农家乐分等定级工作和绿色饭店评定工作，提高住宿餐饮企业软硬件水平，促进企业提档升级。制订经济型酒店等级划分与评定标准，积极推进火锅行业标准化，完善渝菜标准体系，建立餐饮住宿业标准化培训、推广、示范中心。

五、实施品牌发展战略

目前，住宿餐饮市场处于买方市场，消费者对品牌的认知程度不断增强。引导住宿餐饮企业正确处理继承传统和开拓创新的关系，促进住宿餐饮业向品牌化、特色化方向发展。在引进国内外知名餐饮住宿企业和管理公司，植入国内外先进的经营管理理念、现代信息技术的同时，鼓励本土企业培育塑造品牌，争创中国驰名商标、中华老字号、星级酒店、钻级酒家、星级农家乐。以历史积淀和文化创新为基础，挖掘创新"渝菜""重庆火锅"品牌，加快营销方式、消费环境、服务质量等方面的创新，通过打造新、奇、特产品，适应不断变化的消费需求，增强市场竞争力。

六、推进住宿餐饮业转型发展

重庆市住宿餐饮业粗放的发展方式使得其消费结构呈现倒金字塔形，而成熟、理性的住宿餐饮市场应该以中档、大众消费为主，呈现"橄榄形"。因此，住宿餐饮业发展的关键是要逐步回归到以服务大众为主，引导住宿餐饮企业改变经营方向，以过去的对"公"为主，转变为对"私"为主，将大众消费作为未来发展的主要对象，大力发展大众化餐饮、经济型酒店、绿色饭店，以品质、服务、特色、健康为核心，增强餐饮住宿业的便利化功能。

七、推进住宿餐饮业智能升级

依托大数据、云计算、互联网等技术支撑，积极推进住宿餐饮行业"互联网+"模式，以"线上线下"相结合的方式，打破传统住宿餐饮服务的时间、空间限制，实现住宿餐饮业智能升级。积极发展 O2O 智慧餐厅，顾客通过餐厅专属二维码进入微信自助点餐系统，实现"线下线上"有机结合，节省人工点菜、下单、换菜等环节，同时支持手机呼叫服务和结账功能，提高经营效率。大力推进智慧酒店建设项目，依托酒店智慧管理体系，将互联网技术运用到设施、服务、员工管理等各个方面，通过总服务器管理客房智能终端系统，为客户提供更好的智能化、人性化服务。

八、依托旅游业带动住宿餐饮业发展

住宿餐饮业的发展与旅游业密切相关。重庆市旅游资源丰富，推进住宿餐饮业与旅游业融合发展是其应对当前发展困境的有效途径。通过城市营销，开拓旅游客源市场，以假日消费、节庆消费、旅游消费等为突破口带动全市住宿餐饮业发展。依托重庆西部唯一直辖市、长江上游商贸物流中心优势，积极开拓品质旅游项目，吸引外来消费，充分发挥旅游业综合性消费强的特点带动吃、住、行、娱、购等相关产业，拉动住宿餐饮业的发展。发挥各区县资源优势，积极发展生态农家休闲游、乡村采摘体验游、历史民俗文化旅游，进一步激发本地消费，带动和发展壮大住宿餐饮业。

第十二章

发展社区便民商业

社区便民商业是最根本、最基础的民生商贸经济工作，是保证市场供应，建设城乡统筹的商贸网络体系，建立规范的市场经济秩序的重要载体。重庆要成为长江上游地区的购物之都和商贸物流中心，发达的城市便民商业是不可或缺的组成部分。

第一节　社区便民商业概述

一、便民商业的概念及特点

便民商业是一种以社区为载体，社区范围内的居民为服务对象，以便民、利民为目的，满足和促进居民综合消费属地型商业。

便民商业的特点主要有：一是地域性。便民商业指向性十分明确，主要向住宅小区或住宅小区集聚区的居民提供综合性服务。由于提供餐饮、美发、保健、教育等不同便民商业服务企业在一定地域范围内聚合，可以产生聚合效应，具有一定的外向性，能够辐射区域以外的消费者。二是聚合性。便民商业汇集购物中心、百货店、超级市场、便利店、仓储店等多种业态，餐馆、美容店、美发店、茶楼、宠物店、洗衣店、综合服务平台、KTV 等多种业种，购物、餐饮、休闲、娱乐、缴费充值等多种服务，是商业业态、业种、功能的高度聚合，为居民或外来消费者提供综合性便民服务。三是日常性。便民商业主要为特定区域居民提供日常消费品和服务，基本满足居民衣、食、住、行的日常消费需求，如日杂用品、小家电、餐饮、洗染、洗浴等，一般不经营高档奢侈品与技术性强、单价高的耐用消费品，呈现出交易频次高、交易快速、成交概率高的特点。四是重复性。便民商业的目标顾客是本区域的常住居民，因此往往根据本区域居民特定的收入水平和消费习惯，提供适销对路的商品或服务。由于离家近及日用消费品消耗快的缘故，社区居民往往会对便民商业产生品牌忠诚，在同一家店重复购买。

二、便民商业的类型

依据不同的分类标准，可以将便民商业划分为不同的类型，常见的社区商业类型有如下几种。

按照便民商业业态不同，可以划分为购物中心、百货店、超级市场、综合超市、便利店、折扣店、社区购物中心等。购物中心、百货店、超级市场等资本规模较大的商业业态一般出现在发展较为成熟的区域，区域内居民收入水平较高、消费能力较强。

按照便民商业业种不同，可以划分为餐馆、美容店、美发店、茶楼、宠物店、洗衣店、综合服务平台、KTV 等多种商业业种。不同的商业业种往往在某一区域内集聚发展，满足居民综合性生活需求。

按照组织形态不同，可以划分为独立商店与连锁经营商店。独立商店的特点是由业主自主经营、资本投入较少、规模较小、商品种类少且经营范围狭窄；连锁商店的特点是由总店授权经营管理、资本投入较大、规模较大、商品种类较多，经营范围较广。

按照商品经营范围不同，可分为专业商店与综合商店。专业商店是指专门经营某一种或某一类商品为主的商店，这种商店的名称往往直接体现出主要商品类别，如文具店、烟酒店、火锅店等。综合商店是指同时经营两种及两种以上商品的商店，能满足顾客一站式购物需求的商店，典型的综合商店包括超级市场、综合超市、便利店等。

按照便民商业的地域范围不同，可分为便民商圈与便民商业街。便民商圈是指依赖居民集聚地，以零售店铺为主，以其他相关店铺为辅的众多店铺集聚的街区。而便民商业街则是便民商圈中的一条或数条以人行为主的道路。便民商圈或商业街是便民商业的集聚形态，具备较强的辐射能力，满足居民的购物与休闲娱乐需求，并可以繁荣城市经济，改善城市景观。

三、便民商业的功能

便民商业是直接服务于居民的重要渠道，它的兴盛与繁荣，可以改善居民生活环境、满足居民消费需求、提升居民生活质量。典型的便民商业具备如下功能。

1. 便利居民生活功能

这是便民商业的首要功能，也是最基础的功能。在日常生活中，广大居民总是追求消费的便利性与广泛性，呈现出购买批量小、购买种类多、购买频率高、选购时间短的特征，希望以最小的购物成本购买到最称心的商品组合。因此居民直接与生产商或批发商交易，或者到城市商业中心购买的交易成本十分巨大，基本上难以实现。便民商业应运而生，充当生产商、批发商与居民之间的媒介，从生产者、批发商那里大量购买日常消费商品，选择临近居住区的地点销售商品，便利居民购买。其次，随着居民收入水平的提高，居民对服务休闲娱乐的需求也越来越强，便民商业还提供各种服务娱乐休闲设施（如照相馆、洗浴中心、健身房、美容美发店、酒吧、KTV、宾馆等），为居民提供服务休闲娱乐的场所。

2. 拉动城市经济功能

便民商业是城市商业经济的重要组成部分，是城市流通网络的的重要节点，对于匹配生产与消费，加速商品快速进入消费过程，具有巨大的推动作用，从而使生产企业能够迅速回笼资金，壮大实力。其次，便民商业因其在区域内服务功能的聚合性，可以产生商店之间销售的外部性，有效地刺激城市居民消费。再次，便民商业对就业人员的准入门槛较低，其发展发展能够有效地拉动人口就业。同时，便民商业还能够扩大地方税收。对城市经济的发展作出不小的贡献。

3. 改善城市景观功能

便民商业是城市设施、城市环境风貌中重要组成部分，是城市整体风貌的局部缩影。一般而言，通常会由一个共同的管理机构对便民商业进行规划与管理，从交通上具体考量公共交通、停车场及货运车辆的通行；从规模上综合考察便民商业区域周边环境（流动人口、历史文化、公共基础设施等）、发展潜力、空间结构、城市规划；从风格上要特别突出便民商业的风格定位，并组织相应的店铺组合。因此，便民商业的产生与发展依赖于城市具体发展历史、空间结构、公共基础设施等物质与历史基础，从而又发作用于城市发展，改善城市景观。

四、社区便民商业服务设施

社区便民商业设施的设置应符合 SB/T10455—2008 的要求，与城市总体规划及商业网点规划相协调。社区商业设施的建设规模应以宜居生活为原则，与社区居住人口规模相匹配，功能业态组合合理。

1. 设置标准

社区商业按居住人口规模和服务的范围可分为小型社区便民商业中心、中型社区全民商业中草药心和大型社区全民商业中心，各级社区商业设置规模可参照表 12-1 的规定，社区商业的功能业态组合可参照表 12-2 的规定。

表 12-1　社区商业分级表

分　类	指　标		
	商圈半径/km	服务人口/人	商业设置规模/m² （建筑面积）
小型社区便民商业中心	≤0.5	1 万	≤1 万
中型社区便民商业中心	≤1	2 万	≤2 万
大型社区便民商业中心	≤1.5	3 万	≤3 万

表 12-2　社区商业的功能、业态组合

分　类	业　态　组　合		
	功能定位	必备型业种及业态	选择型业种及业态
小型社区便民商业中心	保障基本生活需求，提供必需生活服务	菜店、食杂店、报刊亭、餐饮店、理发店、维修、再生资源回收店	超市、便利店、图书音像店、美容店、洗衣店、家庭服务等
中型社区便民商业中心	满足日常生活必要的商品及便利服务	菜市场、超市、报刊亭、餐饮店、维修、美容美发店、洗衣店、再生资源回收、家庭服务、冲印店	便利店、药店、图书音像店、家庭服务、照相馆、洗浴、休闲、文化娱乐、医疗保健、房屋租赁等中介服务等
大型社区便民商业中心	满足日常生活综合需求，提供个性化消费和多元化服务	百货店、综合超市、便利店、药店、图书音像店、餐饮店、维修、美容美发店、洗衣店、沐浴、再生资源回收、家庭服务、照相馆	专卖店、专业店、旅馆、医疗保健、房屋租赁等中介服务、宠物服务、文化娱乐等

2. 社区商业功能要求

超市环境应符合 GB/T 17110 和 SB/T 10400 中的规定，其他购物服务设施应符合相应的规定，为居民提供便利、安全的购物环境。餐饮服务设施应满足 SB/T 10426 规定的要求，为社区居民提供便利、安全的餐饮服务。美容美发服务设施应符合 SB/T 10270 的规定。洗衣店应符合 SB/T 10271 的规定。照相馆应符合 SB/T10269 的规定。旅馆应符合 SB/T 10268 的规定。药店开设应符合有关要求，遵循合理布局、方便群众购药、安全经营等原则。其他社区商业设施应满足相应的法规和标准。

五、便民商业的发展趋势

1. O2O 化

"互联网+"时代的到来，极大地节约了消费者的购物成本，改变了消费者的购物方式。越来越多的消费者使用移动通讯设备或互联网完成购物活动，即采用 O2O 的模式购物。随着生活节奏的加快，更多居民为节约交易成本，会进一步把一些消费环节外包给 O2O 商店，诸如目前的"e 袋洗""e 车洗""阿姨帮"等生活服务类 O2O 平台，便引领了便民商业的发展趋势。可以预见的是，房地产商主导的生活服务类 O2O 平台，将会成为以后发展的主要模式，它们通过线上开发 APP，线下整合便民商业资源，发挥线上导流、线下供应的协同效应。

2. 融合化

零售的本质是购物、娱乐与社交。以零售为主的便民商业未来的发展趋势之一，便是依据自己的企业定位或经营品类，在三大零售本质中作出很好的权衡，即通过零售业态或零售功能的融合，不同程度地突出这三方面本质。这样的趋势已经开始崭露头角。例如，在电影院内出现了借阅图书的专柜，为消费者提供了等待电影播放时的另一种娱乐途径；目前的 KTV 开始融合餐饮与棋牌的功能，使消费者不再为兼顾餐饮而烦恼，同时拥有了多元化的娱乐选择。

3. 公益化

随着居民生活水平的逐步提高，居民消费需求将由"实"转"虚"，从物质消费转向精神消费，产生对文化、教育、养老、社交等服务功能的需求，要求像图书馆、老年大学、社区养老院等带有公益性质的新业态出现。但是，这些带有公益性质的新业态，不能完全靠市场自发调节形成，由政府来提供往往又缺乏效率。因此，未来便民商业的发展更多地会采用政府支持下的社会化运作模式。

第二节　重庆市社区便民商业发展现状

一、发展概况

（一）基本概况

重庆市重视社区便民商圈建设。2014 年，重庆市社区便民商圈达 152 个，居民区已基本实现社区商圈全覆盖。重庆市社区商业建设方面，已基本完重庆购物之都建设第一阶段目标，即到 2012 年，建成 150 个社区商业中心，社区商业设施覆盖率达到 85%以上。重庆社区商业建设基本实现了"51015"（即居民出家门步行 5 分钟可到达便利店、食杂店、早餐店等，步行 10 分钟可到达超市、菜市场、餐饮店、美容美发店、洗衣店、药店等，驱车 15 分钟可到达购物中心）的基本要求。2014 年全年新建社区便民商业设施 180 个，其中超市和标准化菜市场 19 个，集快递代收、水电气费用代缴、社区 O2O 体验等功能于一体的"一店多能"网点 16 个，城市快递末端配送公共取送点 100 多个。

（二）典型区县社区便民商业现状：以南岸区为例

南岸区是重庆主城九区之一，社区便民网络体系不断完善，社区便民商业发展初具规模，社区数量与匹配商业设施相对均衡。2012 年全区共有社区数 83 个，社区商业网点数达到了 6885 个，社区商业网点总面积为 81.94 万 m²，见表 12-3。

表 12-3　南岸区 2012 年社区商业网点镇街分布表

序号	街镇名称	社区数量/个	网点数量/个	网点面积/ m²
1	南坪街道	12	1 757	248 955
2	海棠溪街道	9	839	142 917
3	南坪镇	8	630	96 408
4	南山街道	6	573	58 963
5	花园路街道	10	957	89 678
6	涂山镇	7	376	30 889
7	弹子石街道	8	211	36 133
8	广阳镇	1	23	6 190
9	铜元局街道	9	205	29 170
10	迎龙镇	1	259	24 337
11	长生桥镇	4	694	27 187
12	龙门浩街道	5	311	21 756
13	峡口镇	1	25	3 695
14	鸡冠石镇	2	25	3 138
	合计	83	6 885	819 416

资料来源：根据南岸区商业委员会提供资料整理

　　社区商业业态分布。2012 年，南岸区社区商业必备型业态种类达到 13 种，但仍有部分社区缺少必备型业态，其中 37 个社区缺少肉菜店、35 个社区缺少家政企业、28 个社区缺少代收代缴点，其余社区商业必备型业态均具备。从网点数量与经营面积看，餐饮、综合超市、便利店业态相对集中；而其他类占比较高，说明业态散乱现象较突出，见表 12-4。

表 12-4　南岸区社区商业业态情况表

序号	业态	网点数量/个	经营面积/ m²	面积占比/%
1	综合超市类	187	151 944.5	18.54
2	菜市场类	39	62 830	7.67
3	餐饮类	1 896	216 212.92	26.39
4	家政服务类	78	2 527	0.31
5	美容美发类	605	24 210.56	2.95
6	药店类	306	28 768.7	3.51
7	洗衣类	151	5 277.66	0.64
8	维修类	297	16 325.83	1.99
9	代收代缴类	97	6 058.98	0.74

续表

序号	业态	网点数量/个	经营面积/ m²	面积占比/%
10	便利店类	937	60 439.63	7.38
11	肉菜店	16	856.49	0.10
12	回收类	189	18 900	2.31
13	其他类	2 107	225 064.12	27.47
	合计	6 885	819 416.4	100

资料来源：根据南岸区商业委员会提供资料整理

商业示范社区及便民商圈。至 2012 年末，重庆市现有国家级商业示范社区 16 个，南岸区有 4 个，占 25%；全市共有市级商业示范社区 85 个，南岸区有 5 个，占 6%；全市新建社区便民商圈 50 个，南岸区有 3 个，占 6%（表 12-5）。

表 12-5　南岸区商业示范社区一览表

序号	名　　称	社区及商圈级别
1	涂山镇兴隆湾社区	国家级商业示范社区
2	铜元局街道风临洲社区	国家级商业示范社区
3	花园路街道南湖社区	国家级商业示范社区
4	南坪镇白鹤苑社区	国家级商业示范社区
5	海棠溪街道学苑社区	市级商业示范社区
6	龙门浩街道上浩社区	市级商业示范社区
7	南山街道南山购物中心	市级商业示范社区
8	海棠溪街道金香庭社区	市级商业示范社区
9	南坪街道东路社区	市级商业示范社区
10	涂山镇红星社区	市级社区便民商圈
11	铜元局街道观山水社区	市级社区便民商圈
12	南坪街道阳光社区	市级社区便民商圈

资料来源：根据南岸区商业委员会提供资料整理
注：2012 年前为"商业示范社区"创建，2012 年后改称为"社区便民商圈"创建。

市级商业示范网点。重庆市现有市级社区商业示范网点 2000 个，南岸区占 95 个，占 4.75%。其中，全市有 200 家示范超市，南岸区 9 家，占 4.5%；全市有 330 个早餐工程示范点，南岸区 35 个，占 10.6%；全市有家政龙头示范企业 5 家，南岸区 1 家，占 20%；全市有专业型家政企业 12 家，南岸区 5 家，占 41%；全市有 453 个标准化菜市场，南岸区有 22 个，占 4.8%（表 12-6）。

表 12-6　南岸区市级社区商业示范网点情况表

序号	名称	数量/个	全市数量/个	占比/%
1	示范超市	9	200	4.5
2	早餐工程示范点	35	330	10.6
3	家政龙头示范企业	1	5	20
4	专业型家政企业	5	12	41
5	标准化菜市场	22	453	4.8

资料来源：根据南岸区商业委员会提供资料整理

市级社区商业龙头示范企业。重庆市现有社区商业龙头示范企业 49 个，其中南岸区有 10 个，占 12.2%，见表 12-7。

表 12-7　南岸区市级社区商业龙头示范企业一览表

序号	名　称	业　态
1	重庆金洲家政服务有限责任公司	家政服务
2	重庆绿水河生态农业开发有限公司	菜市场
3	重庆科渝药品经营有限责任公司	社区药店
4	重庆市九龙坡区春意美容发型设计中心	美容美发
5	重庆鑫斛药房连锁有限公司	社区药店
6	重庆昌野药房连锁有限公司	社区药店
7	重庆人道美食品连锁有限责任公司	菜市场
8	重庆唐氏药业有限公司	社区药店
9	重庆永辉超市有限公司	超市
10	重庆十分利商行有限责任公司	便利店

资料来源：根据南岸区及重庆市商业委员会网站资料整理

（三）典型社区便民商业发展现状

1. 渝北龙湖社区便民商圈

（1）概述（表 12-8）

龙湖社区地理位置优越，交通便捷，机场高速公路、龙华大道、新南路等城市主干道穿城而过。有公交始发线路近十条，交通发达，各居民小区出行方便。社区距渝中半岛 4km、江北机场 16km、重庆火车北站 3km，车程均在 15 分钟内。轻轨 3 号线在辖区内设有车站。辖区内有龙湖花园等高档住宅小区。2006 年 8 月，在区委、区政府的大手笔下，街道、社区积极行动，因地制宜，科学规划，创造了靓丽、整洁、优美的社区环境，进一步完善了城市功能。日新月异的城市建设使龙湖社区成为通信发达、设施完善、环境优美的现代化新型社区，2008年，社区获得"市级文明社区"荣誉称号。2011年成功创建全国文明社区。也先后获得全国商业示范社区、市级文明单位、区级学习型社区、和谐社区、充分就业社区、无媒社区等称号。

表 12-8　龙湖社区城市便民商圈基本情况概述表

范围	服务人口/万人	商业面积/万 m²	人均商业面积/m²	网点个数/个
以创世纪宾馆为中心辐射边界东至红锦大道、松牌路，西至龙华大道，南至天一桂湖、新牌坊三路，北至龙湖花苑南苑	1	13.3	7.82	842
业态（种）数	连锁比重/%	商业属性	商业形态	建成年限	市级、国家级
20	44.15	中间型	沿街式	2000 年	国家级

资料来源：实地调研统计数据

商圈边界。以创世纪宾馆为中心辐射边界东至红锦大道、松牌路，西至龙华大道，南至天一桂湖、新牌坊三路，北至龙湖花苑南苑。商圈核心区域由新南路、新牌坊三路、松牌路环绕组成。龙湖社区便民商圈服务半径1500m，服务人口1万人。

商圈环境。龙湖社区现有龙湖花园等27个物业，常住人口17 000人。共有6296户居民，118幢居民楼，辖区内有重庆市人力资源和社会保障局、重庆市人民检察院第一分院、水利局、警卫局、道路运输管理局、公路局、统计局及国家统计局重庆调查总队、9家市级单位和中央驻渝机构新华社重庆分社，社区内含公立学校1所，幼儿园4所，大型农贸市场2个，综合超市2个，社区服务所1个，交通方面轻轨临近三号线，公交车停靠站点较多，交通便利。环境方面社区完善道路75 000m²，各类灯饰380盏，再输绿化568棵，街面干净宽阔，居民素质较高，小区治安良好，人际关系和谐。

商业定位。龙湖社区自建成以来，以便民、利民、为民，满足和促进居民综合消费为目标不断发展，直至今天为集政治、金融、购物、餐饮、娱乐等多功能于一体的并具备一定辐射能力的城市小商圈。从其社区发展的定位来看大致可分为三个运营部分，最主要部分是满足社区居民日常所需的的基本商业配置，如天宇农贸市场以及众多便利店等；其次是以某一个消费层或者某一个商品结构、收入阶段为区分的带有专业性质的店，如给龙湖社区带来最大经济效益的正典等大型 4S 店；再次是一个是购物中心运营部，主管 5000 m² 以上的大卖场，如位于新南路的卜蜂莲花。

商业属性。龙湖社区商业体量较大，商业氛围良好，属于中间型商业。商业的持续稳定经营一部分依赖于本社区居民的需求，另一部分则依赖于一定的来自周边环境的消费群体的消费。

商业形态。龙湖社区街道布局简单，小区式居民楼大都分布在两街之间，这也就决定了社区的商业形态为沿街式。例如，在新南路、新牌坊一路以及二路街上分布着众多的店铺。

服务人群特点。服务人群主要集中于中高端收入水平人群，由于居民大都文化程度较高，平均购买力较强，因此大多数自主消费意识强、较理性消费、对生活质量与品质要求也较高。

商业面积。龙湖社区商圈商业总面积达到 13 万 m²，人均商业面积 7.8 m²。必备型业态商业面积占 46.31%左右。选择性业态高达 53.7%，商圈集中商业面积 11 万 m² 以上。

（2）业态情况分析

龙湖社区必备业态 5 种，网点 203 个。社区居委会结合社区自身实际和居民需求，合理规划网点，不断完善商业服务功能，齐全社区商业必备业态，以达到社区便民商圈的最基本条件，真正实现便民、利民、为民。社区综合超市共 2 个，达到了 25 000 m² 以上，占社区商业总面积约为 19.55%，按服务半径 2000m 配置，分布在新南路以及新牌坊三路，辐射整个社区，满足了社区居民在超市一站式购物需求；社区便利店共 6 个，总面积为 195m²，按服务半径 300m 配置；社区食杂店共 55 个，按服务半径 300m 配置，满足了居民日常生活中的简单需求；社区共有 14 个专卖店，总面积为 520m²，占社区商业总面积为 0.41%，主要是天友乳业、奶牛梦工厂等奶制品专卖店，；社区专业店有 126 个，面积大约为 11 963 m²，占比约为 9.35%，专业店数量较多，极大地满足了社区居民的购物需求（表 12-9）。

表 12-9 龙湖社区城市便民商圈业态情况表

序号	业态	网点数量/个	经营面积/m²	面积比/%
1	综合超市类	2	25 000	19.55
2	便利店	6	195	0.15
3	食杂店	55	2 549	1.99
4	专业店	126	11 963	9.35
5	专卖店	14	520	0.41
合计		203	40 227	31.45

资料来源：实地调研统计数据

（3）主要业种店铺分析（表 12-10）

龙湖社区业种类别较多，各个行业经济效益较好，营业面积近 13 万 m²，吸纳就业人口 1 万人，创造社区总体营业额近 36 亿元，其中服务类效益最高，占总体营业额的 93.71%，高达 33.7 亿元左右，为龙湖社区经济做出了巨大贡献。社区业种种类和数量较多，与我国提出的便民商圈构造相符，社区餐饮类营业面积约 25 000m²，创造的经济效益也非常可观；社区超市类主要是大型超市卜蜂莲花和超市新世纪百货，占总面积为 25 002m²，营业收入为 2550 万元；社区的服饰类、美容美发类的共约 120 个网点分散分布在社区主要干道，极大地便利了社区居民；社区的休闲娱乐总面积约为 10 831m²，社区休闲方式多种多样，如按摩、足疗等，使居民们工作劳累之后能够得到更好的放松；社区的卫生医疗类作为便民商圈必备业种，面积约 2501m²，满足了社区居民日常需求；社区便利杂食类网点数达 61 个，实现了 5 分钟到达便利杂食店的需求；教育培训类、电子数码类也丰富了居民生活。

表 12-10 龙湖社区城市便民商圈主要业种店铺一览表

序号	业种类型	营业面积/m²	就业人口/人	营业额/万元	典型店铺名称
1	餐饮类	25 000	1 885	10 100	澳门豆捞、毛哥老鸭汤、武陵山珍、王家雅厨
2	肉菜市场类	3 600	240	3 500	天宇农贸市场、蔬菜肉店
3	超市类	25 002	1 100	2 550	卜蜂莲花、新世纪百货
4	服饰类	4 003	430	1 050	采轩服饰、双星服饰
5	文教类	1 194	112	479	晨光文具、轩华图文、鸿通图文制作
6	美容美发类	3 750	386	480	CK发艺、阿里郎发艺

续表

序号	业种类型	营业面积/m²	就业人口/人	营业额/万元	典型店铺名称
7	休闲娱乐类	10 831	1 480	1 980	佛脚足道、龙泉洗浴中心、富桥保健
8	卫生医疗类	2 501	517	1 290	迪帮皮肤科医院、桐君阁药房、麦克药房
9	服务类	39 969	3 555	337 371	正典汽车销售、帮家家政、
10	便利食杂店类	2 744	245	620	易可便利、天天便利店、副食店
11	教育培训类	9 074	80	475	三色幼儿园、昆仑驾校、天艺琴舍
12	电子数码	230	20	89	金铭数码、梦琪摄影
	合计	127 898	10 050	359 984	

资料来源：实地调研统计数据

（4）市级社区商业示范网点分析

龙湖社区城市便民商圈中，餐饮业示范网点达 27 个，休闲娱乐业示范网点达 11 个，但家政型企业规模较小，优秀示范点更是没有，服务类中的洗衣业示范较少（表 12-11）。龙湖社区示范网点在各个行业中分布不均匀。

表 12-11 龙湖社区城市便民商圈市级社区商业示范网点情况表

序号	名称	数量/个	名称
1	示范超市	1	卜蜂莲花超市
2	餐饮业示范网点	27	澳门豆捞等
3	住宿业示范网点	7	创世纪宾馆等
4	美发示范网点	5	狂领东尚等
5	服务类示范网点	5	跨越爱车港等
6	休闲娱乐示范网点	11	健健健身俱乐部
7	服饰类示范网点	9	采轩服饰等

资料来源：实地调研统计数据

2. 永川区中山路社区便民商圈

（1）概述（表 12-12）

永川区中山路社区便民商圈隶属中山路街道，中山路社区、昌州路、英井路、中河坝社区，位于永川主城中段偏西，以俊豪中央大街为中心，东起官井路（农业广播电视学校永川分校），西至玉屏路（工人文化宫），南接永川火车站附近，北抵北山公园，商圈面积为 1.2km² 左右，服务半径 1km，服务人口 4.8 万人。商业总面积 4.75 万 m² 左右，人均商业面积 0.99m²，必备型业态商业面积占 55%左右，主要集聚在俊豪中央大街、东外街以及渝西大道，集中商业面积 2.61 万 m²。俊豪中央大街为社区商贸业特色街区，集零售、餐饮业为一体的特色街区。

表 12-12　永川区中山路社区便民商圈现状

服务人口/万人	商业面积/万 m²	人均商业面积/m²	网点数量/个	业态(种)数	连锁比重/%	商业属性	商业形态	建成年限	市级国家级商圈
4.49	4.4	0.98	1760	20	33.9	组团式	外向型	2014	无

资料来源：实地调研统计数据

商圈环境。文化类业态数量众多，基础设施完善；处于永川的中心商圈商业区，交通便利，经济发达；绿化率处于全区较高水平，老城风貌和新兴建筑并存，新兴小区建设完善，商圈带动老城发展迅速，小区建设处于城市前列。

商业定位。定位为集购物、餐饮、娱乐、家居等多功能于一体的居住型商圈，以满足该商圈内居民和部分商圈外居民的日常综合消费需求，具备一定的辐射能力，是社区便民商圈。

商业属性。商业属性为中间型，形成了以俊豪中央大街为中心，向周围街道、小巷辐射式发展的同心圆模式，满足了商圈内外居民的购物需求和其他生活需求。

商业形态。商圈内根据商业形态自行分类组团式分布，多按服饰、餐饮、生活必需品等分类形成小团体商业中心，或者以新世纪、重百等大型超市为小中心集中分布，或以经营时间不同集中分布，如夜市小吃一条街。

服务人群特点。居民大多接受过或者正在接受中高等教育，收入水平较高，对于生活有较高的要求，更注重质的享受；年龄段偏年轻化，消费群体年龄主要集中在 20 岁至 30 岁之间。

商业面积。商圈商业总面积达到 4.75 万 m²，人均商业面积 0.99m²，集中商业面积 2.61 万 m²，必备型业态商业面积占 55%左右，是永川区商业面积最大的社区。

业态业种。必备业态 10 种，必备网点数 704 个，占总商业面积 55%左右，主要集聚在俊豪中央大街、东外街以及渝西大道，集中商业面积 2.61 万 m²。选择性业态 10 种，选择性网点数 1056 个。

（2）业态业种情况分析

有必备业态 10 种，网点 704 个。分散分布在社区各处，主要是社区综合超市 4 个、菜市场 3 个、便利民店 95 个、餐饮店 371 个、美容美发店 83 个、社区药店 84 个（表 12-13）。选择性业态 10 种，网点 1056 个，集金融服务、娱乐文化、健康养身、再生资源回收为一体，满足商圈内外居民多样化的消费需求。社区综合超市：4 个，4000m² 以上，按服务半径 600m 配置，分布在城市中心，形成集散效应，周围密集分布其他类型的小商业，共同分享大型超市带来的人流量。标准化菜市场 3 个，3000m² 左右，按服务半径 500m 配置，分布在小区附近，涵盖所有的蔬菜种类和基本的家禽、海鲜肉类，完全满足了商圈内外居民日常生活的不同层次、不同品味的需求。

表 12-13　中山路社区便民商圈业态表

业态	数量	举例	业态	数量	举例
食杂店	380	张鸭子	便利民店	250	24 小时便利店
		廖记			罗森
超市	7	薄利超市	专业店	112	拉夏贝尔服饰
		便民超市			和平药房
百货店	4	重百	折扣店	13	世通 2 元店
		新世纪百货			达芙妮折扣店

资料来源：实地调研统计数据

按服务半径 600～700m 配置；250 个以上便利（民）店、550 个以上餐饮店，按服务半径 100m 配置；50 个左右美容美发店按服务半径 300m 配置；洗衣、家电维修、药店、再生资源回收、金融服务、便民服务项目等必备型业态按每种 20～30 个网点、服务半径 500m 配置（表 12-14）。必备型业态的连锁网点 400 个以上，连锁经营比重 40% 以上。该便民商圈的营业收入约 19 亿元，从业人员 28 000 人左右，居民满意度 90% 以上。

表 12-14　中山路社区便民商圈业种表

类别	数量	举例	类别	数量	举例
菜市场	3	中山路菜市场	餐饮店	371	九锅一堂
		华创菜市场			乡村基
		三源里菜市场			乐棒棒

续表

类别	数量	举例	类别	数量	举例
美容美发	83	沙宣 俏佳人 时尚芭莎	社区药店	64	和平药房 桐君阁大药房 鑫斛药庄
维修店	24	天宇客户服务中心 友诚维修 家电维修	洗衣（染）	19	明明洗衣店 布兰奇 福奈特

资料来源：实地调研统计数据

二、存在问题

（一）规划不合理导致商业发展存在隐患

规划不合理，重庆市社区商业存在诸多隐患。一是停车难问题凸显，由于社区商业网点的容积率比较低，房产开发商会更趋向于开发住宅，少开发商业设施，产生社区停车难的问题。社区内车辆数量多，主要构成为：机关公职人员上班用车、临时停放车辆、社区居民车辆。公共停车位缺少、机关单位停车位少且不开放、老式小区内停车位少等又造成停车位不足，远远无法满足现有车辆停靠。停车位极为缺乏，停车管理也混乱，出现路边临时停车位车辆长期停靠问题等。二是商业网点的布局不适应便民商业的发展，便民商业应与社区居民的住宅有适当的分离，才不会对居民的生活产生影响，而大多数便民商业设施位于居民楼的底层，一部分餐饮造成的脏乱差的环境及其产生的噪声、空气的污染对居民生活造成负面影响。三是大多数便民商业仍以餐饮、超市、美发店等传统商业为主，无法满足居民休闲娱乐需求。

（二）市场导向导致便民商业业态业种结构不均衡发展

如果仅由市场自发调节便民商业资源，将会导致某些业态业种过度发展，与居民生活服务需求产生矛盾。例如，龙湖社区的"汽修一条街"（新牌坊三路）占用了大多数商业设施，不仅不会对居民生活质量的提高带来明显的好处，甚至还会产生噪音、占用人行道、环境污染等恶劣的社会影响。这种现象的产生一方面源于便民商业设施供给过少，另一方面在于业主为追求租金收益最大化，纷纷选择租赁给承租能力较强的汽修店等业态，因此出现了一些业态如汽修等在社区商业中心扎堆经营的怪现象。这又对那些教育、医疗、养老等具有公益性质的便民商业产生"挤出效应"，使这些能够直接提高居民生活质量的便民商业得不到发展。

（三）便民商业与社区居民的冲突日益加剧

商住划分不分明、商铺管理不到位，导致出现社区商业扰民问题。例如，餐馆和烧烤油烟、垃圾问题，娱乐场所、烧烤、汽修店噪音问题等都让社区居民难以忍受。在社区商业中，餐饮消费需求量相当大，占社区商业较大比例，但餐饮尤其是中餐，也给社区生活带来诸多负面影响。首当其冲是给社区带来各种污染；含油、洗涤废弃水等对水体的污染；厨房油烟、热气等对空气的污染；抽风机、炒菜声及其他高噪声设备产生的噪声污染。影响了社区居民正常生活，给社区居民带来诸多不便，诸多居民对此表示不满。社区餐饮还存在着消防隐患，店铺经常堆有为数不少的煤气瓶罐或酒精等易燃、易爆物品，同时油烟等排放会产出大量的热量，一旦发生火灾，后果将不堪设想。社区餐饮需求与抵制餐饮进社区之间出现两难矛盾，居民一方面担心酒肆茶楼离居住区太近而严重干扰生活，另一方面又担心社区内没有餐饮店给生活带来不便。

（四）社区便民商业功能不完善给居民生活带来不便

近年来重庆处于城市建设开发的"高峰期"，大量人口的涌入，使得居住新区和大型楼盘不断涌现，然而社区商业并没有跟上城市发展的步伐。而大型老社区的商业配套缺乏已经是多年的顽疾，而建设时间较近的居住区及部分新建社区，也在面临同样的问题，如吃放心早餐难、就近买菜难、家用维修难、大宗购物难、家政服务难等。同时，缺乏大型社区商业示范龙头企业，相当一部分连锁企业仍不具有现代意义的连锁经营企业的竞争实力并且。即使配套较好的社区，也尚未形成自身的社区商业特色，业态不齐全，商业品牌品种少、档次低，缺乏满足性和安全性。尚未真正达到"便利消费进社区、便民服务进家庭"和"51015"的社区商业要求。这一系列的问题，造成社区群众消费不便，社区商业建设已经成为城市商业发展中较为薄弱的一环。

社区商业布局主要是分散式，商业往往是沿街线型展开，商业街主要分布在步行线和交通线上。这种布局带来了很多问题，如人车混杂、交通拥堵、嘈杂扰民、乱停车、安全性差等，严重影响社区居民的生活质量。

（五）扶植激励力度不足影响了社区便民商业的发展

重庆市在加快商贸流通业发展扶持政策方面，侧重对"大市场、大商贸、大流通"方面的支持，对社区民生商业的着力点不多，支持量不大，导向不明确。虽然国家和市级政策支持在逐年加大，但是难以实现政府意图和市场机制的有机结合。另外，流通现代化水平低，物流配送体系不健全，信息化水平低以及财政支持力度明显不足等一系列问题导致规划建设社区商业组团式综合体较难。

第三节 重庆市便民商圈发展重点

一、加强便民商业的规划设计

目前，重庆市应用制订社区便民商业发展规划，加强规划设计执行力度。重点关注：一是改善交通难题，尽量不要在通道两边或人行道上设置临时停车场，可将停车场设置与建筑屋顶上或底下，或是建设立体停车场；二是合理规划便民商业的规模，应综合当地居民流动人口、历史传统，便民商业的发展前景、该区域的空间结构、该区域的城市规划等因素；三是便民商业的科学选址，便民商业应选址在居民区或邻近居民区的周边地区；四是合理设计便民商业的整体风格与店铺组合，便民商业的整体风格取决于便民商业的主题或功能定位，首先要确定便民商业的主题是专业性的还是综合性的，是传统的还是现代的，依据便民商业的主题应设计好便民商业的环境，包括步行街道、商店的整体装饰与建筑风格等。同时，依据不同便民商业区域的功能定位，即通过搭配商业业态与业种，凸显出相应的功能。

二、推进便民商业设施建设

便民商业设施建设是推进便民商业建设的重要物质保障，是同人们生活息息相关的，如何推进便民商业设施建设，使之能与居住环境相适应、相匹配，是居民安居乐业的必要条件之一。推进便民商业设施建设，一是要科学规划好社区便民商业设施，进一步完善社区便民商圈规划，做到布局合理、业态齐全、功能完善，真正让居民消费方便；二是要加快推进项目建设，包括社区综合超市、菜市场、社区便民店，社区便民商圈的建设，确保按期保质完成任务；三是抓好城市电商物流末端配送试点工作，整合末端配送资源，解决"最后一公里"问题，促进电子商务快速发展，发展网上交易、网上服务和送货上门、送餐上门、修理上门服务等。

三、强化便民商业的服务、休闲、娱乐功能

重庆市目前的便民商业主要以满足居民的日常生活需求为主，服务功能单一。随着居民生活水平的提高，日常生活消费已不能满足居民日益增长的服务、休闲、娱乐消费。实际上，美国、日本、英国等发达国家便民商业发展实践也表明，便民商业业态业种呈现出多元化的特征，不仅有传统的便民商业，更设有公共图书馆、电影院、老年教育、音乐培训、证券交易所、游乐场等各种便民设施。因此，我们在发展便民商业时，应该更加注意融入服务、休闲、娱乐的元素，满足居民的综合型需求。

第十三章
流通现代化

顺应"互联网+"的发展趋势，推动重庆商贸流通创新转型，实现内涵式发展、可持续发展，从而有效推进重庆长江上游地区商贸物流中心建设。本章重点讨论连锁经营、物流配送和电子商务。

第一节　流通现代化概述

一、流通现代化的概念

对于流通现代化概念，学者们从不同的侧面进行了界定，大致可分为状态说、动态说、综合说、现代说[①]。

状态说认为，流通现代化是一种与国民经济系统平衡运转和良性循环相适应的状态，是国民经济现代化的重要组成部分，它意味着以现代工业文明为基础，在国民经济的商品化、社会化的同时，采用当代世界先进科学技术成果和现代社会科学知识武装我国的流通，使之转化为现实的流通生产力，形成现代化的国民经济流通系统，与现代化的国民经济生产系统和消费需求系统相耦合，实现整个国民经济系统平衡运转和良性循环（王诚庆和杨圣明，1995）。

动态说强调，流通现代化是一个动态的概念，是流通业内科学技术、管理技术、流通关联不断更新的过程。晏维龙认为，流通现代化是随着社会、经济、技术的发展而不断适应生产、消费以及流通自身发展的要求而"与时俱

---

① 参见：李飞，2003。

进"的过程（晏维龙，2002）。武云亮和赵玻（2008）则指出，流通现代就是以高技术为支撑，融合现代管理理念，以节约交易成本、提高社会福利为目的的商品流通领域的变革过程。

综合说指出，流通现代化是一个综合化的过程，是对传统流通格局中的商流、物流、资金流和信息流的整合。宋则指出，流通现代化是在实体经济以信息化带动工业化的过程中，凭借先进理念、思维方法、经营管理方法和科学技术手段，对传统流通格局中的商流、物流、资金流和信息流所进行的全面改造和提升，以便全面、系统、大幅度地提高流通的效能（宋则，2003）。文启湘和周昌林（2004）认为，现代流通即社会化大流通，它是涵盖着一切可以用于交换的，具有价值和使用价值的物质载体与非物质载体以及交换关系的总和。

现代说认为，流通现代化是社会现代化的重要组成部分。李飞（2003）强调，要在社会现代化的进程中考察流通现代化，基于这样的历史观，他将流通现代化划分为两个阶段：由工业化社会出现引起的流通领域的变革过程，被称为前期流通现代化，由信息化社会出现引起的流通领域的变革过程，被称为后期流通现代化。宋则和张弘（2003）认为，流通现代化是指伴随着工业化社会和信息化社会在商品流通领域产生的变革、创新过程。主要包括流通组织现代化、流通技术现代化、流通制度现代化、流通人才现代化、流通方式现代化以及流通观念现代化。

本书认为，宋则和张弘对流通现代化的定义较为全面，从历史和物质两个层面对流通现代化进行了界定，因此在后文中将采纳他们的定义。

二、流通现代化的内容

本书立足于重庆市商贸物流发展实践，重点提炼出流通现代化的三大重要组成部分，同时也是重庆市商贸物流亟需破解的三大主要难题，即流通组织现代化（连锁经营）、流通服务现代化（现代物流）、流通方式现代化（电子商务），作为流通现代化的研究内容。

（一）流通组织现代化：发展连锁经营

1. 连锁经营的概念

连锁经营是指经营同类商品或服务的若干个企业，以一定的形式组成一个联合体，在整体规划下进行专业化分工，并在分工基础上实施集中化管理，把独立的经营活动组合成整体的规模经营，从而实现规模效益，是一种经营模式。

2. 连锁经营的类型

（1）直营连锁

直营连锁 RC（regular chain）就是指总公司直接经营的连锁店，是由公司本部直接经营投资管理各个分店的经营形态。直营连锁总部是唯一决策单位，对分店管理具有完全的决策权，包括决定分店的产品种类，负责分店的产品运输，统一门店形象，制定商品价格，决定促销策略等。

（2）特许连锁

特许连锁 FC（franchise chain）即由拥有技术和管理经验的总部，指导传授分店各项经营的技术经验（自主开发的商品、商标、商号、服务技术和营业设施），并收取一定比例的权利金及指导费，并由此而形成的商业组织。特许连锁的特点是：总部与分店是不同的资本所有者，拥有自己独立的财产和法人地位，通过特许连锁合同确定双边权力和义务的边界，规范自己的行为。

（3）自由连锁

自由连锁 VC（voluntary chain）是指企业之间为实现共同利益而结成的一种合作关系，是独立的零售商、批发商或制造商之间的横向或纵向的经济联合形式。在组织结构上，一般由一个或几个核心企业作为主导企业，组织若干具有独立法人资格的分店构成。在合作关系上，总店与分店不是隶属关系，而是协商与服务关系。总部负责统一管理订货送货、信息使用、广告宣传、销售战略等业务，除此之外，分店具有高度的独立性，拥有独立的的所有权、经营权和核算权。

3. 连锁经营的特征

（1）经济特征：规模经济效应

规模经济是指随着公司规模的持续扩大，其长期平均成本（销售额）逐渐下降和保持不变的经济效应。连锁经营公司因其自身特性而具有典型的规模经济特征：一是可以提高专用设施的使用效率，源于专用设施的不可分性，包括配送中心仓库、储存运输设备、管理信息系统等专用设施，其巨大的购置成本可由更大的公司规模（销售量）予以分摊，同时储存运输设备的几何性质决定了它们的经济效益将随容量和输送能力的增大而递增。二是可以提高学习效率，更大的公司规模可使员工长期从事专门的业务工作，提高业务技能与工作效率，降低工作出错的概率。而且规模较大的公司较之规模较小的公司，更有能力采用和学习新技术，进而提高生产效率。三是可以提高采购效率，规模较大的公司较之规模较小的公司因其采购量更大往往能够从供应商那里获取更优惠的批量折扣率。四是可以提高库存、配送效率，规模较大的连锁公司较之规模较小的连锁公司往往拥有更多的店铺，一方面使得店铺间的商品销售量的波动更加容易相互抵消，另一方面，会降低连锁公司的按店铺计算的单次配送平均成本。

（2）组织特征：网状组织结构

从组织形态上看，连锁公司是以总部和采购部门与配送中心为核心，通过商流、物流、信息流、资金流链接众多终端销售网点的网状组织结构。总部、采购部门与配送中心是整个网状组织结构的中枢系统，负责组织商流、物流、信息流（采购商品，统一配送，传达库存、物流信息），传送给终端销售网点。而终端销售网点则向总部、采购部门及配送中心反馈资金流和信息流（货币收入，消费者需求信息）。

（3）制度特征：统一管理制度

统一管理制度，是连锁公司的基本制度，有利于避免资源重复配置并提高它们的使用效率。统一管理的内涵包括：一是统一采购，即由公司总部决定采购计划，加盟店无对外采购权；二是统一配送，即通过公司配送中心为各加盟店配送货物；三是统一价格，由公司总部确定加盟店相同商品的售卖价格；四是统一服务标准，公司总部制定统一标准规范商品展示、店面装饰、收费流程等营销业务；五是统一核算，有公司财务部统一进行成本核算和财务管理，统一调度资金和运用资产，各店铺不独自进行核算。

4. 连锁经营的功能

（1）协调供需功能

生产的社会化与消费的分散化决定了供给与需求在时间和空间上的矛盾，特别是在买方市场条件下，消费呈现出分散化、多元化的特点，如何组织多元化的商品并及时流通到呈原子状分布的消费者手中，是匹配供给与需求以及社会再生产得以持续的关键。连锁公司采取集中进货与分散销售的销售模式，凭借其网点的分散化、商品的标准化，充分发挥了协调供需的功能，促进了现代化大生产与消费的结合。

（2）刺激消费功能

连锁经营凭借其独特的运营模式能够有效刺激消费者的购物需求。一方面，连锁公司的跨区域、多店铺经营，能够帮助企业提升品牌形象，提高消费者的品牌认知，提高消费者的购买意愿。特别是同一品牌的不同店铺提供同样的服务标准和同质的商品，能使之前有购买成功经历的消费者继续选择该店消费，简化消费者的购买决策，从而更受消费者青睐。另一方面，连锁公司往往能够塑造出特定的消费文化，使商品或服务的内在价值与外在社会价值统一起来，并赋予消费者购买行为某种社会意义，使消费者产生品牌认同感，从而刺激消费者的消费需求。

5. 连锁经营的发展趋势

（1）国际化

世界零售资本的跨过扩张越演越烈，企业的经济活动不再局限于本国很大的重在国外，企业的运行机制、制度规范与同际市场接轨，国内流通领域充分对外开放。国际化的好处在于，企业可以通过兼并获得更大的市场份额，更大限度地配置资源，节约采购、物流和管理成本，使体系的运转更有效率，对加盟者的支持更有力度。同时全球经济一体化进程的大大加快和技术的进步也使越大型企业的高效管理成为可能。

（2）规模化

目前，在西方发达国家，较少的若干大型零售商主导着零售市场，前 10 名的零售商卡零售总额的 56%。沃尔玛占美同本土零售额的 20%以上。家乐福占法国本土零售额的 40%以上。随着零售企业的大型化，西方零售业的组织结构呈集中化趋势，意味着主导商业企业的巨型化、规模化，追求规模经济收益仍将是连锁零售企业必然选择。

（3）融合化

在竞争激烈的市场环境中，谁能更好地满足消费者的需求，谁就能获取竞争优势。连锁经营企业特别是零售业的本质是购物、社交与娱乐，超级市场、便利店、百货店、专业店等任一业态只能不同程度或部分实现零售本质。多渠道零售模式应运而生，即同一连锁零售企业同时运营两种和两种以上的业态，以最大程度地实现零售本质，即满足消费者需求。如今，我们经常能够见到传统连锁零售商开展网络零售业务，网络零售商开设线下实体连锁店，百货店开设超级市场，超级市场开设便利店等情景。多种业态融合化发展成为连锁零售未来发展趋势之一。

（4）信息化

方兴未艾的信息技术已引发了一场商业革命，电子商务异军突起.其激烈程度不亚于任何一种商业领域竞争，但电子商务发展必须以现实的物流为基础。所以，未来的电子商务企业需要寻求与拥有完善成熟的物流配送系统的商业企业联合。传统的连锁商业企业利用成熟的分销网络向电子商务领域进军。特许品牌在发展地面联合扩张的同时也向电子商务领域寻求新的联合。如今，通过使用互联网、局域网和网上采购等新技术，特许者拥有了更经济的手段加速体系的扩张。目前，大部分特许企业都建立了自己的网站，除可以招募加盟者，还可以进行网上会议、各种资信的传输和接收。很多加盟者也自己开办网站以吸引当地的消费者，除了服务顾客，很多特许企业开始发起网上批量采购活动，让加盟者订购设备、货品，供应商直接向加盟店供应，并获得更优惠的价格。所以，连锁化和电子化是未来连锁发展的必然趋势。

（二）流通服务现代化：发展现代物流

1. 现代物流的概念

本书认为，现代物流是与传统物流相对的概念，是将合理的商业模式、现代科学技术、科学管理方法融入传统物流过程，形成的一种更为高效的物流活动。

2. 现代物流的特征

（1）服务系列化

现代物流强调物流服务功能的恰当定位与完善化、系列化。除了传统的储存、运输、包装、流通加工等服务外，现代物流服务在外延上向上扩展至市场调查与预测、采购及订单处理，向下延伸至配送、物流咨询、物流方案的选择与规划、库存控制策略建议、货款回收与结算、教育培训等增值服务；在内涵上则提高了以上服务对决策的支持作用。

（2）作业规范化

现代物流强调功能、作业流程、作业和动作的标准化与程式化，使复杂的作业变成简单的易于推广与考核的动作。物流自动化可方便物流信息的实时采集与追踪，提高整个物流系统的管理和监控水平。

（3）目标系统化

现代物流从系统的角度统筹规划一个公司整体的各种物流活动，处理好物流活动与商流活动及公司目标之间、物流活动与物流活动之间的关系，不求单个活动的最优化，但求整体活动的最优化。

（4）手段现代化

现代物流使用先进的技术、设备与管理为销售提供服务，生产、流通、销售规模越大、范围越广，物流技术、设备及管理越现代化。计算机技术、通信技术、机电一体化技术、语音识别技术等得到普遍应用。世界上最先进的物流系统运用了 GPS（全球卫星定位系统）、卫星通信、射频识别装置（RF）、机器人，实现了自动化、机械化、无纸化和智能化。20 世纪 90 年代中期，美国国防部（DOD）为在前南地区执行维和行动的多国部队提供的军事物流后勤系统就采用了这些技术，其技术之复杂与精坚堪称世界之最。

（5）组织网络化

随着生产和流通空间范围的扩大，为了保证对产品促销提供快速、全方位的物流支持，现代物流需要有完善、健全的物流网络体系，网络上点与点之间的物流活动保持系统性、一致性。这样可以保证整个物流网络有最优的库存总水平及库存分布，运输与配送快速、机动，既能铺开又能收拢，形成快速灵活的供应渠道。分散的物流单体只有形成网络才能满足现代生产与流通的需要。

（6）经营市场化

现代物流的具体经营采用市场机制，无论是企业自己组织物流，还是委托社会化物流企业承担物流任务，都以"服务-成本"的最佳配合为总目标，谁能提供最佳的"服务-成本"组合，就找谁服务。国际上既有大量自办物流相当出色的"大而全""小而全"的例子，也有大量利用第三方物流企业提供物流服务的例子。比较而言，物流的社会化、专业化已经占到主流，即使是非社会化、非专业化的物流组织也都实行严格的经济核算。

（7）信息电子化

由于计算机信息技术的应用，现代物流过程的可见性（visibility）明显增加，物流过程中库存积压、延期交货、送货不及时、库存与运输不可控等风险大大降低，从而可以加强供应商、物流商、批发商、零售商在组织物流过程中的协调和配合以及对物流过程的控制。

（8）管理智能化

随着科学的发展技术的发展和应用，物流管理由手工作业到半自动化、自动化，直至智能化，这是一个渐进的发展过程。从这个意义上来说，智能化是自动化的继续和提升，因此可以说，自动化过程中包含更多的机械化成分，而智能化中包含更多的电子化成分，如集成电路、计算机硬件软件等。

3. 现代物流的发展趋势

（1）定制化

物流管理从物的处理，提升到物的加值方案设计、解决和管理上。可以为客户提供度身订造式的，并带有个性化的服务，企业逐渐转向强调跨企业界限的整合，使得顾客关系的维护与管理变得越来越重要。

（2）联合化

传统商业通道中，企业间多半以自我为中心，追求自我利益，因此往往造成企业间对立的局面。然而在追求更大竞争力的驱动下，许多企业开始在各个商业流通机能上整合，通过联合规划与作业，形成高度整合的供应链通道关系，使通道整体成绩和效果大幅提升。

（3）整合化

在竞争渠道日趋激烈的环境中，企业必须更快响应上、下游顾客的需要，因而必须有效整合各部门的营运，并以程序式的操作系统来动作。物流作业与活动多半具有跨功能，跨企业的特性，故程序式整合是物流管理成功的重点。

（三）流通方式现代化：发展电子商务

1. 电子商务的概念

世界贸易组织（WTO）在它的《电子商务专题报告》中，对电子商务概念做出定义：电子商务就是通过电信网络进行的生产、营销、销售和流通活动。它不仅是指基于 Internet 的交易活动，而且是指所有利用电子信息技术来解决问题、降低成本、增加价值和创造商业和贸易机会的商业活动，包括通过网络实现从原材料查询、采购、产品展示、订购到出品、储运、电子支付等一系列的贸易活动。

2. 电子商务的功能

（1）广告宣传功能

企业或商家一般通过广告、电话、短信、传单或人员上门等传统信息传播渠道，营销自己的产品，但这些信息传播方式相比电子商务，体现出投入高、受众面窄、消费者主动涉入度低的劣势。随着互联网信息技术在日常生活中的普遍运用，消费者越来越倾向于通过采用互联网渠道主动获取商品或服务信息，从众多竞争性企业或商家中，做出适合自己需求的选择。而电子商务则为众多企业或商家提供了这样一个信息传播的平台或空间，既可以自建网站，又可以选择通过第三方网站，传播商品或服务信息，扩大市场受众面。

（2）匹配交易功能

电子商务最重要的功能是通过节约买卖双方的交易成本，为买卖双方提供交易匹配的便利。一方面，电子商务为消费者找到合适的商品或服务提供了便利，在电子商务环境中，消费者不需要再像以往那样去较远的城市商业中心有限的几个商家中选择交易对象，而是可以在更大范围甚至全球范围内选择商品、寻找交易伙伴，同时根据消费网站卖家的信用等级和商品评价、买家照片选择自己称心如意的商品；另一方面，网络支付手段的成熟为消费者的网络支付提供了便利，他们可以通过网银、支付宝、微信、手机话费多种网络支付方式进行支付，简化了支付流程。

（3）简化流通功能

电子商务有效避免了传统流通渠道由于环节过多而产生的层层加价问题，流通环节越多，层层加价的问题就越严重，消费者最终不得不用更高的价格购买到需要的商品。而电子商务使买家和卖家在虚拟的空间中直接见面，减少了流通环节，极大地降低了流通成本，提高了商品流通的运行效率。

3. 电子商务的类型

（1）B2B 模式

B2B（business to business），即"企业—企业"模式，是指买家和卖家都是企业或其他组织的电子商务模式，企业之间通过互联网、外部网、内部网或者企业间私有网络以电子方式实现交易，这里的企业泛指任何私有的或公有的、营利性的或非营利性的组织。

（2）B2C 模式

B2C（business to customer），即"企业—消费者"模式，是指企业通过互联网为消费者提供商品或服务的模式，这种模式在现实生活中较为常见，也被称为网络零售（E-Retail）。

（3）C2B 模式

C2B（customer to business），即"消费者—企业"模式，包括个人消费者通过互联网向企业销售产品或服务，与向卖主购买定制化产品或服务两种模式。

（4）C2C 模式

C2C（customer to customer），即"消费者—消费者"模式，是消费者与消费者之间通过互联网完成商品或服务交易的模式。

（5）G2B 模式

G2B（government to business），即"政府—企业"模式，是指政府与企业之间通过互联网精简管理政务业务流程，为企业提供电子采购与招标、电子证照办理与审批、相关政策发布等政务服务的模式。

（6）移动商务

移动商务（mobile commerce）是指通过移动通信网络进行数据传输，并且利用移动信息终端参与各种商业经营活动的一种新电子商务模式。

（7）O2O 模式

O2O（online to offline），即"线下—线上"模式，是指通过线上营销和线下购买带动线下经营和线下消费的模式，实质是通过企业整合线上与线下渠道优势，刺激消费需求。

4. 电子商务的趋势

（1）O2O 模式日渐成熟

在买方市场环境中，谁能让消费者以最低的交易成本购买到称心如意的商品，谁就能获取竞争优势。如今，O2O 模式节约消费者交易成本的作用日益明显，越来越多的企业开始实施 O2O 战略，它们充分利用互联网跨地域、海量信息、海量用户的优势，打通线上线下的信息和体验环节，让线下消费者避免了因信息不对称而遭受的"价格蒙蔽"，同时实现线上消费者"售前体验"，发挥线上、线下渠道协同效应，产生"1+1＞2"的作用，有利于获取更大的竞争优势。

（2）融入传统产业进程加快

电子商务与传统产业融合进程加快，深度融合商流、物流、信息流和资金流，深刻改变了传统经营方式、管理模式、生产组织形态，提升了国民经济在生产、流通、消费领域的运行效率，促进了国民经济快速增长。发达国家和新兴工业化国家已经把电子商务上升为国家战略，制定适宜电子商务发展的政策和行动计划，力求获取国家竞争优势。随着"互联网+"时代的到来，经济发展进入新常态，大力推动电子商务融入传统产业，是促进经济增长的必然路径之一。

（3）催生新兴产业诞生

电子商务不仅正在全面应用到第三产业，形成了诸如互联网金融、互联网交通、互联网医疗、互联网教育等新业态，而且正在向第一和第二产业渗透，催生越来越多的新兴产业。例如，电子商务金融创造出包括移动支付、第三方支付、众筹、P2P 网贷等模式的互联网金融，使用户可以在足不出户的情况下满足金融需求。将来，以云计算、物联网、大数据为代表的新一代信息技术，将进一步为电子商务发展提供技术支撑，推进电子商务与现代制造业、生产性服务业等的融合创新，发展壮大新兴业态，打造新的产业增长点，为大众创业、万众创新提供环境，为产业智能化提供支撑，增强新的经济发展动力，促进国民经济提质增效升级。

第二节　重庆市流通现代化基本情况

一、重庆市连锁经营发展现状

（一）连锁经营发展现状

从连锁经营绩效（表 13-1，表 13-2）上看，2010～2013 年，重庆市批发和零售业连锁经营坪效、劳动效率增长幅度较大，批发和零售业连锁经营坪效由 1.48 万元/平方米提高到 2.62 万元/平方米，超过全国 2.43 万元/平方米的平均水平，与京津沪相比差距较小；劳动效率由 79.64 万元/人提高到 108.18 万人，与全国 148.50 万元/人的平均水平差距较小，但与北京、上海、天津相比仍有较大差距。连锁零售企业商品购进统一配送率增长明显，由 2010 年 45% 增长到 2013 年 66%，4 个直辖市连锁零售企业商品购进统一配送率均低于全国平均水平，重庆 66% 的统一配送率比全国 79% 的统一配送率低了 13 个百分点。重庆批发和零售业连锁经营吸纳就业能力较差，远低于全国平均水平与北京、上海两个直辖市。

表 13-1　重庆市批发和零售业连锁经营绩效分析

指　标	2010 年	2011 年	2012 年	2013 年
年末从业人员数/万人	7.72	8.62	9.09	9.87
年末零售营业面积/万 m^2	415.93	481.88	388.24	407.27
连锁门店商品销售额/亿元	614.8	862.5	975.5	1067.7
坪效/（万元/米^2）	1.48	1.79	2.51	2.62
劳动效率/（万元/人）	79.64	100.06	107.31	108.18
连锁零售企业商品购进总额/亿元	541.6	830.6	889.2	848.4
连锁零售企业统一配送商品购进额/亿元	244.3	504.8	533.3	556.7
统一配送率/%	45	61	60	66

资料来源：《重庆统计年鉴》（2011～2014）

表 13-2 重点城市批发和零售业连锁经营绩效比较

指 标	全国	重庆	北京	上海	天津
年末从业人员数/万人	255.9	9.87	15.82	25.59	3.99
年末零售营业面积/万平方米	15 640.4	407.27	715.01	915.62	275.67
连锁门店商品销售额/亿元	38 006.9	1 067.7	2 515.8	3 593.0	783.9
坪效/（万元/平方米）	2.43	2.62	3.52	3.92	2.84
劳动效率/（万元/人）	148.5	108.18	159.03	140.41	196.47
连锁零售企业商品购进总额/亿元	32 258.7	848.4	2 143.8	2 833.4	739.3
连锁零售企业统一配送商品购进额/亿元	25 341.8	556.7	1 114.5	2 141.6	533.7
统一配送率/%	79	66	52	76	72

资料来源：《重庆统计年鉴 2014》

（二）现代物流发展现状

1. 物流产业规模

我们以重庆市交通运输、仓储邮政业为标准近似替代物流产业，利用交通运输、仓储邮政业增加值考察重庆市物流产业发展规模。通过观察 2009～2013 年的数据可以发现，2013 年重庆市物流产业增加值达到 659.65 亿元，是 2009 年的 1.9 倍，年均增速达到 17.51%，表明重庆市物流产业产值规模近年间实现了迅速的提高（表 13-3）。但从物流产业产值占 GDP 比重来看，近几年（除 2013 年外）呈现出逐年下降的趋势，且物流产业增长率呈现出非线性递增的趋势。造成这种现象的原因可能在于，我市在交通运输供给侧投入巨大，加剧了市场竞争，减缓了整个行业的发展速度；另外，由于电子商务融入到传统交通运输、仓储邮政业中，催生出一些新型现代物流产业，但这些现代物流产业却并未进入统计范畴。即便如此，我们依然看到物流产业在 2013 年实现了逆势迅猛增长，初现前期投入功效。

表 13-3 重庆市物流产业增加值及其比重

指 标	2009 年	2010 年	2011 年	2012 年	2013 年
物流产业增加值/亿元	347.98	389.55	456.25	515.15	659.65
占 GDP 比重/%	5.33	4.92	4.56	4.52	5.21
增长率/%	12.4	11.95	17.12	12.91	28.05

资料来源：《重庆统计年鉴 2014》

物流产业就业人数是衡量物流产业规模的另一重要指标，我们发现近五年来，物流业体现出就业形势良好，吸纳就业能力较强的特点，就业人数及其占GDP比重呈现出稳定增长的态势，2013年实现就业61.27万人，占就业人数比重为3.64，五年间平均增长率达到5.35%（表13-4）。进一步对比近几年就业人数占就业人数比重与物流产业增加值占GDP比重，可以发现，前者低于后者，凸显发展潜力。结合重庆市产业发展背景，可以预见，随着重庆市成为长江上游商贸物流中心相关产业政策，物流产业将释放出更大的能力，吸纳更多的就业人口，成为拉动经济增长的"引擎"。

表 13-4　重庆市物流产业就业人数及其增长率

指　标	2009 年	2010 年	2011 年	2012 年	2013 年
物流就业人数/万人	48.42	50.12	53.49	56.88	61.27
占就业人数比重/%	3.2	3.25	3.37	3.48	3.64
增长率/%	2.48	3.51	6.72	6.34	7.72

资料来源：《重庆统计年鉴 2014》

货运量与货运周转量体现一国或地区运输能力的大小，同时也是物流产业规模的具体体现。观测2009～2013的数据可以发现，无论是物流货运量还是货运周转量，总体上保持了持续增长的态势，表明重庆市物流产业规模不断扩大（表13-5）。

表 13-5　重庆市物流产业货运量与货运周转量

指　标	2009 年	2010 年	2011 年	2012 年	2013 年
货运量/万 t	68 491	81 385	96 782	86 398	97 404
货运量增长率/%	7.6	18.83	18.92	−10.73	12.74
货运周转量/万吨公里	16 442 995	20 103 977	25 302 835	26 480 626	29 996 599
货运量周转量增长率/%	10.52	22.26	25.86	4.65	13.28

资料来源：《重庆统计年鉴》（2010～2013），2014年重庆市国民经济和社会发展统计公报

2. 物流产业结构

我们通过铁路、公路、水路、民航的货运量与货运周转量，来考察重庆市物流产业的内部结构。据表13-6与表13-7，在物流产业结构中占据绝对优势地位的是公路，其次是水路、铁路与民航，从货运周转量来看，水路超过公路跃居第一，凸显水路与公路在重庆市物流产业结构中的重要地位，同时反映出重

庆市铁路交通网络与航空枢纽港建设还需进一步加快。

表 13-6　重庆市物流产业货运量结构分析

指　标	2010 年	2011 年	2012 年	2013 年	2014 年
货运量/万 t	81 384.99	96 778.51	86 398.43	97 403.63	97 283.86
货运量增长率/%	18.83	18.91	-10.73	12.74	11.7
铁路/万 t	2 279.50	2 190.81	2 240.52	2 336.66	1 948.29
增长率/%	4.49	-3.89	2.27	4.29	-16.6
公路/万 t	69 438	82 818	71 272	80 695	81 206
增长率/%	18.63	19.27	-13.94	13.22	13
水路/万 t	9 660	11 762.04	12 874.48	14 360	14 117.26
增长率/%	34.3	21.76	9.46	11.54	9.2
民航/万 t	7.48	11.31	11.90	11.97	12.3
增长率/%	22.39	51.00	5.22	0.59	3.3

资料来源:《重庆统计年鉴》(2011~2014)

表 13-7　重庆市物流产业货运周转量结构分析

指　标	2010 年	2011 年	2012 年	2013 年
货运量/万 t	2010.39	2529.76	2831.02	2999.66
货运量增长率/%	22.26	25.83	11.91	5.96
铁路/万 t	179.80	191.27	174.63	175.30
增长率/%	4.65	6.38	-8.70	0.38
公路/万 t	610.31	779.77	914.82	839.82
增长率/%	21.27	27.77	17.32	-8.20
水路/万 t	1219.27	1557.67	1739.65	1982.91
增长率/%	25.91	27.75	11.70	13.96
民航/万 t	1.01	1.05	1.63	1.63
增长率/%	23.17	3.96	55.24	0

资料来源:《重庆统计年鉴》(2011~2014)

3. 物流基础设施建设

直辖至今，以交通为重点的基础设施建设成效明显，建成"二环八射"高速公路网和"一枢纽五干线"铁路网，基本实现"4 小时重庆""8 小时周边"，港口年货物吞吐量突破 1.2 亿吨，江北国际机场年旅客吞吐量超过 2500 万人次。继上海浦东新区、天津滨海新区之后的国家级新区——两江新区开发开放全面推进，两路寸滩保税港区、西永综合保税区成为内陆重要口岸，以长江黄金水道、渝新欧国际铁路联运大通道等为支撑的"一江两翼连三洋"国际贸易大通道骨架基本形成。

（三）电子商务发展现状

1. 交易规模情况

据中国电子商务研究中心（100EC.CN）监测数据显示，2015 年 1~8 月，重庆市电子商务经营主体新增 11 781 户，总量达 13.78 万户，比去年底增长 9.35%；网站（网店）新增 12 239 个，总量达 20.29 万个，比去年底增长 6.42%；2013 年重庆的电商主体已突破 10 万户，网络零售额市场规模接近 350 亿元；跨境电商 2015 年 1 月份共交易 7.3 万单，交易额 2150 万元。重庆进入中国电子商务研究中心发布的 2013 年中国电子商务十强城市榜单，排名第 8。

2. 基础设施建设

重点电商企业培育效果明显，引进京东电商产业园、菜鸟科技、亿赞普跨境电子商务大数据平台等项目，重庆京东创盟信息技术有限公司（重庆京东商城）正式运营，医药公信网、世纪购网上商城等大型电商平台顺利上线运营。电子商务产业园区加快建设，江北区重庆市网上产业园、渝中区国家电子商务示范基地运行良好，寸滩跨境电子商务示范员挂牌运行。2012 年 8 月，重庆获批成为跨境贸易电子商务服务全国首批试点城市。两江新区商务领域积极开展现代服务业综合试点，推进两路寸滩保税港区服务物流监管平台、航空物流信息平台、仓储式数字交易平台、智慧两江地理信息系统云平台 56 个试点项目建设、示范带动效应初步显现。以城市社区某末端配送整合为突破口，推进城市共同配送体系建设。引导打造第三方物流配送企业打造网订店取、智能快递等末端配送网络。

3. 支撑体系建设

重庆市陆续出台了《重庆市人民政府关于促进网络零售产业加快发展的意见》《关于促进网络零售产业发展重点工作分工及政策措施落实责任分解的通知》《重庆市电子商务推广应用规划》等政策，改善电子商务发展环境，大力促进电子商务的发展；成功引进全球最大的电子支付服务商——美国贝宝公司、全球领先的电子商务企业——阿里巴巴，以及惠普千亿美元级的亚太结算中心，强力推进电子支付、电子认证、现代物流等电子商务支撑体系建设有序推进；集聚中远、中集、中海、民生实业等 700 多家物流配送企业，打造与电子商务发展配套的线下物流配送体系。

二、存在问题

（一）连锁经营问题

1. 连锁类型单一

重庆地区限额以上的零售业零售收入基本来自直营店的零售收入。因此，重庆地区的零售连锁业中直营连锁占主导，百货店、超级市场大多采用该种连锁经营方式，它的优点是经营完全在总公司的掌握之中，缺点是由于完全由总公司出资，总公司派人经营，在市场的拓展方面较慢，另外由于有些店长是应聘者，不是老板，经营绩效不如店长是老板的加盟店。因此，特许经营与自由连锁依然有很大的发展空间。

2. 规模化程度不高

规模经济是连锁经营企业的生命线。连锁经营方式的生命力，在于通过提高企业的组织化和规模降低成本，扩大市场占有率。由于种种原因，重庆很多连锁企业网点发展速度慢，很难取得规模经济效益。目前，重庆仍然有不少连锁企业的店铺数量达不到国际公认的连锁企业盈亏点。

3. 物流配送水平落后

高度信息化是连锁经营企业取得规模经济效益的前提条件之一。目前，重庆的一些连锁店甚至还保留着手动结算的方式，即使拥有 POS 系统，也没有实现与总店的联网，因而导致企业无法对所有门店的库存、商品配送、资金结算、销售态势等进行实时调控，对市场变化无法做出即时反应，也不利于供应商及时了解市场，同时也大大提高了人工成本。

（二）现代物流问题

1. 现代物流技术未广泛运用

重庆的物流业总体规模小，整体水平低，很多是由传统的仓储、运输企业转型而来，在管理水平、技术力量及服务范围上还没有质的提高，真正实力超群、竞争力强的物流企业为数不多。效率低，服务项目少，系统化、标准化、专业化、一体化的现代物流体系远没有形成。在今后的发展中，重庆市物流业还没有广泛运用以计算机和通信网络为中心的情报处理和物流信息技术，与运输与保管技术相结合的生鲜食品保鲜输送技术，以及商品条形码、电子数据交换、射频技术、地理信息系统、全球定位系统等现代物流技术。

2. 专业物流发展程度不足

重庆市专业物流发展程度不足，第三方物流发展程度不高，IT、家电、服装、医药、烟草、汽车、钢材、化工、装备、再生资源回收、粮食及餐饮等专业物流规模小，技术水平低，信息化水平弱，尚未有效地形成专业化的物流市场供给主体，物流与商流、制造流、资金流、信息流没有联动发展，企业物流装备更新率低、设施改造速度慢，物联网技术没有在物流产业中广泛推广运用。甩挂、集装箱等专业运输物流组织发展规模偏小，组织化程度不高，口岸物流与国际物流发育程度低。

3. 交通、物流基础设施支撑不够

物流交通网络体系尚未完全建立，没有形成"一环一轴多连接"物流集疏体系。铁路建设有待推进，铁路物流基地作为通道起点的商贸物流集聚功能不强；南向对外公路网络尚需完善，印度洋出海通道仍未打通，公路物流基地作为通道起点的物流开放功能没有显现；航空物流基地建设推进较慢，没有形成国际航空货运基础设施建设和网络体系；重庆港区水运设施建设不足，长江水道运输能力仍需加强。物流设施网络体系建设还需大力推进，包括"航空、铁路、公路三基地，寸滩、果园、东港三港区"国家级物流枢纽建设、"二环物流带"建设、两路寸滩保税港区和西永综合保税区建设、五大市级物流枢纽和五大地区级物流枢纽与专业物流园区建设与城乡一体化配送体系建设。

（三）电子商务问题

1. 电子商务发展环境不完善

重庆市电子商务发展环境仍不完善，一是没有建立起电子商务信用体系，没有形成统一信用评估标准和信用信息征集、评估、发布渠道，第三方信用评价认证服务机构仍不完善；二是消费者权益保护机制作用不明显，消费者和经营者在电子商务交易中产生的纠纷不能妥善处置；三是电子商务规范化水平不高，在信息发布、信用服务、网上交易、电子支付、物流配送、售后服务、纠纷处理等方面没有规范化的标准；四是电子商务支撑体系发展不足，电子支付、电子认证、现代物流、信用体系没有形成对电子商务发展形成有效支撑。

2. 电子商务产业融合度不高

电子商务与区域产业的融合发展是一种趋势，对区域经济的影响日渐凸显。但目前重庆市电子商务发展仍处于孕育阶段，利用信息技术的渗透性、带动性、系统性还不强，还不能有效渗透到区域内其他产业中去，进而无法有效降低经济主体交易成本，促进区域经济的协同发展。

3. 农村电子商务发展程度较低

农村电子商务是转变农业发展方式的重要手段，是精准扶贫的重要载体。但重庆市农村电子商务发展仍面临较大难题：一是工业品下乡进展顺利，农产品上行较难问题普遍存在。二是物流建设缺乏有效整合，"最后一纳米"突破难。当前，每一家农村电商企业的物流成本均占物件价值的 30%以上，物流贵且不便利成了当前农村电商的瓶颈问题。三是农村电商企业与金融融合不够，模式创新不够，草根网商是农村电子商务发展的最值得关注的主体之一，但因其在发展初期实力弱小，组织程度低、合作基础弱，抵御市场风险能力相对较差等原因，往往在融资市场上处于明显劣势地位。

第三节 重庆市流通现代化发展重点

在长江上游地区商贸物流中心的建设过程中，连锁经营水平不断提高、物流配套设施显著改善、电子商务交易规模明显提高，成为一种必然趋势。据预测，到 2020 年，重庆市限额以上商贸物流企业连锁化率达到 60%以上，连锁经营额占社会消费品总额的比率达到 50%以上；全面建立起公路、水路、铁路、航空物流通道网络体系，完成主城区、区域性中心城市、区县、乡镇多级物流平台建设，运用物联网技术，发展专业物流，实现物流业提档升级；电子商务交易额达到 9000 亿元，其中网络零售额突破 2000 亿元。

一、发展连锁经营

1. 多业态、跨区域发展

重庆批发零售、住宿餐饮等连锁零售企业同质化竞争日趋激烈，连锁经营企业欲获取竞争优势，应实施差异化竞争策略，通过发展新业种、新业态，避免与同业竞争对手正面竞争。比如，百货连锁经营企业可以同时开设超级市场、便利店，以及网上商城，通过不同的营销渠道组合满足不同细分市场消费者的需求，实现与竞争对手在发展策略上的差异化。同时，大型连锁经营企业还应向主城区其他区域、区域性中心城市、区县、乡镇进行网点扩张，有助于充分发挥统一管理制度的优势。

2. 规模化、规范化发展

规模经济是连锁经营企业的生命线，实现规模经济的前提条件要求连锁企业本身要拥有雄厚的资本，能够规模化发展。这要求重庆政府对具有发展潜力或已具有竞争优势的连锁零售企业给予宽厚的优惠政策与资金扶持。同时，重庆连锁经营企业规模普遍不大，应该积极进行资本扩张，无论是采用兼并或联合，有形扩张或无形扩张，还是直接融资或间接融资，采取各种方式不断充实壮大自己的实力，优化自己的资本结构。其次，重庆连锁经营企业还应该学习借鉴沃尔玛、家乐福等外资零售巨头，与华联集团、联华集团本土优势连锁企业的先进管理制度，不断总结自己成功经验与失败教训，建立健全公司治理结构、激励约束机制、人才管理制度，实现企业规范化发展。

二、发展现代物流

1. 建立物流通道网络体系

落实国家战略，实施"一江两翼"国际物流大通道战略，加快兰渝铁路建设，提高"渝新欧"国际货运线路综合竞争力，增强铁路物流基地作为通道起点的商贸物流集聚功能，打造对欧贸易平台。抓住东盟泛亚铁路网建设的机遇，积极推动渝昆、渝黔复线铁路建设，完善南向对外公路网络，打通印度洋出海通道，增强公路物流基地作为通道起点的物流开放功能。加快建设航空物流基地，完善国际航空货运基础设施建设和网络体系。加快重庆港区水运设施建设，提高长江水道运输能力。完善周边物流通道网络，增加上海、成都、深圳班列。建设"一小时经济圈"物流环线，完善长江主通道物流配套设施及连接沿江腹地的快速集疏干线，形成"一环一轴多连接"物流集疏体系。

2. 建设多级物流平台

着力打造主城区"航空、铁路、公路三基地，寸滩、果园、东港三港区"国家级物流枢纽，推进"二环物流带"建设。建设以铁路物流基地和航空物流基地为支点的主城北部物流带；以铁路物流基地和西部国际涉农物流加工区为支点的主城西部物流带，加快黄磏港功能调整并联动珞璜和双福，增强铁路物流基地的集货能力和多式联运能力；建设以航空物流基地、果园港区为支点，寸滩港区和洛碛化工物流园为支撑的主城东部物流带；建设以公路物流基地为支点，东港港区和迎龙为支撑的主城南部物流带。推进两路寸滩保税港区和西永综合保税区建设，完善保税物流、保税贸易功能。加快建设五大市级物流枢纽和五大地区级物流枢纽。大力发展电子、化工、汽车、冷链、粮食等专业物流园区。建设城市配送体系，形成以主城区为中心，区域性配送基地、县级配送中心和乡镇配送点为支撑的城乡一体化配送体系。

3. 发展专业物流

推动物流与商流、制造流、资金流、信息流联动发展。支持商贸服务业与物流业联动，大力发展第三方物流，促进 IT、家电、服装、医药、烟草、汽车、钢材、化工、装备、再生资源回收、粮食及餐饮等专业物流发展。鼓励企业加强物流装备更新和设施改造，加大物联网技术在商贸物流中的推广应用。大力发展甩挂、集装箱等专业运输，提高物流组织化程度。加快建设电子口岸，开展口岸大通关，发展口岸物流和国际物流。

三、发展电子商务

1. 完善电子商务发展环境

完善电子商务发展环境，需要建立政府主导与市场化运作模式相结合的电子商务信用体系，统一信用评估标准和信用信息征集、评估、发布渠道，建立有效的企业信用监督约束机制，完善第三方信用评价认证服务机构；完善权益保护机制，及时发布网络交易风险警示信息，建立健全消费者权益保护制度，加强电子商务纠纷调处机制建设；完善电子商务信息发布、信用服务、网上交易、电子支付、物流配送、售后服务、纠纷处理等服务的规范水平；完善优化网络宽带、电子支付、电子认证、现代物流、信用体系等电子商务基础环境和支撑体系的建设。

2. 加快电子商务与区域产业融合发展

探索经营机制，积极推动电子商务融合机制建设，完善第三方支付平台，建立系统的信用评价等级，建立有效的绩效考核制度和激励淘汰机制；完善融合发展生态系统，为电子商务融入其他产业提供发展所需要的资本、技术、人力；加快支撑体系建设，同时着力加快在信息基础设施体系、物流体系、电子商务标准体系、电子支付体系与信用体系五个方面的建设。

3. 发展农村电子商务

发展农村电子商务，一是建设新型农村日用消费品流通网络，用现代信息技术推动传统生产、经营主体转型升级，创新商业模式，促进业务流程和组织结构的优化重组，实现线上线下融合发展；二是推进农村产品电子商务，包括农产品与农村生产的各种手工艺品、制品及乡村旅游等，通过加强对互联网和大数据的应用，提升商品质量和服务水平，培育农产品品牌，提高商品化率和电子商务交易比例；三是发展农业生产资料电子商务，鼓励各类电商平台依托现有各部门的农村网络渠道、站点，开展化肥、种子、农药、农机等生产资料电子商务；四是发展农村服务业，增加农村电子商务综合服务功能，在完善农民网络购物功能的基础上，叠加手机充值、票务代购、水电气费缴纳、农产品网络销售、小额取现、信用贷款等；五是推动电子商务扶贫，创新扶贫开发工作机制，把电子商务纳入扶贫开发工作体系，提升贫困人口利用电商创业就业能力，促进贫困地区特色农副产品、旅游产品销售。

参考文献

国务院第二次全国经济普查领导小组办公室. 2011a. 中国餐饮业发展研究报告. 北京：中国统计出版社.

国务院第二次全国经济普查领导小组办公室. 2011b. 中国住宿业发展研究报告. 北京：中国统计出版社.

洪涛. 2001. 流通产业经济学（第二版）. 北京：经济管理出版社.

蒋三庚. 2008. 中央商务区研究. 北京：中国经济出版社.

靳俊喜，等. 2003. 现代商业发展与中心城市商贸发展创新. 重庆：重庆出版社.

李定珍. 2004. 中国社区商业概论. 北京：中国物价出版社.

李飞. 2003. 商品流通现代化内涵的探讨. 北京工商大学学报（社会科学版），（5）：1-6.

林周二. 2000. 流通革命—产品、路径及消费者. 北京：华夏出版社.

刘松萍，梁文. 2004. 会展市场营销. 北京：中国商务出版社.

柳思维. 2012. 城市商圈论. 北京：中国人民大学出版社.

施昌奎. 2006. 会展经济：运营·管理·模式. 北京：中国经济出版社.

史国祥. 2009. 会展导论. 天津：南开大学出版社.

宋则. 2003. 新世纪新主题：流通现代化——促进流通创新、提高流通效能政策研究. 商业研究，（9）：1-9.

宋则，张弘. 2003. 中国流通现代化评价指标体系. 北京市财贸管理干部学院学报，（3）：9-13.

王诚庆，杨圣明. 1995. 论第五个现代化——流通现代化. 中国社会科学院研究生院学报，（2）：7-14.

隗瀛涛. 1991. 近代重庆城市史. 成都：四川大学出版社

文启湘，周昌林. 2004. 现代流通对经济增长的决定作用——对索洛经济增长解释框架的扩展

//柳思维. 新时期的中国流通现代化. 北京：中国市场出版社.

武云亮，赵玻. 2008. 中国流通产业理论与政策研究. 合肥：合肥工业大学出版社.

夏春玉. 2006. 流通概论. 大连：东北财经大学出版社.

徐从才. 2000. 现代商品流通：转型与发展. 北京：人民出版社.

徐从才，等. 2009. 流通革命与流通现代化. 北京：中国人民大学出版社.

晏维龙. 2002-12-23. 论我国流通产业现代化. 经济日报.

曾庆均. 1999. 西部大开放中的重庆商贸发展—构建重庆大区域商贸中心. 重庆商学院学报，（3）：25-39.

曾庆均. 2007. 重庆商业步行街发展思路探讨. 商业时代.（33）：109-110.

曾庆均，等. 2001. 重庆商贸发展研究. 重庆：重庆出版社.

曾庆均，等. 2012a. 零售学. 北京：科学出版社.

曾庆均，等. 2012b. 重庆市商品交易市场发展研究. 成都：西南财经大学出版社.

曾庆均，等. 2014. 城乡商贸统筹发展研究. 北京：科学出版社.